W0315731

COLLECTION « VÉCU »

JEAN ESPINASSE

PRÊTRE EN CORRÈZE

1929-1979

ÉDITIONS ROBERT LAFFONT
PARIS

COEDITION ROBERT LAFFONT - OPERA MUNDI

Si vous désirez être tenu au courant des publications de l'éditeur de cet ouvrage, il vous suffit d'adresser votre carte de visite aux Editions Robert Laffont, Service « Bulletin », 6, place Saint-Sulpice, 75279 Paris Cedex 06. Vous recevrez régulièrement, et sans aucun engagement de votre part, leur bulletin illustré, où, chaque mois, sont présentées les nouveautés que vous trouverez chez votre libraire.

© Opera Mundi, 1979
ISBN 2-221-00362-4

A la mémoire de ma mère,
tout ce vécu avec elle.

Comprendre que je n'existe que par Dieu,
que le « je » est un article de foi,... que
pour parler de « soi » il n'y a plus que la foi

Maurice CLAVEL,
Ce que je crois.

AVERTISSEMENT

Je n'ai pas connaissance qu'un prêtre du « gros tas », remarquable ni au plan de l'Église ni à celui des Lettres ou de l'Histoire, ni plus ni moins représentatif que n'importe quel confrère, ait entrepris, en disant simplement ce qu'il a fait, de répondre à la question que beaucoup se posent : « Quelle est la vie du prêtre ? »

Je vais oser témoigner, me mettre en scène, utiliser constamment le JE, dont je me sers souvent en guise de signature, car telles sont mes initiales !

Je ou Moi, haïssable ? Je ne crois pas, car seuls ils permettent à celui qui se raconte d'être vrai. Les romanciers ou essayistes, qui n'en finissent pas de se raconter eux-mêmes sous différents personnages – se donnant ainsi le moyen de présenter la complexité de leur être sans se découvrir jamais totalement – sont des tricheurs.

Je ne tricherai pas.

Loin d'être un roman, le récit que je livre est une tranche de vie. Au moment où l'on parle de « littérature engagée », l'histoire de ma vie ne sera pas littérature mais « engagement total ».

Pour ce faire, je dois obligatoirement parler aussi des autres. A ce sujet une affirmation capitale : jamais je ne ferai le moindre usage de ce que j'ai pu connaître par la confession, car son secret reste absolu. Par là, je prive les lecteurs d'exemples, qui certes piqueraient leur curiosité mais surtout qui seraient du plus haut intérêt pour qu'ils puissent juger de mon action auprès des personnes en danger moral. Cette importante partie de mon action sacerdotale, ils devront l'imaginer d'après tous mes autres comportements.

Je ne donnerai normalement ni les noms, ni les détails qui permettraient d'identifier les personnes que je mets en cause : volontairement je brouillerai les pistes.

Si quelqu'un se reconnaît et n'est pas content de voir présenter son cas, je me permets un conseil : qu'il n'en dise rien et personne ne saura jamais qu'il s'agit de lui. Par contre, pour tout ce qui touche aux personnages connus ou faciles à identifier, je n'ai aucune raison de taire leurs noms. Il est même bon qu'ils contribuent à replacer ma vie dans le contexte historique de ces années que j'ai vécues et qui, selon le mot de Péguy, repris souvent par un personnage célèbre qui trouve place dans mon récit, Edmond Michelet, étaient « une époque » : celle qui couvre tout le milieu du XXe siècle (1929-1979) et même ses trois quarts, si l'on considère mes années de formation.

Si dans mon texte je semble m'attribuer un rôle avantageux auprès de telle ou telle personne – surtout des jeunes –, je n'oublie pas que d'autres ont pu avoir des influences plus déterminantes. Au plan matériel aussi, rien de ce que je dis avoir réalisé n'a été fait sans le concours d'autrui.

Le prêtre n'est pas un franc-tireur, il n'agit qu'en Église.

Je ne suis pas un auteur en mal d'être publié. Je n'aurais jamais écrit l'histoire de ma vie si les éditeurs n'étaient venus dénicher, à Bort-les-Orgues, un curé qui accepte de livrer sa vie au public.

Pourquoi en Corrèze ?

Qu'il s'agisse de politiques choisissant « la Corrèze plutôt que le Zambèze », ou d'utopistes « dérivant de Vincennes en Corrèze, » selon Bernard-Henri Lévy, ou plus populairement de « Bruyères corréziennes », du barde Jean Ségurel, la Corrèze, du fait même de sa médiocrité, acquiert une certaine notoriété, à laquelle s'ajoute une valeur de test.

Que ma vie s'y déroule toute, et un peu dans tous ses coins, là, en plein cœur de la France, dans un milieu de Français moyens et de chrétiens non moins moyens, devrait donner à mon témoignage un caractère simple et assez général pour fournir une réponse vraie, que je me garderai bien de dire exemplaire, à la question : « Que fait un prêtre de chez nous ? A quoi sert-il ? »

Un prêtre quelconque, arrivé à cinquante ans de service sacerdotal, accepte de le dire.

Mes confidences, j'ai voulu les placer sous le signe de la statue trinitaire de sainte Anne de Bort, dont la photo illustre la couverture de ce livre.

Je l'ai choisie moins pour sa rareté et ses qualités artistiques qu'en raison du saisissant raccourci qu'elle présente de trois points d'appui de mon action sacerdotale. Leur importance dans ma vie étant, d'ailleurs, à mesurer dans la proportion inverse de la taille des personnes représentées : le plus petit, Jésus, y tenant la place principale, suivi de sa mère Marie et, bien plus loin, de sa grand-mère sainte Anne.

Mais c'est à elle que je confie le sort de ce livre.

1

L'ENFANCE ET LE MILIEU FAMILIAL

Le point de départ

J'aimerais raconter ma vie d'enfant et d'adolescent dans ce cadre de Tulle où je suis né, le 26 novembre 1906, au Cloucheyrou, toute petite maison carrée dressée à flanc de coteau juste au-dessus du centre de la ville, dominant le tribunal et faisant vis-à-vis au lycée. Je me bornerai à dire ce qui est important pour l'orientation de ma vie de prêtre, car les premières impressions reçues ont laissé des traces visibles dans tous mes comportements successifs.

Mon père et ma mère vivaient chez mes grands-parents maternels. Mon père, Maurice, avait eu le malheur d'être à quatorze ans orphelin de père et de mère, ceux-ci morts de chagrin et de misère à la suite de l'incendie – sans assurances – du petit atelier de fabricant de sabots de bois qu'ils possédaient à Lagraulière. Les jeunes orphelins furent confiés à un oncle, chargé pour son compte de sept enfants. J'ai été élevé dans la reconnaissance à cette branche de ma famille.

Mis en apprentissage chez un boulanger, mon père ne tarda pas à vouloir apprendre de préférence le métier de cuisinier. Dans ce but il vint à Tulle et trouva à se faire embaucher à l'Hôtel Moderne (devenu, après reconstruction, le Limouzi). Il n'avait guère que dix-huit ans quand on lui confia le rôle de chef de cuisine au grand séminaire, alors en pleine activité, avec plus de cent personnes à nourrir.

Mes grands-parents maternels étaient de simples « jardiniers ».

C'est ainsi qu'on désignait alors les maraîchers de la commune de Tulle, qui venaient chaque jour vendre leurs fruits et légumes, en plein air, place Municipale, actuelle avenue du Général-de-Gaulle. Ils étaient pauvres, au plus bas de l'échelle sociale, étant métayers, ce qui revient à dire qu'ils partageaient le revenu de leur travail moitié-moitié, et scrupuleusement, avec le propriétaire. Je ne les ai jamais entendu dire qu'ils étaient exploités !

Le Cloucheyrou, petite propriété de cinq à six hectares, était enserrée entre le grand séminaire au nord, le Marquisat – maison de campagne du séminaire – à l'est, par ce qui allait devenir le patronage de la cathédrale au midi, et par l'Évêché et Ste-Ursule à l'ouest. On ne peut guère imaginer encerclement plus ecclésiastique et religieux!

Ma mère avait été l'élève des religieuses ursulines qui lui avaient donné une excellente formation, et même une formation technique de couturière, et son frère unique était élève chez les frères. Mon grand-père était membre de la fabrique de sa paroisse et président de la confrérie Saint-Fiacre, celle des « laboureurs » de la cathédrale.

De la fenêtre de la maison orientée vers la ville, la vue était splendide et large. Les clochers de St-Jean et de la cathédrale émergeaient de la vallée. La flèche de la cathédrale, par son horloge, rythmait les heures. Je me souviens très bien du bourdon sonnant brusquement dans l'après-midi du 2 août 1914 – on était au milieu de la moisson – pour annoncer la déclaration de guerre.

Le chef cuisinier du grand séminaire, venant au Cloucheyrou tout proche faire des achats de légumes, ne tarda pas à tourner autour de la jeune Marie Bouillac, âgée alors de dix-huit ans, qu'il devait, peu après, épouser en l'église St-Pierre. Mariage présidé par Mgr Graffeuil, vicaire général, en présence de M. le Supérieur du grand séminaire et de nombreux prêtres. car si mes grands-parents étaient de pauvres gens ils jouissaient d'une excellente réputation dans tout le milieu ecclésiastique de la ville, qui, ainsi que les communautés de religieuses, étaient des clients de la mère Myette pour l'achat de légumes.

La liaison de ma famille avec le clergé allait être, à l'époque de ma naissance, fortement accentuée par les événements de la séparation de l'Église et de l'État, survenue à ce moment.

Mon oncle maternel Jean Bouillac, qui a tenu tant de place dans ma vie, était pour lors élève au petit séminaire de Servières. Venu à Tulle pour mon baptême, le 2 décembre 1906, il apprit la fermeture imminente de son école, qui devenait propriété de l'État par suite de la spoliation. Il en fut de même à Tulle pour le grand séminaire, et à plus juste titre, car c'était l'Empire qui l'avait offert à l'évêque, au lieu de reconstruire la cathédrale en grande partie détruite à la Révolution.

La spoliation s'accompagnait de l'« inventaire » de tout ce que contenait la maison, car tout devenait propriété de l'État. C'était trop injuste, car les meubles, le linge, la literie et tout le reste avaient été acquis par le clergé au cours des ans. D'autre part les séminaristes devaient reprendre leurs études. Le diocèse avait réussi à racheter le couvent des ursulines, elles aussi chassées de leur école. Pour y installer les élèves il fallait du matériel. L'économe du grand séminaire, terrorisé par la crainte d'aller en prison s'il faisait sortir quelque chose de ce qui figurait à l'inventaire, n'osait pas se servir de ce qui lui appartenait en droit. Une simple religieuse prit sur elle de passer outre et de déménager de nuit les lits et le linge nécessaires à la nouvelle installation. Mais comment faire ce déménagement clandestin ? Tout naturellement elle s'adresse au père Bouillac, son voisin et ami, et de plus beau-père du chef cuisinier. Et c'est ainsi que l'honnête père Bouillac passa des nuits et des nuits à déménager, à la cloche de bois, de lourds paquets, du grand séminaire à Ste-Ursule, avec le concours de son âne, dont ma mère disait qu'il méritait bien une place au paradis. Comme la maison Ste-Ursule n'était pas prête à tout recevoir, lits et matelas et tant d'autres objets divers trouvèrent refuge dans la grange du Cloucheyrou, et je me souviens d'en avoir vu jusqu'en 1914.

Ces circonstances laissent penser dans quelle atmosphère peu favorable à la Troisième République radicale et maçonnisante (particulièrement à Tulle) j'ai été élevé !

Le cléricalisme de ma famille était si visible qu'on disait du Cloucheyrou : « C'est la maison des curés et des bonnes sœurs. »

Ma mère m'a raconté que le jour où le très vieil évêque à moitié impotent fut chassé par la force publique de l'Évêché redevenu propriété de l'Etat – la mairie actuelle –, tandis qu'il allait à pied en suivant les quais, accompagné de quelques prêtres et de quelques chrétiens courageux, sur l'autre rive de la Corrèze, les gosses de l'école laïque, munis de sifflets à deux sous par leurs instituteurs, et sous leur conduite, rythmaient la marche de ce triste cortège en sifflant de toutes leurs forces.

De la fenêtre du Cloucheyrou l'on voyait la partie du quai où se déroulait cette scène. Ma mère me prenant dans ses bras – je n'avais que quelques jours – et pleurant l'affront fait au vieil évêque qu'elle aimait et voyait souvent, me dit : « Petit, regarde bien et n'oublie pas. »

Certes je n'ai gardé aucun souvenir de cet événement, mais je l'ai tellement entendu raconter chez moi qu'il fait partie de ceux qui ont marqué ma vie.

Insensible à l'opinion alors dominante, ma famille resta fidèle à l'Église persécutée, au point que les anticléricaux, en passant devant le portail du Cloucheyrou, saluaient parfois d'un « couac » méprisant ceux qui habitaient là et même nous les enfants qui n'y entendions pas malice. Nous étions en effet, mon frère aîné et moi, puis plus tard mon frère Georges, très protégés par les limites de la propriété où aucun autre enfant, à l'exception d'une petite voisine, ne pénétrait.

Nous allions à l'école tenue par les ursulines sécularisées, à côté de leur ancien établissement, située par conséquent juste au-dessous du Cloucheyrou : nous y allions même en empruntant les jardins en terrasse, car nos parents en avaient la clé, et nous passions ainsi après avoir traversé la route de Mauriac, directement de la protection du Cloucheyrou à celle des murs de l'école Sévigné. Nous n'avions guère à craindre les mauvaises rencontres !

Sévigné était une école de jeunes filles mais on y tolérait les petits garçons jusqu'à sept ans. La vieille maîtresse qui m'apprit à lire était Madame Dunoyer de Segonzac.

Dès que mon frère aîné eut sept ans nous fûmes inscrits au petit cours libre tenu par Madame Larenaudie, place Municipale. Là aussi nos rentrées et sorties de classe étaient très surveillées, car mon père était devenu cuisinier au restaurant Fournaud, situé à deux pas du cours de Madame Larenaudie.

Comme à Sévigné, le cours, qui devait peu après devenir l'école Jeanne-d'Arc, était fréquenté par les jeunes filles et quelques très rares garçons des familles les plus chrétiennes de la ville, qui ne voulaient pas confier leurs enfants aux écoles laïques; mes parents étaient du nombre, car ils considéraient celles-ci comme ennemies de leur foi... et alors c'était vrai. Mais ces familles étaient presque toutes du milieu bourgeois.

Et voilà comment le fils d'un cuisinier qui gagnait quarante francs par mois et le petit-fils des jardiniers du Cloucheyrou, pour des motifs religieux, fut élevé avec des camarades qui n'étaient pas du même milieu social que lui. A vrai dire mon frère et moi nous nous sentions déclassés. Les petits bourgeois et plus encore les petites bourgeoises, nos camarades de classe, étaient sans le vouloir pleins de mépris pour les petits paysans que nous étions. Très vite j'ai pris là le sentiment de la différence des classes sociales.

Cela devait durer et me marquer profondément, car après Jeanne d'Arc – c'était en octobre 1914 – j'entrai en classe de 9e au lycée, toujours pour le motif religieux, car là au moins il y avait un aumônier !

Au lycée

Les classes primaires qui existaient alors au lycée Edmond-Perrier n'étaient fréquentées que par un petit nombre d'enfants favorisés, tous fils de familles aisées de la ville. Je n'avais comme camarades de classe que des fils d'officiers, de professeurs, de médecins, d'avocats ou de gros commerçants, et parmi eux le fils du préfet, du procureur de la République et du député de Tulle. Sans méchanceté de leur part, leurs conversations me montraient à quel point nos familles étaient différentes, comme d'ailleurs les vêtements que nous portions. J'en pris, comme on dirait de nos jours, un complexe d'infériorité qui ne facilitait rien, pas même mes études.

Avec de très vieux professeurs, rappelés en activité en raison du départ à la guerre des jeunes, les classes étaient loin d'être adaptées. Je puis garantir qu'en 8e, le bon professeur à la belle barbe blanche qui devait mourir presque sous nos yeux avant la fin de l'année, nous donna un jour comme devoir d'expliquer le sonnet d'Arvers : « Mon cœur a son secret... » Il se croyait encore avec ses élèves de seconde qu'il avait enseignés à la fin de sa carrière normale.

Vers cette époque se place une aventure spirituelle. Jamais je n'en ai parlé à personne. Pour qu'on puisse connaître le ressort secret de toute ma vie, je dois en faire état ici.

J'étais enfant, mais je ne puis préciser la date de cet événement; comme il se situe avant ma communion solennelle faite en 1916, je n'avais pas encore dix ans.

Un soir, au soleil couchant, je m'en allais songeur dans les allées du jardin du Cloucheyrou, pensant à l'histoire, racontée au catéchisme, d'un futur missionnaire qui, enfant comme moi, collant son oreille au sol, pouvait dire en se relevant : « J'entends les Indiens qui m'appellent. » Je regardais la terre avec envie d'y coller mon oreille pour savoir si moi aussi j'entendrais quelque voix. Soudain, au lieu de me courber vers la terre, c'est le disque rouge du soleil en train de disparaître derrière la colline de Bellevue qui attire mon regard. Pris, comme aspiré par cette lumière que je sentais venir jusqu'en moi, je fus pénétré d'un frisson étrange, jusqu'au fond de l'âme, avec le sentiment de la présence en moi d'un « autre » en lequel je me sentais submergé. La seule pensée qui surnageait était : « Si ça dure, je vais mourir. »

Aucune parole ne fut entendue, seulement une présence sentie, mais si forte, si au-dessus de ce qu'il est possible à un enfant d'imaginer, que jamais, à partir de cette heure, je n'ai pu douter un seul instant de la présence divine derrière les apparences du monde et au plus intime de moi.

Vers la même époque, plus jeune sans doute, je me vois devant la grande glace de l'armoire de mes parents, fixant mon image et me parlant : « Ça, c'est moi, Jean Espinasse, ou du moins ce que j'en vois. » Et naissait en mon esprit la certitude que ce visage et ce nom – que d'ailleurs je n'aimais ni l'un ni l'autre – n'étaient que l'extérieur de ce qui était le vrai, l'important. Dès lors le matérialisme ne pouvait avoir nulle prise sur le croyant que j'étais.

Selon le mot de Pascal, que je devais découvrir bien plus tard, ce Dieu senti en moi et derrière les apparences m'avait pour toujours rendu « incapable d'autre fin que lui-même. »

Quoique faisant partie des enfants dont les parents, dociles aux toutes récentes directives de Pie X, avaient permis la communion précoce – on disait la communion privée, et c'était en mai 1914, – je n'étais pas beaucoup plus pieux que les autres.

Je suivais, bien sûr, les cours de catéchisme qu'un très vieil aumônier nous donnait deux fois par semaine, mais sans y porter une spéciale attention : ce fut même mon frère qui, l'année de la communion solennelle, eut le premier prix de catéchisme. Des leçons du brave aumônier je ne me souviens pas du tout, tandis que je garde mémoire des passionnantes histoires de Sioux ou de Comanches qu'il nous lisait à la fin de la classe, quand il avait été content de notre application.

A partir de la 6e, quittant le tribunal ou étaient les classes primaires, car la moitié du lycée était transformée en hôpital militaire pour les blessés, j'entrais enfin dans ce bel établissement toujours entrevu en face de mon Cloucheyrou natal. Là, par les hasards de la guerre et d'un panaris providentiel qui l'avait retenu au dépôt, mon père était chef cuisinier non seulement de l'hôpital militaire mais du pensionnat du lycée.

Du même coup ma situation sociale changeait : je n'étais plus le petit paysan, mais le fils du chef cuisinier de l'établissement. Ce n'était pas grand-chose, mais aux yeux des pensionnaires et des surveillants j'étais celui qui, malgré les barrières pour les autres infranchissables, pouvait à son gré passer du lycée à l'hôpital, entrer à la cuisine et donner quelques facilités de ravitaillement aux copains, en un temps où même le pain manquait. Et cela le fils du préfet ne pouvait pas le faire !

En même temps j'étais devenu enfant de chœur à la cathédrale. Attention ! Les enfants de chœur pour le service des messes, des offices funèbres ou des mariages, étaient pris dans les rangs des élèves du catéchisme, les enfants de l'école laïque. Nous les élèves de Jeanne-d'Arc ou du lycée, formions le corps d'élite : les enfants de chœur d'honneur de Mgr l'Évêque ! Nous l'assistions dans les cérémonies en portant sa crosse, sa mitre ou un pan de sa *cappa-magna*. Une fois par an il nous conviait à un somptueux goûter à l'évêché, et ce jour-là il tenait à nous servir lui-même en disant : « Vous me servez toute l'année, il est bien juste qu'à mon tour je vous serve. »

En tout cela, bien peu de traces de vocation sacerdotale. Et pourtant elle était là. D'elle je n'ai jamais douté.

J'aurais dû le dire plus tôt, car ce fait n'est pas sans influence sur mon choix de vie; le frère unique de ma mère, l'abbé Jean Bouillac, après des études au séminaire français de Rome, était devenu prêtre en juillet 1914.

En voyant les événements aux yeux de la foi, j'ai toujours pensé que sa vocation et la mienne étaient la récompense accordée par Dieu à la vie si dévouée au clergé de mes grands-parents et parents.

Je me suis toujours senti appelé à être un de ces prêtres persécutés, « couaqués », de mon enfance. Qu'on s'en moque si l'on veut, mais depuis ma plus tendre enfance je sentais que je n'étais pas comme les autres. Eux pouvaient faire certaines choses – je fais allusion aux premières expériences sexuelles de mes camarades de lycée – mais pas moi. Mon frère Henri le savait bien, lui qui répondait invariablement à ceux de notre entourage religieux qui nous posaient la question : « Lequel des deux voudra faire comme le tonton abbé ? – Pas moi, Jean, s'il veut. »

La guerre terminée, mon oncle, rentré de Salonique où il avait achevé sa carrière militaire, me posa la question de laquelle tout dépendait : « Est-il vrai que tu penses à devenir prêtre ? » Nous nous promenions devant la maison, le long de cette grande allée d'où l'on a une si belle vue sur la ville, sa cathédrale, ses coteaux, son lycée. En regardant tout cet environnement cher, mais en pensant que j'allais m'en séparer je répondis, sans hésiter : « Oui, j'y pense depuis toujours. »

« Alors, dit mon oncle, il faut te préparer à quitter le lycée et à partir en pension au petit séminaire d'Ussel. » On ne pouvait alors imaginer que ma vocation sacerdotale puisse normalement aboutir si je restais au lycée.

Le 11 novembre 1918, j'y avais assisté à l'annonce de l'armistice. Pendant une classe que nous faisait M. Thouaille, le bourdon de la cathédrale se met à sonner. Nous avons vite compris que l'événement attendu était accompli : la fin de la guerre ! D'un seul élan tous les élèves se dressent et nous entonnons la *Marseillaise*. Ce n'est pas tout : obligeant notre professeur à monter debout sur son bureau magistral, nous chantons avec lui, puisque nous étions à un cours d'anglais, le *God save the King*.

Mon père, démobilisé, au lieu de reprendre sa place au restaurant Fournaud, fut sollicité d'acheter l'hôtel-restaurant qu'une très vieille dame tenait place du Champ-de-Mars, en face de la caserne, avec sortie dans la rue principale de la ville, la rue Nationale, actuelle rue Jean-Jaurès. Bien aidé par ma mère, il sut prendre cette décision qui devait changer sa condition et la nôtre. Je n'étais plus « de la campagne » mais de la ville, fils de commerçants du centre de Tulle.

Ces conditions nouvelles ne changèrent rien à ma décision. En juillet 1919 je quittais le lycée.

Au petit séminaire

Au mois d'octobre suivant, accompagné par ma mère, je pars mettre ma vocation sous la protection des murs du petit séminaire, à Ussel. Protection, le mot n'est pas trop fort. Outre la perspective de la pension, vie toute nouvelle pour moi, je savais, dès le départ, que la discipline de la maison était rude. J'en avais bien un peu peur.

Le jour de la rentrée coïncidait par hasard avec l'enterrement à Ussel d'un de mes cousins, jeune normalien tombé au champ d'honneur, dont on ramenait le corps, rendu à la famille. Au milieu de la foule des parents et amis j'assistais à cet office funèbre, très impressionnant. Saisi par l'ambiance, je me mis à pleurer, à pleurer comme je n'avais jamais pleuré ! Toute la parenté et ma mère surtout étaient émus de voir ce gamin de treize ans prendre une telle part au deuil général. En fait ce n'était pas tant sur ce mort pour la France que sur moi que je pleurais, car je sentais que la voie dans laquelle je m'engageais ce jour-là, serait définitive mais difficile. Ici, j'ai besoin d'expliquer mes sentiments profonds en face de ma vocation.

Marqué profondément par la situation persécutée, méprisée, du clergé, en tant que jeune chrétien de ce milieu clérical, j'ai toujours senti sur moi, hors du cercle familial, les regards réprobateurs, railleurs ou méprisants des autres. Mais au lieu d'être tenté de me délivrer de cette suspicion, de cette humiliation, j'ai toujours éprouvé le sentiment que je devais – c'était ça la vocation – entrer dans cette situation méprisée, d'ailleurs pour la relever.

Plus tard je devais découvrir la formule de saint Paul (Hébr. XIII,13), « Pour aller à lui, sortons du camp, en portant son opprobre... » Ce texte a toujours été l'un des moteurs de ma vie, même si je ne l'ai découvert que plus tard.

Le premier signe de ce mépris au milieu de la foule fut de troquer ma casquette de lycéen, où brillaient en or les palmes académiques, contre la casquette du petit séminaire, marquée du sigle de la Vierge Marie. Il me fallait aussi passer du splendide établissement du lycée au vieux couvent délabré qu'était alors le petit séminaire, avec un seul bâtiment neuf. Il fallait s'habituer à des maîtres certes dévoués et compétents, mais très peu diplômés, aux méthodes pédagogiques très XIXe siècle, ou encore mutilés de guerre, au lieu des professeurs prestigieux, jeunes agrégés, anciens élèves de Normale supérieure auxquels je garde reconnaissance.

Au lieu du chauffage central du lycée, les classes étaient mal chauffées par des poêles à sciure, et pourtant le climat d'Ussel, à 700 m, est bien plus rude que celui de Tulle. De ce fait les engelures me firent beaucoup souffrir pendant tout mon séjour à Ussel.

La nourriture comportait la soupe au petit déjeuner, à midi et le soir, et quelle soupe ! Jamais de café ni de lait. La cuisine était très économique, car l'établissement, où peu d'élèves n'étaient pas reçus gratuitement, était très pauvre. Souvent ce qu'on nous présentait à table, malgré notre appétit, était immangeable : comme l'économe surveillait nos repas, il fallait faire semblant de manger et, en tout cas, ne rien laisser dans les plats. Heureusement nous avions découvert qu'une lame de parquet se soulevait facilement, et par cette ouverture nous faisions passer tout ce que nous ne pouvions absorber : que de rats ont profité de nos restes !

Même l'eau nous était rationnée. D'ailleurs pas un robinet d'eau à la disposition des élèves. Au goûter seulement l'élève réglementaire allait chercher un broc d'eau à la cuisine et il fallait faire la queue pour avoir un quart d'eau. En dehors de ce moment rien à faire pour boire ou se laver les mains. Ai-je besoin de préciser qu'il n'y avait pas de douches au petit séminaire, mais une très pittoresque séance de « lavement des pieds » deux ou trois fois par trimestre. Faut-il dire encore que le couvert et le verre mis à notre disposition au début du trimestre le restaient, sans jamais passer par l'eau, jusqu'à la fin ?

La discipline était très stricte, les punitions fréquentes. Actuellement on les jugerait inhumaines. Pour un rien on était condamné à 100, 200, 300 ou 500 lignes, de français, de latin ou de grec – selon une savante gradation –, qu'il fallait écrire pendant la récréation, dehors, par tous les temps, sur une table d'infamie, debout et mal accoudé sur la table.

L'année scolaire s'étendait du 1er octobre au 26 décembre, du 2 janvier au lundi de Pâques (car nous passions Noël et Pâques en pension !) et du lundi de Quasimodo au 19 ou 20 juillet, sans un seul jour de sortie. De tous mes camarades, seuls ceux d'Ussel – et moi-même en raison d'une tante que j'avais dans cette ville, – étaient autorisés à aller prendre le repas de midi, une fois par mois, chez leurs parents, à la condition d'être de retour au séminaire pour les vêpres à 16 h. A part ces exceptions, tous les élèves ont passé quatre ou cinq ans sans jamais sortir de l'école autrement qu'en rangs, pour les promenades surveillées.

Les études, uniquement classiques (latin et grec), étaient très poussées. Au lever matinal de 6 h, après la messe quotidienne, une heure d'étude pour préparer les leçons des classes de la matinée. Après le frugal petit déjeuner (la fameuse soupe et un tout petit morceau de pain sec) et un quart d'heure de récréation... où l'on faisait la queue aux W.C. à la turque, deux heures de classes sans interruption; puis un nouveau quart d'heure de récréation (bien mal nommée); après quoi une heure d'étude avec devoir écrit tous les jours. Après le repas et la bien nécessaire détente à la suite, de nouveau une heure d'étude pour apprendre les leçons à réciter pendant les deux heures de classe de l'après-midi. Après la récréation du goûter (un morceau de pain sec, le double de celui du petit déjeuner, distribué aux élèves rangés sous le préau l'un à côté de l'autre en une file allant des plus grands aux plus petits et par ordre alphabétique, dans un silence absolu), une heure trois quarts d'étude pour faire une version latine ou grecque, ou un devoir français, tous les jours, même les jeudis et dimanches. Par contre jamais un seul devoir de math.

Mes camarades m'aidèrent beaucoup à m'adapter à cet étrange mode de vie, car venant tous de milieux ruraux modestes, ils supportaient mieux que moi les contraintes du petit séminaire.

Ces camarades, par chance, étaient excellents. Notre cours avait la réputation d'être un bon cours. Nous étions peu nombreux, une douzaine environ, dont cinq sont arrivés au sacerdoce; les autres, avec qui nous nous retrouvons chaque année pour la « réunion du cours », se sont distingués et fait honneur dans la vie civile, arrivant à de hautes situations. L'esprit était bon et à part quelques difficultés de discipline (je vais en conter une) la vie était calme et studieuse : nous trouvions quelques plaisirs dans les promenades autour d'Ussel, dans les parties de football jouées dans les champs de bruyère – il n'y avait bien sûr aucun terrain de jeu préparé –, comme dans les séances de théâtre que nous donnions deux fois par an. Au dernier trimestre, il y avait une grande promenade qui durait une journée entière et dont le souvenir alimentait les espérances des années suivantes !

Dans cette sérénité surgit un jour de colère, ou de contestation, déjà !

Un camarade de notre cours regardait par la fenêtre de l'étude au lieu d'être tout à son travail. Il faut dire que nous étions à la fin de l'année, que nous venions de passer l'écrit du baccalauréat dont nous attendions les résultats. Il faisait très chaud. Il y avait de l'orage dans l'air !

Le surveillant passe à côté de la fenêtre et la ferme. Notre camarade lui demande de la laisser ouverte en raison de la chaleur. Il refuse. Notre camarade se lève et ouvre la fenêtre. Le surveillant la referme. Le camarade l'ouvre une nouvelle fois. Et voilà que – jamais entendu au petit séminaire ! — tous les élèves groupés dans l'étude se mettent à applaudir leur camarade. Le malheureux surveillant tente d'imposer silence. Il se fait huer. Désarçonné, il sort et va chercher le vieux supérieur. Quand il arrive le silence est revenu. Mais la sanction ne devait pas tarder à frapper notre camarade : renvoi immédiat dans ses foyers.

Portés par l'ardeur partisane de notre amitié et poussés sans doute aussi par l'énervement de ce jour d'été avant l'oral du bac, tous les camarades du cours décident de soutenir le condamné.

Porte-parole du groupe, je déclare au supérieur : « Si vous

mettez à la porte J.B., nous partons tous avec lui. Et si le surveillant remet les pieds en étude, nous en sortons tous. »

Pour ne pas compromettre la rentrée au grand séminaire à la rentrée d'octobre, pour la première fois – on était en 1924 – les élèves firent céder l'autorité.

Dans cette aventure j'ai gagné la réputation de petit révolutionnaire. Avant ce jour déjà, au jugement de mon vieux supérieur, je n'avais pas beaucoup de chances d'arriver au sacerdoce.

Il me reprochait d'être trop mondain. De fait j'étais mieux habillé que mes camarades, car, à l'inverse de ce qui m'était arrivé au lycée, au petit séminaire, j'étais le moins pauvre, le citadin, l'ex-lycéen, et surtout j'avais les cheveux plus longs que mes amis; enfin comble du comble, je faisais la raie sur le côté selon la mode ! Signes évidents d'attachement à la vanité... et du désir de plaire aux filles !

Tous les protagonistes de l'épisode que je viens de raconter devaient se retrouver au grand séminaire quelques mois plus tard. Le supérieur, mis à la retraite, s'y abrita comme chanoine titulaire de la cathédrale. Le surveillant, simple séminariste, y revint en troisième année alors que nous, qui l'avions expulsé, nous entrions tous en première année.

Je tiens à rassurer ceux qui craindraient pour la réussite de notre vie commune : tout se passa dans la paix.

Il me faut revenir un peu en arrière pour montrer l'esprit rétrograde de nos maîtres au petit séminaire, en racontant l'histoire de la présentation de certains d'entre nous au baccalauréat.

Le petit séminaire n'avait pas vocation de faire des bacheliers, c'est le moins qu'on puisse dire. Nos professeurs anciens, à part celui qui avait la fonction de directeur aux yeux des autorités académiques et quelques jeunes anciens combattants qui avaient conquis une licence d'enseignement au retour de la guerre, étaient très peu diplômés. Forts de leur science du latin et du grec, ils se moquaient un peu des bacheliers. Vouloir l'être leur semblait un signe de non-vocation; en effet pour entrer au grand séminaire le baccalauréat n'était pas exigé et vouloir le posséder pouvait signifier une volonté de s'évader de la filière qui faisait passer directement du petit au grand séminaire. C'était donc considéré comme une preuve de mauvais esprit que de demander à être présenté à cet examen.

Mes parents, mon oncle prêtre le premier, soucieux justement de me permettre un libre choix, avaient mis comme condition à leur accord pour mon entrée au grand séminaire que je sois reçu au baccalauréat. Je devais donc demander à mes professeurs l'autorisation de m'y présenter. Mes camarades, qui n'étaient pas poussés par la même exigence du côté de leurs parents, n'avaient pas grande envie de subir l'examen. Je réussis à en convaincre trois ou quatre de ne pas me laisser seul présenter ma requête au supérieur : « M. le Supérieur, nous venons vous demander l'autorisation de nous présenter au baccalauréat. Ce n'est pas que nous y tenions beaucoup, mais mes parents exigent que je possède ce diplôme pour me permettre d'entrer au grand séminaire. Mes camarades pour ne pas me laisser seul ont accepté de me suivre. – Vous la voulez, votre peau d'âne ? Eh bien, allez la chercher. »

Mais personne ne nous en parla plus et nos professeurs ne s'inquiétèrent pas plus du programme que s'il n'existait pas. Nous l'ignorions d'ailleurs totalement, au point qu'aux vacances de Pâques seulement j'en acquis un exemplaire à Tulle. Donc, préparation directe nulle. De plus les livrets scolaires qui furent établis pour nous reproduisirent les notes toujours très sévères qu'on nous donnait pour ne pas nous laisser croire que nous n'avions pas à travailler, au point que les meilleurs élèves arrivaient en tête de classe avec des notes rarement supérieures à 10 ou 11. Heureusement qu'à l'académie de Clermont cette manière de noter un peu parcimonieuse était connue !

Notre professeur d'anglais était le bon vieux supérieur qui avait appris, en autodidacte, un peu de grammaire anglaise, mais qui n'avait aucune conversation en anglais. Au cours, il nous faisait lire le seul livre en anglais que nous possédions, en plus de la grammaire, la traduction anglaise -du *Guide Michelin des champs de bataille* ! Je veux bien qu'on était très marqués par la Grande Guerre, mais tout de même !

Quant au professeur de mathématiques, son cas est encore plus criant. Mutilé de guerre, il venait d'achever la conquête de la licence ès lettres. Nommé professeur au petit séminaire, il apprend qu'il est chargé de nous enseigner les mathématiques. A son premier cours, après avoir protesté contre cette réputation « d'apte à tout » que semblait, aux yeux des chefs du diocèse, conférer la qualité de prêtre, il nous tint à peu près ce langage : « En mathématiques je n'en sais guère plus que vous. Étant plus mûr que vous, j'étudierai la leçon avant vous et je ferai mon possible pour vous l'expliquer. »

Qu'attendre d'un examen préparé dans ces conditions ? A l'écrit, pas de problème. Latin, grec, français, étaient nos matières fortes. Une seule surprise : nos notes à tous étaient très supérieures à celles des moyennes obtenues au petit séminaire. Il y avait des 15 et des 16 que jamais l'un de nos professeurs n'aurait osé nous donner.

A l'oral ce fut autre chose. Histoire ancienne ou moderne pour lesquelles nous avions de bons manuels, littérature latine ou grecque nous permirent d'obtenir des notes s'élevant souvent jusqu'à 16 et 18. Pour ma part, en latin j'eus l'honneur d'être interrogé par le recteur de l'académie en personne. Il me fit traduire un texte de Virgile (le célèbre passage de Nisus et Euryale) et devant la rapidité de ma traduction, facilitée par une remarque de prosodie, m'interrogea sur ce sujet. Constatant que je savais scander les vers latins, il me dit : « Vous féliciterez vos maîtres. Hélas ! dans les lycées on n'apprend plus la prosodie. »

Restent les matières dangereuses. En anglais, c'est une demoiselle d'un certain âge qui m'interroge. Elle me dit en anglais : « Choisissez l'auteur et le texte que vous voudrez, lisez-le, puis vous en ferez le résumé en anglais. » Devant mon air ahuri elle me répète la même question, mais en français. Je dois lui dire que, depuis le lycée je n'ai lu en anglais que le *Guide Michelin des champs de bataille*. Même à Clermont, où nous étions, ce livre n'était pas au programme ! Résultat charitable : 2 sur 40 !

Avec le professeur de mathématiques, ce fut à peine mieux. Sa première question était dans la partie du programme que nous n'avions pas vue. Il voulut bien m'en poser une deuxième, en algèbre, mais la note obtenue ne dépassait pas 8 sur 40.

A la proclamation des résultats, n'en croyant pas nos oreilles, car l'appariteur lisait à haute voix les noms des reçus dans le hall d'entrée de la faculté des lettres, nous entendîmes les nôtres parmi les premiers, ceux des reçus avec mention !

Malgré leur indifférence apparente aux diplômes, nos maîtres furent très fiers des résultats obtenus... qui, ainsi que les félicitations du recteur, les confirmèrent dans la certitude où ils étaient d'avoir de bonnes méthodes d'enseignement !

La possession de la fameuse peau d'âne, reçue par moi comme un signe de plus que Dieu me voulait au séminaire, loin de m'éloigner de lui, me décida plus fort que jamais à marcher vers le sacerdoce.

Mais en conclure que ma décision est le fruit naturel de ma naissance dans le milieu dont j'ai parlé et de mes cinq ans passés dans la protection du petit séminaire serait abusif.

Il y avait en effet les vacances, où je retrouvais la vie de l'hôtel et mes frères. L'aîné surtout, dont je partageais la chambre et le lit, m'y faisait vivre dans une toute autre atmosphère que celle du petit séminaire. Ses lectures et donc les miennes n'auraient pas été autorisées par mes maîtres d'Ussel. Lui fréquentait des camarades, garçons et filles, de son âge, et moi, le jeune, je suivais. Pour nos loisirs nous partions toujours ensemble soit au cinéma, soit à Violetta-Parc, lieu champêtre agréable, rendez-vous des jeunes, avec des charmilles le long d'un petit ruisseau et une salle rustique de dancing. Henri tenait beaucoup à rencontrer là ses amis, et m'y entraînait chaque dimanche... plutôt qu'aux vêpres !

Même dans ce milieu très orienté vers les relations entre jeunes gens et jeunes filles, jamais je n'ai connu l'envie de m'attacher à l'une ou à l'autre qui tournait autour de moi. J'ai toujours refusé d'apprendre à danser, préférant me promener seul sous les ombrages en attendant que l'heure du départ sonne. Les voyages entre la ville et Violetta-Parc se faisaient en car, serrés les uns contre les autres. Les attitudes osées n'y manquaient pas. J'en étais plus écœuré qu'excité.

Mes parents, mon père surtout, ne firent rien pour me pousser à devenir prêtre. Après mon succès au baccalauréat, qui l'avait tant flatté, mon père m'avait dit : « Si tu veux me faire plaisir, tu feras la médecine. Je serais heureux d'avoir un fils docteur, moi qui n'ai pu aller à l'école. Je suis prêt à t'en payer les études. – Non, papa, même si cela doit être une déception pour toi, je ne change pas d'orientation. J'ai toujours su que je devais être prêtre. Je compte entrer au grand séminaire au mois d'octobre. »

Mon père, respectueux de mon choix, n'insista pas.

Mon oncle, vicaire à la cathédrale, me fit inscrire au séminaire français de Rome où il avait conquis ses doctorats en philosophie et en théologie. Il ne m'avait pas consulté, sûr qu'il était de mon désir de marcher sur ses traces. Il fut bien déçu quand je lui dis mon refus de me séparer de mes camarades et d'avoir l'air, en courant après des diplômes brillants, de prétendre à une « carrière ecclésiastique » alors que mes goûts étaient plus simples. Je voulais être tout au plus vicaire et curé en Corrèze.

Par ce refus je me suis évité bien des ennuis. Si j'avais été élève de Santa Chiara, à Rome, en ces années 1924 et suivantes, j'aurais été pris dans l'affaire de la condamnation de l'*Action française*, dans laquelle la maison et surtout son supérieur, le très influent père Le Floch (ami de mon oncle, qui lui est resté fidèle dans l'adversité) furent gravement compromis; ils furent limogés et marqués pour leur vie, ainsi que leurs élèves. Parmi ces derniers se trouvait celui qui devait devenir, un temps, évêque de Tulle, après avoir été archevêque de Dakar, le célèbre Mgr Lefebvre. J'aurais pu être orienté comme lui !

Au grand séminaire

Mon père, après une dernière question : « Alors, tu es toujours décidé à entrer au séminaire ? » et ma réponse affirmative me dit : « Eh bien, j'irai moi-même te présenter à M. le Supérieur. » Je pense que pour lui cette démarche allait dans le sens de la reconnaissance qu'il gardait aux sulpiciens qui avaient été très bons pour lui durant son séjour de cuisinier au séminaire (il disait plaisamment : « J'ai fait cinq ans de séminaire et je ne suis pas même tonsuré », et il ajoutait toujours avec le même humour : « J'ai fait quatre ans de lycée et je ne suis pas bachelier! »), mais aussi dans le sens de sa responsabilité paternelle qui le poussait à être à côté de son fils en une si grave détermination.

Il me présenta en ces termes : « Monsieur le Supérieur, je vous amène mon fils. Il est trop bête : il ne veut pas être médecin et préfère être prêtre. Je vous le confie. Tout ce que je lui demande, s'il prend ce métier, c'est de bien le faire. » Et pour assurer jusqu'au bout ma liberté, il ajouta : « Je tiens à payer intégralement sa pension, afin qu'il soit libre si un jour il veut vous quitter. » Je crois savoir que j'étais le seul, sauf les pupilles de la Nation, si nombreux en cette époque, à payer entièrement le prix de la pension. Sur ce point encore mes chances de liberté furent entières.

La vie au séminaire était celle d'un internat strict, pendant cinq ans. L'année scolaire était divisée en deux semestres, coupés par des vacances de quinze jours vers Carnaval. Elle se terminait fin juin, après les ordinations de la Saint-Pierre. Aucune autre sortie n'était prévue. Par faveur spéciale, étant un des rares séminaristes résidant à Tulle, j'avais la faculté d'aller embrasser mes parents le jour du 1er janvier, mais sans l'autorisation de prendre avec eux le repas. Du séminaire je voyais l'hôtel familial, de l'autre côté de la Corrèze, avec pour tout moyen d'aller y faire un tour, presque en cachette, l'utilisation des sorties obligatoires pour les soins dentaires ou pour prendre une douche... car, bien sûr, le séminaire n'en possédait pas alors.

Par contre ma mère et ma petite sœur, née l'année de mon entrée au séminaire, venaient me voir une fois par semaine au parloir. Comme ce devait être gai pour cette petite Thérèse de passer une heure dans cet étroit et obscur parloir avec un grand frère en soutane !

En effet, dès la rentrée en première année de philosophie scolastique selon l'esprit de saint Thomas d'Aquin, après quelques jours de retraite, tous les nouveaux revêtaient avec un peu de solennité leur première soutane. Nous étions bien un peu empêtrés dans ce vêtement si peu fait pour les mouvements vifs des jeunes que nous étions, mais le but était précisément de nous donner une démarche lente, digne, ecclésiastique en un mot. L'effet psychologique recherché visait à marquer notre séparation, notre sortie du « monde ».

Ce passage ne se fit pas sans déchirement.

Le jour de notre première sortie du séminaire revêtus de la soutane, pour une promenade du jeudi, formant un groupe de deux douzaines environ de jeunes sous la conduite d'un directeur, nous étions tous plus ou moins émus. Moi plus que les autres, car j'étais le seul à être exposé à rencontrer sur notre route des personnes de connaissance, des copains de vacances. Quelles allaient être leurs réactions en me voyant déjà « petit curé » ? L'éventualité ne se produisit pas. Nous traversâmes la ville sans que personne fasse attention à nous. Après tout, les Tullistes étaient habitués à voir défiler dans leurs rues les élèves du séminaire allant à la cathédrale pour les offices ou en promenade le jeudi.

A la sortie de la ville, en direction de Naves, la pluie se mit à tomber. Personne n'avait de parapluie, mais la promenade ne fut pas arrêtée pour autant. Notre première soutane fut donc arrosée copieusement. J'appris ainsi combien la marche était pénible avec ces larges pans de tissu mouillés battant les jambes.

Nous devions avoir piteuse mine et, au lieu d'inspirer le respect, porter à la moquerie. Ce qui devait arriver arriva. De-ci de-là des « couacs » fusèrent sur notre passage. Trop émus, et mouillés comme des rats, nous n'eûmes aucune défense à ce moment. A vrai dire les jeunes que nous étions auraient attendu un peu moins de passivité de la part de nos anciens. Entre nous, nous décidâmes de réagir si semblable aventure nous arrivait de nouveau. Cette décision, à laquelle je ne fus pas étranger, est capitale pour comprendre une large part de mon action au sein du clergé. Je voulais bien entrer dans les rangs d'un clergé humilié mais, déjà, avec la ferme intention de le faire respecter, dans ma personne d'abord, et si possible en lui redonnant une place d'honneur dans la cité. Tel sera l'un des buts de ma vie sacerdotale. Il expliquera beaucoup de mes comportements.

Dans le même quartier – dit au Balcon – lors d'une autre sortie, les mêmes « couacs » se firent entendre sur notre passage. Avec deux camarades de mon cours – donc les plus jeunes du séminaire –, sans hésiter, je suis dans le couloir de la maison, puis dans les escaliers, puis dans l'appartement les grands garçons auteurs de ces cris d'hostilité. Sans excuse pour notre entrée sans frapper, je dis aux jeunes en présence de leurs parents : « Bonjour, messieurs. Vous nous avez appelés par des cris qui étaient pour nous, n'est-ce pas ? Nous voici. Que nous voulez-vous ? » Embarrassés, ils ne purent que répondre : « Mais rien. » Après leur avoir fait remarquer que leur « couac » était reconnu comme une insulte, je leur fis un petit discours sur la liberté et sur le respect d'autrui. Les parents et les enfants murmurèrent quelques mots d'excuse.

J'ai insisté sur ce simple petit événement pour souligner combien l'état ecclésiastique était alors mal accepté par le milieu ambiant et combien notre choix d'y entrer était méritoire.

Cette hostilité devait durer pendant toute ma jeunesse cléricale. On était au temps où Herriot, voulant reprendre la politique du petit père Combes, tentait de chasser de nouveau de France les religieux qui y étaient revenus pour la défense du pays, et de supprimer le concordat dans les provinces recouvrées d'Alsace et de Lorraine. Il s'attira la fière réponse du P. Doncœur : « Nous ne partirons pas », et la levée en masse des chrétiens, animés par le général de Castelnau et l'abbé Bergey, député de la Gironde. Avec eux, dans le jeune clergé de retour de la guerre, et en nous qui les admirions et voulions imiter leur fierté, avait pris place la volonté de ne pas nous laisser insulter et même de reprendre nos droits au respect de nos personnes et de notre foi.

On oublie trop pour juger les prêtres de cette génération dans quel milieu hostile ils eurent à faire leur place au soleil !

Après un an de cette vie austère et peut-être pour me tenter une dernière fois avant tout engagement dans la cléricature, mes parents m'emplirent les poches d'argent et m'expédièrent passer des vacances à Paris, chez mon frère aîné qui y commençait sa carrière. Une seule consigne : « Tu reviendras quand tu n'auras plus d'argent. » Ayant repris le costume civil pour ces vacances parisiennes, je retrouvai mon frère dans sa chambre de la rue Royer-Collard, non loin du Luxembourg. Il y vivait, célibataire encore à vingt et un ans. Je n'en avais guère plus de dix-huit et c'était la première fois que j'allais à Paris. Que vont faire ces deux jeunes garçons lâchés seuls dans Paris et avec de l'argent à dépenser ?

D'abord la découverte de ce quartier Latin qui reste depuis pour moi le plus beau de Paris; puis la visite la plus classique de la ville : Notre-Dame, la tour Eiffel, le Panthéon tout proche, les Invalides, le musée du Louvre, St-Denis. Nos soirées se passaient dans les grands cinémas, mais aussi à la Comédie-Française, où j'ai vu jouer *Le Misanthrope*, à l'Odéon avec l'étincelant spectacle de *L'Arlésienne* : les Folies-Bergère aussi mais surtout l'exposition des Arts décoratifs, qui attirait tout Paris et toute la province. Je poussai même jusqu'à Reims où tout n'était que ruines, et aux champs de bataille encore tout chauds... en pensant sans doute au guide Michelin en anglais.

Nous mangions au restaurant, parfois bon marché, parfois plus chic. Mais aucune débauche, aucune aventure sentimentale, bien que nous ayons vécu la nuit du 14 juillet avec ses bals de quartier sur le boulevard Saint-Michel.

Le « Tout est vanité... » de l'Écriture, je le sentais au milieu des beautés de Paris. Les courtisanes entrevues dans les cafés de Montmartre me semblaient uniquement faites pour la tentation, mais bien éloignées de la réussite souhaitée pour ma vie d'âme. Aucune exaltation mystique, mais certitude vécue que rien ne pourrait jamais me détourner du but de ma vie.

Je repris la soutane dès mon retour à Tulle, prêt à rentrer au séminaire au mois d'octobre.

La vie au séminaire avait deux pôles : les études et la vie spirituelle.

Des études je ne veux faire qu'une critique rapide. Si je voulais l'entreprendre à fond il y faudrait beaucoup de temps. Je dirai seulement, pour ne pas mettre en cause mes confrères, que je n'en ai guère profité. Je n'ai rien connu d'aussi soporifique que la philosophie (en latin ... de cuisine) que nous devions apprendre par cœur ou presque, sans jamais la lecture d'un auteur. Jamais une dissertation sur un sujet à discuter, mais des examens écrits ou oraux où seule la mémoire pouvait être primée. Cette méthode, hélas ! fut la même pendant les années de théologie. En cinq ans j'ai eu l'occasion d'écrire un devoir sur Pascal et un travail un peu plus fouillé d'histoire sur Tertullien. Hors ces deux cas, il suffisait de répondre en reproduisant le livre, le manuel de Tanqueray.

Un jour de composition, l'un de nos camarades embarrassé par une question demande conseil à son voisin. Celui-ci, qui avait une excellente mémoire visuelle, lui dit : « Tu sais bien, c'est le scholion, en petites lettres, après la thèse, en haut et à gauche d'une page. » Trait de lumière : ce confrère, lui aussi doué de mémoire visuelle, répondit parfaitement à la question posée. Avait-il compris le sujet. Là est toute la question !

N'étant pas des plus favorisés du côté de cette forme de mémoire, ces études où tout était purement livresque me laissaient sur ma faim. Jouissant d'une liberté très grande pour occuper notre temps en dehors des cours, j'en profitais pour me faire une vie intellectuelle personnelle.

Chaque séminariste avait sa chambre, et comme il était strictement interdit de se rendre dans la chambre d'un confrère, nous avions bien du temps libre dont nous disposions à notre guise.

Il y avait bien une bibliothèque, une « mine » disait un prédicateur de retraite, « mais où sont les mineurs ? » ajoutait-il. Effectivement jamais, pendant les cinq années passées au séminaire, ni l'un ni l'autre d'entre nous n'a mis les pieds et encore moins les mains dans cette bibliothèque pourtant fort riche. Il a fallu qu'elle soit liquidée, quarante ans après, pour que j'y entre pour la première fois de ma vie.

Malgré cette lacune, j'ai beaucoup lu au séminaire. Mon oncle, prêtre cultivé, avait une bonne bibliothèque et guidait mes lectures. C'est lui qui me fit lire le premier livre de théologie en français tombé sous mes yeux. *La Théologie de saint Paul* du Père Prat, et *Jésus-Christ* de Léonce de Grandmaison.

Une des lacunes les plus graves de l'enseignement au séminaire touchait à la Bible. Le *Manuel d'Écriture Sainte*, enseigné par ces messieurs de St-Sulpice, venait ni plus ni moins d'être mis à l'index par Rome. Traumatisés par ce coup de crosse nos maîtres restaient sur une prudente réserve. Nous passions notre temps à apprendre par cœur – en latin toujours – les décisions restrictives de la Commission pontificale biblique. D'où une lecture craintive de la Bible dont je ne me suis jamais remis complètement.

Pendant les derniers mois de l'année scolaire nous avions un jour complet de détente par semaine. A l'initiative des élèves, se tenait ce jour-là un cercle d'études, dit « des conférences » où entre nous, sans la présence d'aucun professeur, nous discutions de sujets choisis librement. Élu par mes confrères président de ces conférences, je proposai d'y étudier le socialisme, le marxisme. Avec les documents que nous avions pu nous procurer – et ce n'était pas très facile – nos exposés et discussions furent parmi les travaux les plus positifs de tout mon temps de séminaire, tant il est vrai qu'un travail où la personne se met en jeu par un effort de recherche et d'exposition aux autres est plus profitable que l'enseignement simplement reçu. Je ne devais jamais oublier la leçon.

La partie formation spirituelle à la vie sacerdotale, par chance, était bien meilleure au séminaire que la vie intellectuelle. Aussi bien, là était l'essentiel, car la science, même ecclésiastique, il faut de toute manière en suivre les progrès ou en tout cas la présentation, et l'on a toute la vie pour le faire. Comme tant d'autres j'ai plus appris après que pendant mes études théoriques au séminaire.

Ce que j'ai retenu de ce temps béni ne vieillit pas : la vie d'union à Dieu, la vie de prière, autrement dit la vie intérieure.

Jusqu'à mon entrée au séminaire j'étais un garçon dont la vie religieuse était très marquée de ritualisme. Observateur régulier de la loi, fidèle aux pratiques extérieures du culte, je n'avais pas de vraie vie intérieure. Il y avait plus de crainte de Dieu en mon âme que de rencontre avec lui dans l'amour et la joie.

Par contre je n'ai jamais eu de réelles difficultés au plan de la foi, même à l'âge de la puberté. Plus tard, en étudiant les objections historiques, philosophiques, dogmatiques à la foi chrétienne, j'en ai souffert mais je n'en ai pas été troublé profondément, et jamais je n'ai connu la tentation d'abandonner la foi. Comme je l'ai dit à propos de mon enfance, j'ai toujours senti Dieu présent en moi et en tout. Je me suis toujours senti en relation avec Dieu, puis avec le Christ Jésus – par la communion surtout – mais je n'ai découvert qu'au séminaire mes relations avec le Saint-Esprit.

Pour l'instant je n'en dis pas plus sur ma vie intérieure. Vers la fin de ma confession j'indiquerai où m'a mené l'orientation prise au temps de ma formation cléricale.

Vint le temps des ordinations.

Pour y être admis il fallait que je sois libéré des obligations militaires. Étant « faible de constitution » au jugement des conseils de révision auxquels je me présentai trois ans de suite, je finis par être exempté du service militaire, ce qui me valut de gagner dix-huit mois sur mes camarades de cours et de devenir prêtre en un âge bien tendre, à vingt-deux ans et demi ! L'âge normal pour recevoir le sacerdoce étant vingt-cinq ans, il avait fallu demander à Rome une dispense tout à fait exceptionnelle. Trois jours avant l'ordination, alors que tout était prêt et annoncé, la dispense n'arrivait pas. Mgr l'Évêque me dit : « Je ne puis vous ordonner sans elle, car autrement je serais *suspens a divinis*, autrement dit interdit d'exercer mes pouvoirs. » La dispense arriva la veille du jour fixé, par dépêche, de la Cité du Vatican qui venait d'être créée quelques mois plus tôt par l'accord signé entre la papauté et Mussolini. Cette dépêche, je voudrais bien l'avoir dans mes archives, car elle est historique; elle est la première, datée de la Cité du Vatican, qui soit arrivée en Corrèze. Hélas ! elle est perdue.

Le jour même de mon exemption du service militaire, j'entrais en retraite pour me préparer à la « première tonsure ». J'avais beau être revêtu de la soutane depuis quatre ans, je n'étais pas encore engagé dans l'état ecclésiastique. On y entrait par la cérémonie de la tonsure qui signifiait la rupture avec le monde, l'entrée parmi les « clercs ».

Tonsuré en juin 1928, je gravis les différents degrés vers le sacerdoce en un an. Peu avant Noël je fis le fameux « pas » du sous-diaconat qui était alors l'engagement définitif par le vœu du célibat et l'obligation de la prière liturgique du bréviaire. Cet engagement, voulu depuis toujours, je le fis sans grande émotion mais avec grande ferveur, en y ajoutant une consécration personnelle et mûrement préparée à la Sainte Vierge, plus que jamais « ma mère et médiatrice », selon l'esprit de Grignion de Montfort.

Diacre à Pâques, je reçus l'ordination qui faisait de moi un prêtre, des mains de Mgr Castel, le 29 juin 1929. Une des joies de cette ordination était de savoir que ce sacerdoce du Christ reçu par l'entremise de mon évêque venait, à travers lui, de Pie X en personne, car lui-même avait été sacré par l'évêque de Pamiers, qui avait reçu la consécration épiscopale directement de ce saint pape.

Au plan familial, à signaler que ma petite sœur Thérèse, préparée avec soin par sa mère, avait été admise à communier pour la première fois — elle n'avait que cinq ans ! — à ma première messe, dite dans cette chapelle du séminaire, autrefois couvent de Ste-Ursule, où ma mère avait aussi fait sa première communion.

Puis-je évoquer les sentiments profonds qui faisaient vibrer mon âme en ces heures ? J'en trouve des échos dans mes notes de retraite écrites au moment même.

Un volonté très nette y apparaît : évangéliser. J'avais écrit les mots de saint Paul : « Malheur à moi si je n'évangélise pas. » Aider tous ceux qui d'une manière ou d'une autre me seraient confiés à connaître le Christ, le seul Sauveur, et à vivre selon lui en vue de la vie éternelle me paraissait le seul moyen de me sanctifier, par le renoncement aux biens de ce monde, par la prière et le service du prochain.

Pour résumer tout en une devise, conne on nous conseillait de le faire à cette époque, je pris ces mots de saint Paul : « Chercher les intérêts du Christ », tirés de ce passage de l'épître aux Philippiens (II, 21) où, donnant à Timothée l'exemple d'un apôtre modèle, il l'oppose à ceux qui « recherchent leurs intérêts, non ceux du Christ ». Je voulais être celui qui rechercherait les intérêts du Christ, sans oublier que le Christ, selon sa propre doctrine, ce n'est pas seulement Jésus mais tous ceux qui sont ses membres, qui ne font qu'un avec Lui.

D'une manière plus romantique, j'avais trouvé l'expression de mes sentiments en ces vers dont j'ignore l'auteur, à moins qu'ils ne soient de celui qui me les avait donnés, M. le chanoine Saule, curé-doyen de Corrèze :

O Jésus, cachez-vous au fond de mon cœur.
Afin qu'en m'approchant les âmes n'aient pas peur.
Que vous parliez déjà quand on m'écoute encore.
Et qu'en croyant m'aimer ce soit vous qu'on adore.

2

PRÊTRE DANS DIFFÉRENTS EMPLOIS

Je vais maintenant raconter l'itinéraire suivi tout au long de cinquante ans de ministère sacerdotal.

Ce qui sautera aux yeux sera sa grande diversité. J'ose dire que j'ai mis la main à la pâte dans la presque totalité des emplois qu'un prêtre diocésain peut tenir, à l'exception de postes dans l'administration ou la direction des œuvres.

Simple soldat, je n'ai jamais fait partie des états-majors. Je suis resté le prêtre de « la base », toujours en contact direct « avec les âmes ». Passer ma vie dans les bureaux de l'évêché ou à des tâches administratives n'était absolument pas dans mes aspirations, pas plus d'ailleurs que l'enseignement... comme je vais le dire.

Mon évêque me fit un jour cette confidence : « Quand j'ai pris M. X en qualité de vicaire général, j'ai hésité entre lui et vous. » Ma réponse fut vive : « Monseigneur, vous avez été bien inspiré ce jour-là, je n'étais pas du tout taillé pour cette charge. J'ai toujours désiré être vicaire ou curé, au service direct des âmes. »

Mon entrée dans la carrière, précisément parce qu'elle était opposée à mes goûts, n'allait pas être heureuse.

Le professeur

Au moment de l'ordination, M. le Supérieur du séminaire, qui était très écouté au Conseil épiscopal pour la première nomination des jeunes prêtres, m'avait dit : « Vous avez toutes les qualités pour faire un bon vicaire : le contact facile, une certaine aisance de parole, vous chantez, vous jouez de l'harmonium; vous serez sûrement nommé vicaire. » Sur cette promesse je passai des vacances tranquilles à aller en pèlerinage à Lourdes avec ma grand-mère et marraine, et même à remplacer un curé parti se reposer. C'est dans cette paroisse, Ste-Féréole, que j'ai accompli mes premières armes de pasteur.

Fin septembre, Mgr Castel m'invite à l'aller voir. J'y cours tout heureux d'apprendre à quelle paroisse je vais être affecté : « Je vous nomme professeur au petit séminaire d'Ussel. » Un coup de marteau sur la tête ne m'aurait pas rendu plus hébété que je le fus par ces mots de mon évêque. Tous mes rêves s'envolaient. J'étais sans voix. Les yeux dans le vague, je tournais sur mes genoux mon chapeau ecclésiastique. Mgr l'Évêque, voyant mon désarroi, ma visible déception, ajouta hélas ! pour lui; « Vous ne voyez pas il semble tout l'honneur que je vous fais en vous confiant cette charge. » Entre-temps, il avait précisé que je serais chargé de la discipline. Mon sang ne fit qu'un tour et, retrouvant la parole, elle se fit dure : « Je comprends au contraire très bien l'honneur qu'il y a à remplacer X, Y, ou Z. » Et de nommer les deux ou trois « pions » insuffisants – dont celui que nous avions chassé de l'étude – connus dans cette place.

Si au lieu de me parler d'honneur, Monseigneur avait pris prétexte de mon jeune âge, ou de service à rendre pour redresser une situation compromise, du dévouement qu'on peut attendre d'un jeune prêtre qui a beaucoup de temps devant lui, je crois bien que dans la générosité de mon sacerdoce tout neuf j'aurais accepté ce sacrifice pour quelque temps. La manière fausse de me présenter cette nomination encore aujourd'hui me gêne. J'y vois un certain manque de franchise et de confiance, une attitude trop diplomatique. Avec moi, cette diplomatie manqua son but.

Monseigneur fit appel à l'obéissance promise et ajouta : « La rentrée au petit séminaire est après-demain; rejoignez votre poste dès demain. » Il s'attira cette impertinente réponse, que je regrette car elle fit beaucoup de peine à mon évêque, qui m'avait invité à sa table au jour de mon ordination avec ses vicaires généraux et son chapitre : « Quand on met un domestique à la porte, on lui donne ses huit jours. Je n'irai à Ussel que dans huit jours. »

J'ai tenu à faire cette confession pour montrer que la nature n'est pas domptée aussi facilement qu'on l'imagine, mais aussi pour souligner que tout ce qui m'écartait du ministère proprement dit m'était insupportable.

Cette déception avait été provoquée par le supérieur du petit séminaire qui avait été mon professeur et mon directeur spirituel pendant les cinq ans passés à Ussel. Comme il m'aimait bien, il m'avait demandé pour l'aider dans sa tâche de restructuration de la maison qu'il poursuivait depuis qu'il avait été nommé supérieur, après les incidents déjà racontés. Sans me rendre à ses démarches amicales et à celles de ceux qui allaient être mes confrères, je tins bon à ruminer ma déception pendant huit jours.

Malgré le supplément de travail à eux imposé par mon absence, ils me reçurent tous avec gentillesse et compréhension; or presque tous avaient été mes maîtres. Ils étaient plus vertueux que moi !

Celui que je devais doubler pour les surveillances des études, des récréations, des dortoirs et des promenades, exerçait cette fonction depuis trois ans, avec autorité et succès. Avec lui un conflit faillit éclater. Instruit par les comportements des surveillants connus pendant que j'étais élève, j'avais envie de traiter les jeunes avec plus de libéralisme. J'aurais voulu être le « grand frère » presque le « copain » de ces garçons destinés souvent à être prêtres.

« J'ai une manière de faire avec les élèves, me dit ce confrère, qui me permet de les tenir et d'obtenir d'eux le silence et le travail. Je suis muet et froid. Je ne changerai pas de méthode. Si tu veux faire autrement, tu seras coulé. » Ainsi mis au pied du mur je calquai ma manière de faire sur la sienne et nous eûmes la paix. Vite, malgré ma jeunesse et ma frêle apparence, j'eus beaucoup d'autorité. J'avais d'ailleurs lu – et ce fut mon premier effort d'adaptation à mon nouvel état de vie – des livres de pédagogie, et j'avais noté une pensée qui devait m'aider tout au long de mes jours : « Si tu n'es pas maître de toi, tu ne seras jamais maître des autres. »

Du haut d'une chaire (mais oui ! une vraie chaire d'église) je dominais les cent vingt élèves, allant des petits de sixième aux grands de rhétorique – comme on disait encore –, leur donnant l'impression que chacun d'eux était vu de moi à chaque instant, et c'était presque vrai. Mon premier travail fut d'apprendre leurs noms. Nous arrivions à tenir les élèves presque sans leur donner de punitions. Pour ma part, je passais des semaines entières sans en distribuer une.

Dans ces conditions le travail scolaire se faisait normalement et M. le Supérieur et les professeurs étaient très contents des surveillants. Pour mon malheur ! tous voulant me garder contre mon gré, car la vocation de « professeur de silence » n'arrivait pas à prendre la place de celle, indiscutable, de prêtre en paroisse.

Les règlements de la maison, pour éviter des confusions de responsabilités, interdisaient aux surveillants tout acte de ministère sacerdotal auprès des élèves. Interdiction de les entendre en confession, et même de les recevoir chez soi. Une fois par an seulement on se souvenait que nous étions prêtres, autant que les autres professeurs en nous demandant de prêcher aux élèves. Je vois encore l'étonnement des petits et des grands en entendant leur parler comme un prêtre et avec élan celui qu'ils voyaient devant eux toujours froid et muet. Ils avaient dû sentir passer dans mes paroles un peu de tout ce que j'avais à leur dire, alors que, comme eux, j'étais condamné au silence.

Etant chargé de l'enseignement du chant, je profitais de mes temps libres pour pousser mes études en grégorien et en harmonium. Je voulais que tous mes élèves, s'ils arrivaient à être prêtres, puissent exécuter dignement au moins ce qui est nécessaire aux offices chantés. Pour cela j'avais créé, outre les cours normaux et la schola qui groupait les meilleures voix, le cours des « sabots », c'est-à-dire de tous ceux qui chantaient faux. J'étais persuadé qu'avec de la patience et de la méthode on devait arriver à un résultat. De fait, je n'ai trouvé que très peu de cas irrécupérables.

La schola me donna vite de grandes satisfactions. Les voix de soprani et d'alti ne manquaient pas. Pour celles de ténors et surtout de basses quelques confrères me prêtaient leur concours. Je fis un jour chanter le « Domine salvam fac Republicam » sur une admirable musique polyphonique de Vittoria. Mais de peur qu'on ne comprenne pas bien les paroles dans le chevauchement des parties, j'avais poussé la malice – car c'en était une, sachant les sentiments très *Action française* de Mgr Castel – jusqu'à faire chanter une première fois la prière pour la République par la seule voix angélique d'un soprano, que le chœur à quatre voix mixtes reprenait avec art. L'évêque goûta fort peu l'allusion et me demanda le pourquoi de cette prière inhabituelle chez nous. « Monseigneur, lui dis-je, vous avez demandé des prières pour la France, j'ai pensé que le mieux était d'utiliser la prière liturgique pour la République qu'est la France. » Il ne fut ni dupe, ni content de moi, une fois de plus.

Malgré ce petit accroc M. le Supérieur fit un tel éloge de mon travail et exprima si fort son désir de me garder au petit séminaire qu'il poussa l'évêque à m'offrir d'aller à Toulouse pour y préparer une licence d'enseignement et même à me payer un séjour à

Solesmes pour me spécialiser dans le chant grégorien. Rien n'y fit, et je répétais sans me lasser : « Je veux aller dans le ministère paroissial. Je ne suis pas devenu prêtre pour enseigner le latin ou le chant. »

A la fin de l'année, voyant ma demande de départ encore retardée, j'en vins aux menaces. « Puisqu'on me garde ici parce que je fais bien, je vais changer de méthode et l'on sera bien obligé de me renvoyer. » Mon supérieur, qui me connaissait bien, souriait et laissait dire. Mais un confrère apeuré rapporta mes paroles à l'évêché. En octobre, celui-ci me fit savoir que je n'avais pas à retourner à Ussel. Mais pour marquer le coup on ne me donnait pas d'autre nomination pour l'instant.

Circonstance heureuse s'il en fut, car pendant ces quelques semaines on devait me demander d'assurer bénévolement le service religieux de Chameyrat, paroisse proche de Tulle, dont le curé âgé était contraint à la retraite. La seule difficulté de ce service était la distance de 12 km, avec une côte fort rude, en ayant pour tout moyen de transport une mauvaise bicyclette. J'arrive en nage à l'église. Une excellente paroissienne, émue de me voir dans cet état – elle qui avait une voiture – m'offrit de venir me chercher à Tulle le dimanche suivant. Ce qui fut fait, grâce à la vieille De Dion-Bouton qu'elle conduisait elle-même. Dans le trajet, elle alla plus loin dans ses offres de service : « Je descends à Tulle tous les samedis pour y faire le marché. Si vous étiez libre, je pourrais vous prendre ce jour-là et vous logeriez au château. Le dimanche matin nous irions ensemble à l'église. » J'acceptai sans me faire prier l'invitation à la vie de château que m'offrait Mademoiselle la Baronne (car c'en était une); début d'une amitié qui devait m'accompagner utilement pendant une grande partie de ma vie. J'aurai l'occasion d'en reparler.

Ce service de Chameyrat ne dura pas tout à fait trois mois. Avant Noël je fus nommé vicaire à Allassac.

Après les tâtonnements des deux premières années de sacerdoce, enfin un ministère à temps plein !

Le vicaire

Allassac était et reste encore le plus gros bourg rural de la Corrèze. Admirablement situé, à flanc de coteau où est cultivée la vigne, le bourg blotti entre sa vieille et curieuse église, son altière tour de César et son noble château des Tours, est traversé par la grande ligne Paris-Toulouse, dont les trains – le Capitole par exemple – rythment par leurs passages la vie des habitants.

Au plan agricole, Allassac est un pays de primeurs : petits pois, cerises, raisins, melons, tabac sont les produits appréciés de ce bassin permien de Brive-Objat. L'activité industrielle était alors présente par l'exploitation des carrières d'ardoise, dont les pierres inaptes à la couverture des maisons ont trouvé d'importants débouchés dans le bâtiment et le dallage. Dès cette époque était florissante l'exportation des porcs limousins, et les fabriques de conserves commençaient à se lancer.

Une particularité de cette paroisse était la présence dans chacun des gros villages d'une petite chapelle et d'un cimetière. Il y avait en plus une chapelle au petit hôpital tenu par des religieuses et une autre au couvent ou pensionnat du Sacré-Cœur. Il y avait deux écoles libres : celle des jeunes filles tenue par les religieuses de la Providence de Portieux, et celle des garçons, aux mains des frères maristes, dans le château des Tours. Une maison « des œuvres » complétait l'équipement de la paroisse, une des mieux organisées du diocèse, depuis qu'un grand curé y avait passé, Mgr L'Ebraly.

La population y était largement pratiquante. J'étais agréablement surpris par les foules prenant part aux messes dominicales. Les groupes des écoles libres assuraient déjà un effectif important et fidèle.

Pour Pâques, je fus submergé sous le flot des hommes venus faire « leurs Pâques ». Sans compter ceux qui s'étaient confessés le Samedi saint, je dus en entendre plus de cent avant la première messe du dimanche.

Arrivant alors que l'année scolaire était entamée, je prends en charge les catéchismes que me confie mon curé : tous les garçons de l'école des Tours, puis, à la paroisse, tous les enfants, garçons et filles, de première année. J'aurais pu craindre des difficultés pour la fusion dans le même patronage des garçons de l'école des frères et des écoles laïques, car elles étaient en lutte ouverte. Ce patronage, en plein air, avec football, eut très vite un grand succès et s'y mêlaient sans trop d'à-coups les enfants de la laïque et de l'école libre.

Ce même esprit régnait dans le groupe important de jeunes gens (c'était alors l'A.C.J.F.), qui réunissait pour des cercles d'études, pour des séances de projections ou même déjà de cinéma Pathé-Baby presque tous les jeunes garçons de la ville et même quelques-uns des villages. Ces jeunes étaient très dynamiques. L'un d'entre eux, qui était poète à ses heures, m'aidait beaucoup dans la rédaction du journal paroissial – dont le cercle avait l'initiative et la gérance – et qui s'appelait *Le Petit Allassacois*. Par cette petite feuille je commençais à découvrir l'importance pratique de la presse locale pour soutenir et vivifier la vie paroissiale. Je ne devais plus cesser dans tous les postes occupés en paroisse d'être un peu journaliste.

Une autre activité de ce groupe devait aussi me marquer. Le cercle organisait de temps en temps une séance théâtrale dans un local, la Maison du combattant, que la ville avait la chance de posséder, munie d'une scène et de coulisses. Ces séances étaient de grands événements locaux, car elles mettaient en branle tous les jeunes et par conséquent tous les parents. Qui dira le profit que ces jeunes ont tiré de cette « éducation populaire » ? Beaucoup d'entre eux ont été ou sont encore à la tête de leur ville.

Ils ont bien fait leur chemin.

Il y avait cependant une différence assez marquée entre les jeunes du bourg et ceux des villages. Au plan national, cette dualité devait amener l'éclatement de l'A.C.J.F en J.O.C. et J.A.C.

Avec quelques ruraux nous suivions les cours d'agriculture par correspondance, que donnait l'école de Purpan. Ce sont eux, ouverts aux problèmes propres à leur milieu, qui décidèrent de la création d'une section J.A.C. à Allassac. Elle fut la deuxième de la Corrèze, qui devait en compter tant peu d'années après. Les jeunes filles des villages, jusqu'à ce jour jamais groupées, ne voulurent pas rester en arrière et, à l'exemple de leurs frères, voulurent avoir une section féminine de la J.A.C. Du même coup j'avais pour la première fois à diriger un groupe de jeunes filles. Problèmes nouveaux. J'avais vingt-six ans.

Dans ces différentes activités du ministère à Allassac je me suis senti à l'aise. Catéchismes, réunions des jeunes gens et des jeunes filles, patronage, théâtre, journalisme, contact avec les gens de la ville ou des villages, premières rencontres avec les malades et les mourants, prédications, tout me plaisait. Les Allassacois m'eurent vite adopté et me regrettèrent, je crois, quand après vingt-deux mois de présence je fus appelé à les quitter.

Mon élan fut coupé par un mot de mon évêque qui me nommait – preuve de confiance, disait-il – vicaire à Saint-Sernin de Brive.

Brive est la ville la plus importante du département, nœud ferroviaire sur les grandes lignes Paris-Toulouse et Bordeaux-Lyon.

Centre important de commerce et un peu plaque tournante de toute une région : Limousin - Quercy - Périgord.

La paroisse Saint-Sernin, celle proche de la gare tout en étant située non loin du centre ville, était la plus grosse, la plus riche, la mieux organisée du diocèse. Elle avait été mise sur ce pied par un éminent curé formé à Paris et qui avait amené en province les méthodes les plus modernes de l'apostolat. Doué d'une forte personnalité il avait su créer autour de lui, avec trois vicaires et quelques prêtres habitués, une équipe fortement soudée et attirante au point que les vocations sacerdotales naissaient et se développaient comme naturellement autour de lui. Une bonne douzaine de prêtres lui doivent leur vocation. Avec le concours d'une grande bienfaitrice, il avait organisé des locaux bien adaptés pour les patronages de garçons et de filles, pour les cercles de jeunes gens et de jeunes filles, ainsi que des écoles libres : St-Joseph et Notre-Dame. Dans un quartier en pleine extension, il avait élevé une chapelle qui à sa mort devait devenir une nouvelle paroisse.

Il venait de mourir; j'allais faire partie de l'équipe qui avait la lourde tâche de le remplacer.

Dans la répartition des différents ministères paroissiaux, étant « le bleu » je n'eus pas le choix. Les deux anciens vicaires gardèrent ou choisirent ce qui leur convenait le mieux. Au lieu de prendre pied en commençant par le plus facile – les enfants du patronage –, on me demanda de prendre la responsabilité du cercle d'A.C.J.F, qui était le plus important du diocèse. Ceux qui n'ont pas vécu cette époque auront peine à croire que plus de cent jeunes gens de seize à vingt ans... et plus – certains étaient aussi âgés que moi – avaient deux réunions par semaine, de 20 h à 22 h, avec contrôle des présences par appel nominal, et qu'il en était de même pour les présences à la messe dominicale.

Chaque réunion groupait des jeunes gens des différents milieux, surtout de jeunes ouvriers et employés de commerce, mais où ne manquaient pas les lycéens et les petits-bourgeois. Tous vivaient dans une grande fraternité.

Tout de suite je veux signaler que j'ai rencontré là l'homme qui fut une des grandes chances de ma vie et qui était alors le président d'honneur du cercle, Edmond Michelet, ce saint homme, mort ministre de la Culture, successeur d'André Malraux !

Avec lui d'autres membres du cercle sont arrivés à la notoriété nationale : André Monteil, lui aussi député, sénateur, maire, ministre ; André Denis, le jeune apprenti de la S.N.C.F., un temps député ;

Georges Mamy, employé de commerce, devenu le grand journaliste souvent vu à la Télé; des héros de la guerre ou de la Résistance qui ont donné leur nom à des rues de Brive.

Aucun confrère n'ayant voulu cette fonction, et comme j'étais le plus jeune, je devins en même temps aumônier de la prison.

Dans mes attributions j'avais encore toute la partie rurale de la paroisse, avec un catéchisme spécial pour les enfants de ce secteur alors fort étendu, sans compter l'aumônerie de l'école Saint-Joseph où je faisais les cours de catéchisme dans toutes les classes.

Si l'on n'oublie pas les heures prises par les différentes formes du culte : messes et offices chantés, visites des malades (en particulier à la polyclinique toute proche), les confessions (fort nombreuses et délicates en cette église près de la gare), les mariages, les baptêmes, les enterrements (souvent deux ou trois par jour), on comprendra que le vicaire de Saint-Sernin n'avait que peu de temps libre. Pour occuper ce petit reste je pris la décision de créer un bulletin paroissial que je rédigeais en entier, sans partie commune comme il est de coutume dans les journaux de cette sorte.

Au cercle, le mouvement de spécialisation déjà amorcé à Allassac prenait en ces années-là un tournant définitif, par la spécialisation de l'A.C.J.F en J.O.C, J.A.C et J.E.C. Cette orientation à peine prise, éclatait la guerre de 1939.

La mobilisation arrachait à leur ministère tous mes confrères de Saint-Sernin et tous les autres vicaires de Brive. Exempté du service militaire, je restais donc seul, avec de vieux curés, pour assurer le service religieux de la ville. Heureusement quelques prêtres mobilisés vinrent nous aider.

Décrire les travaux de mon ministère pendant la « drôle de guerre » est impossible. Pendant que mes amis mobilisés ne savaient que faire au front, j'ajoutais leurs charges à la mienne, autant que faire se pouvait. Les locaux du cercle étant réquisitionnés, ainsi que le terrain de sport que nous avions créé de nos propres mains, les jeunes dispersés, restaient les enfants. Pour eux, en ce temps-là, prenaient essor les groupes de Cœurs Vaillants, une nouvelle troupe de scouts et une compagnie de guides, dont l'aumônerie m'incombait de surcroît.

La débâcle arriva alors que j'étais déjà débordé par les différentes communions solennelles de centaines d'enfants. Des milliers de réfugiés, d'abord des Belges, puis des gens de toute la France occupée se replient sur la Corrèze. A Brive, pendant quelques mois, la population passa de 25 000 à plus de 100 000 habitants, avec tous les problèmes que cela pouvait poser. Le presbytère était occupé au maximum : on faisait coucher les réfugiés dans les salles de catéchisme, dans mon bureau même... sur le plancher, car nous n'avions plus rien à donner.

Un seul exemple dira la bousculade de ces jours : en six mois j'ai conduit deux cents morts au cimetière, ce qui représente plus de mille kilomètres à pied.

A ce régime le « faible de constitution », que j'étais ne pouvait durer longtemps. Quelques semaines après le retour d'un premier confrère je tombai malade. Les docteurs consultés n'osèrent pas me dire la vérité, mais firent prévenir mes parents. Ramené à Tulle après de nouveaux examens, je subis une première intervention chirurgicale et fus condamné au repos complet. J'en pris une bonne partie au château de la Sudrie, chez la bonne baronne, rencontrée providentiellement, comme je l'ai dit. Après une deuxième opération, j'achève ma convalescence entre la Sudrie et Uzerche, chez mon oncle devenu curé doyen de cette charmante cité. Mais, comme dit la chanson, longtemps après je gardais encore « une plaie ouverte ! »

Dans ces conditions, il m'est impossible de reprendre le dur service de Saint-Sernin. Le nouvel évêque Mgr Chassaigne, l'autre étant mort peu après la déclaration de guerre, veut me donner un poste qu'il considère comme « de repos ». Celui d'aumônier du lycée de Tulle devenant vacant, il me le propose aimablement : « Vous serez près de vos parents, et avec les commodités que donne le restaurant en ce temps de restrictions, vous pourrez plus facilement refaire votre santé. »

En fait, après neuf ans passés à Saint-Sernin, c'était une autre rude étape qui allait s'ouvrir devant moi.

L'aumônier de lycée

Comme je rendais visite à mon prédécesseur, pour lui demander consignes et conseils, il me tendit une petite feuille de papier sur laquelle il y avait quatre noms : « Voici la liste des seuls élèves qui sont inscrits pour suivre les cours, en dehors des enfants qui se préparent à la communion solennelle. » L'idée de Mgr l'Évêque était donc bonne : le poste d'aumônier du lycée semblait bien devoir être de tout repos.

Devant les objections que je lui présentais en appuyant sur

mon manque de préparation à un enseignement destiné à des jeunes formés aux disciplines littéraires, philosophiques et scientifiques – ce qui n'était pas assez mon cas –, je m'attirai cette réponse pas très aimable pour le vieil aumônier, mais péremptoire : « Vous n'aurez pas de peine à faire mieux que votre prédécesseur. »

Peu rassuré, avant de quitter Brive j'avais pris la précaution de demander conseil à Mgr A. Bouyssonie, philosophe et d'autre part découvreur, avec son frère Jean, de l'« Homme de La Chappelle-aux-Saints », qui est au Musée de l'Homme. Ce prêtre de grande culture me conseilla de bonnes lectures : « Connaissez-vous Jean Guitton ? – Non. Qui est-il ? – Un normalien, universitaire de qualité et chrétien militant, en particulier au sein de la paroisse universitaire à laquelle il donne des conférences, souvent publiées. Vous ne pouvez trouver meilleur guide pour apprendre dans quel esprit il faut parler de la foi chrétienne dans les milieux lycéens. » Jean Guitton, pour lors, était prisonnier en Allemagne. Il était difficile de se procurer ses œuvres, tirées à un petit nombre d'exemplaires, et souvent sans nom d'auteur. Grâce à une libraire amie et débrouillarde j'obtins enfin tous ces fascicules.

Bien plus tard, à Bort, comme je recevais Jean Guitton, le remerciant du service qu'il m'avait rendu, et lui montrais les vieilles brochures de ses premières œuvres, il eut la délicatesse de me les dédicacer en ces termes, inexacts, mais flatteurs : « A mon premier lecteur. »

Pendant ces années de guerre et d'occupation je n'avais qu'un seul but : être capable de présenter dignement la foi chrétienne à mes élèves. Ne pouvant pas beaucoup marcher, logé au quatrième étage de l'immeuble où habitait mon jeune frère, docteur vétérinaire, avec sa femme et ses enfants, je pris le parti de me donner beaucoup à l'étude. Pour commencer je m'obligeai à refaire la philosophie et à lire – pour la première fois – les grands auteurs dans le texte. J'avais aussi découvert le père Sertillanges. Tous ses ouvrages, lus et disséqués, me rendirent plus d'un service. Pour les cours, je trouvais aussi un bon point de départ dans les manuels de Sullerot. Pour toutes ces études, je trouvais un appui certain auprès d'un éminent professeur au séminaire, Lorrain replié chez nous, le père Paul-Joseph Schmitt, devenu depuis évêque de Metz.

Ce fut lui d'ailleurs qui me présenta au censeur du lycée qui était lorrain comme lui et son cousin. De son côté Mgr Layotte, vicaire général, mon ancien directeur au séminaire, me présenta à

M. le Proviseur, qui devait finir sa carrière dans la même fonction mais à Louis-le-Grand.

Quand je présentai le petit papier aux quatre noms à M. le Censeur, il dit : « Oui, ces élèves étaient inscrits pour suivre les cours de M. l'Aumônier mais ils n'y allaient pas. » Le repos serait-il complet à ce point ?

D'entrée de jeu, je déclare au censeur, car c'est surtout à lui que j'ai affaire, que je suis décidé à donner un cours dans chaque classe, à la seule condition d'avoir trois élèves par cours. Une complication venait du fait que le lycée — et c'était rare à l'époque — était un lycée mixte. Or mon évêque m'obligeait à prendre séparément les garçons et les filles, lesquelles dans certaines classes étaient peu nombreuses.

Mon premier travail fut de rédiger, puis de faire imprimer à un grand nombre d'exemplaires, des tracts, les uns pour les jeunes, les autres pour les parents, expliquant mon point de vue.

A la surprise générale — mais l'atmosphère de la rentrée 1942, au moment où les Allemands envahissaient la zone libre, devait y être pour beaucoup — le nombre des inscriptions aux cours de religion furent assez nombreuses pour que dans chaque classe, de la 7e à la philo, deux groupes d'élèves soient constitués, l'un pour les garçons, l'autre pour les filles.

Le poste de repos, dans ces conditions, était loin de tenir ses promesses. Ce fut un très lourd travail que ces plus de vingt-cinq heures de cours par semaine où, en dehors des catéchismes, je n'eus jamais de manuels à mettre entre les mains de mes élèves. A chaque réunion je proposais un thème, exposé puis discuté avec les élèves. Souvent les questions posées sortaient du sujet. Jamais je n'ai refusé de traiter ainsi, même à l'improviste, la difficulté proposée. Les débats les plus sérieux, passionnants même, étaient avec les philosophes. Le plus souvent ils avaient comme professeur un incroyant qui ne cessait — sans doute pour les aider à réfléchir sur leur foi — de leur vanter le matérialisme, le marxisme, l'hédonisme et, déjà, la liberté sexuelle totale, allant jusqu'à leur recommander l'homosexualité !

Avec les objections des professeurs d'histoire je devais répondre à tous les problèmes sur l'historicité de Jésus et des Évangiles. Sur ce point m'aidait le livre, récent alors, de Daniel-Rops, écrivain que j'avais eu le plaisir de recevoir dans ma chambre de vicaire à Brive.

L'enseignement n'était pas toute mon action auprès des

lycéens. En dehors de l'établissement je recevais certains d'entre eux groupés par la J.E.C., la J.E.C.F et le scoutisme.

Que de réunions, que de retraites, que de camps de vacances prolongeaient mon action auprès des jeunes ! Sans compter que je servais de correspondant à quelques pensionnaires et que ma porte était toujours ouverte à ceux qui voulaient, par une conversation plus intime, discuter avec l'aumônier... ou lui emprunter des livres.

Ces livres prêtés constituèrent une part non négligeable de mon apostolat. Certains de ces livres, comme *Le Beau Risque de la Foi* passèrent de mains en mains, jusqu'à être perdus une dizaine de fois. J'en étais ravi, car les livres sont faits pour servir et non pour orner les rayons d'une bibliothèque.

Pendant les petites vacances scolaires, je changeais d'occupation, en allant aider mes confrères dans leur service paroissial. A peine les cours terminés je partais, en vélo le plus souvent, pour me mettre à la disposition des curés pour les prédications de fêtes (Toussaint, Noël, Pâques), pour les confessions, voire pour des conférences.

Les années passées au lycée furent les plus actives de ma vie. Car, à ce que je viens d'énumérer, il faut ajouter les cours donnés aux plus grands élèves de Sainte-Marie, puis au Collège moderne de filles, sans compter les conférences de spiritualité faites aux religieuses de la ville, ni les longues séances de confessions chez les enfants de troupe.

Ce n'est pas tout. Deux ou trois fois par trimestre, je prenais part à la réunion de la paroisse universitaire. Ce groupe de professeurs chrétiens était particulièrement dynamique grâce à la présence d'un bis agrégé, venu du lycée Henry IV en raison de la guerre. Il était un des grands spécialistes de Léon Bloy, qu'il révéla aux membres de la paroisse, et à moi plus qu'aux autres. A lui seul il assurait les causeries à partir desquelles s'instaurait un vivant débat. Je n'avais qu'à marquer certains points de spiritualité chrétienne et parfois à répondre aux objections que tout croyant se fait un jour ou l'autre. Chaque année la P.U. organisait une journée régionale à Aubazine. Dans cet admirable monastère, lieu de prière et de méditation s'il en est, avec les chrétiens de l'enseignement d'État, allant de l'institutrice de village à l'inspecteur général, en passant par les professeurs de lycée et de faculté, j'eus l'occasion de rencontrer des chrétiens d'élite. C'était là que Jean Guitton avait donné à ses collègues les conférences réunies ensuite dans les brochures dont j'ai parlé.

Je dois dire que dans ce milieu j'ai plus reçu que donné.

Dans ces activités multiformes, la réunion annuelle des aumôniers de lycée m'était un réconfort. Ce congrès était toujours d'une haute tenue. Je me souviens qu'à l'un des premiers auxquels je participais, un aumônier parisien avait accepté de faire un cours devant de vrais élèves, mais en ayant à l'arrière-plan une centaine de confrères, pour se soumettre après coup aux remarques, critiques ou laudatives — mais toujours instructives pour les aumôniers inexpérimentés — de ceux qui n'auraient pas voulu être à sa place.

C'est à un de ces congrès que je fis la connaissance du brillant aumônier du lycée de Bordeaux (où il avait succédé à l'abbé Mauriac, frère de l'académicien) qui, avec des ancêtres corréziens, se trouva vite en sympathie avec moi. Nous liâmes une amitié qui dure encore, bien qu'il soit devenu le cardinal Gouyon, archevêque de Rennes.

Avec lui d'ailleurs les lycéens de Bordeaux et de Tulle participèrent dans le même groupe au pèlerinage des lycées de France à Rome pour l'Année sainte 1950.

Pour rire un peu — les occasions n'en sont pas fréquentes dans mon récit — je vais vous conter une aventure bien romaine de ce pèlerinage lycéen.

On avait averti les jeunes qu'il fallait être très en garde contre les vols possibles dans la foule énorme de ces jours de Semaine sainte de l'Année sainte. Parmi les pèlerins un grand nombre de pickpockets s'étaient glissés on le savait. Or, dès la première sortie des garçons dans les rues de Rome, trois ou quatre du même groupe lorrain n'avaient pas vu leur portefeuille disparaître, mais de retour au collège où nous logions, leurs poches étaient vides. En colère, leur aumônier monte sur une table du réfectoire et devant tous les groupes réunis proclame : « Vous êtes maladroits ! Puisque vous n'êtes pas capables, même avertis du danger, de veiller sur votre argent, je vous demande de le confier à vos aumôniers. » Sans plus attendre il ramasse tout l'argent qui reste à ses élèves, le met dans son portefeuille, démesurément grossi de ce fait, et le place ostensiblement dans la poche intérieure de sa soutane qu'il reboutonne : « Là, vos billets ne risquent plus rien. »

Le lendemain, sur la même table, monte l'abbé Gouyon. Il réclame le silence pour compter la suite de l'histoire des voleurs. « Aujourd'hui encore parmi vous il y en a encore un qui a été victime des pickpockets. Vous vous souvenez de l'aumônier qui, hier à cette place, vous disait comment faire pour ne pas être volés ? Eh bien ! Dans l'autobus, au milieu d'une foule qui le bousculait, il n'a pas remarqué l'escroc qui d'un coup de rasoir a tranché sa soutane au niveau du portefeuille trop visible, et le lui a volé. » Les jeunes accueillirent avec les réactions qu'on pouvait attendre la mésaventure du pauvre aumônier. Mais, avec leur bon cœur ils se cotisèrent pour que ces jeunes Lorrains ne soient pas complètement démunis d'argent.

J'avais trouvé plus sûr de rassembler les gros billets de mon groupe, de les plier dans du papier journal et de porter ce paquet sous le bras. Il n'attira pas la convoitise des pickpockets.

Un mot sur les camps de vacances. Ils occupaient pour leur préparation, leur tenue ou la remise en ordre au retour, la plus grande partie de mes congés des grandes vacances, car je devais diriger un camp pour les garçons, un autre pour les filles et un troisième pour les scouts. Dans ces camps, j'utilisais les plans de travail fournis par les mouvements J.E.C. ou scouts. Ils n'étaient donc pas de simples voyages d'agrément, mais des jours de formation et de vie spirituelle intense, au contact avec la nature, chaque année dans une région différente. Il y avait messe quotidienne avec instruction, thème de réflexion pour la journée, cercle d'étude autour du feu de camp, animé par des jeux et terminé par la prière.

Ces camps étaient loin d'être austères. On s'y amusait bien. A chacun d'eux, on faisait la découverte d'une région nouvelle, en mettant l'accent sur l'effort physique, par exemple par de rudes marches en montagne, par de longues randonnées à pied ou – une année en Normandie – à bicyclette. Avec les lycéens ou lycéennes nous avons découvert successivement le Pays basque (plusieurs fois, avec résidence à Saint-Jean-de-Luz), les Pyrénées dans la vallée de Peyresourde, l'Alsace (aux Trois-Epis au-dessus de Colmar), la Bretagne aux environs de Brest, avec Morgat et la pointe Saint-Mathieu, la Normandie, à Saint-Pierre-Église, du cap de la Hague à La Hougue, et plus près, le Gerbier-de-Jonc, les monts du Cantal, du Plomb au Puy Mary, sans oublier le Puy Griou... que certain brillant sujet ne doit pas avoir oublié !

Si on ajoute le pèlerinage à Rome et si l'on n'oublie pas que tout cela se passait sous l'occupation ou dans l'immédiat après-guerre, avouez que ce n'est pas mal.

Pour beaucoup de ces camps j'avais trouvé un auxiliaire dévoué et compétent qui faisait office de chef de camp, tandis que je me donnais surtout à mes fonctions d'aumônier, en la personne d'un charmant séminariste, qu'enfant j'avais préparé à sa première communion et en qui j'avais le premier décelé des signes de vocation sacerdotale, Georges Rol. Je dirai plus loin ce qu'il est devenu.

Ai-je assez dit que vint le jour où, en plus du lycée, me fut confié le collège de jeunes filles, fort de près de mille deux cents élèves ? Jamais un prêtre n'était entré dans cet établissement, ancienne école supérieure laïque. Dès que la création d'une aumônerie fut possible – sous le régime de Vichy –, à la surprise générale un très grand nombre d'élèves se firent inscrire aux cours de religion. Je pense que ces jeunes filles, heureuses d'être traitées comme celles du lycée et comme les garçons, ne voulurent pas être inférieures à leurs voisins et émules.

Cet afflux d'élèves ne fut pas sans me poser des problèmes d'horaires et d'adaptation à un nouveau public. Un jour toute une classe avait voulu assister à mon cours et je me trouvai en face de quatre-vingts grandes filles. Malgré mes craintes, ces filles, stupéfaites d'entendre un prêtre leur faire un exposé d'une heure sur la religion dans leur école, ne bougèrent pas, et je me gardai bien d'ouvrir la boîte à questions, de peur de déclencher un beau chahut.

Cette période fut courte car, dès la Libération, l'aumônerie fut supprimée. Mais le pli était pris et je dus organiser des cours hors de l'établissement pour répondre à l'attente d'un groupe important de ces jeunes filles, désormais ouvertes à la recherche religieuse, comme les lycéens.

Quand survinrent les événements de la Libération et d'abord le drame du 9 juin 1944, mes occupations prirent un tour différent, comme je vais le dire. Mais que l'on n'oublie pas en lisant ce chapitre que tous ces événements devaient s'insérer dans mes activités normales d'aumônier.

Et dire que je ne voulais pas être professeur !

A mon ancien professeur de sixième à qui j'affirmais ma vocation de prêtre de paroisse et non de prêtre professeur, j'entendis faire cette réponse : « Mon cher ami, je croyais qu'être prêtre c'était toujours être enseignant ! »

J'étais heureux d'enseigner la religion aux jeunes, de les aider à devenir des adultes forts dans leur foi, mais je ne perdais pas de vue l'autre idéal entrevu depuis toujours. Le ministère paroissial m'attirait.

A mon évêque qui me félicitait pour les résultats obtenus au lycée et dans les autres écoles, car j'atteignais au moins la moitié de l'effectif total des élèves, je répétais : « Ne me laissez pas vieillir dans ce poste. Il y faut un jeune; rappelez-vous le piètre résultat d'un aumônier qui était encore en place à soixante-dix ans ! »

J'avais quarante-cinq ans. Vers la fin des vacances 1951 Mgr l'Évêque me convoque pour me dire : « Je me souviens de votre désir d'être curé. J'ai un poste important de libre, je vous l'offre. Il est loin de Tulle, c'est le seul inconvénient. Si vous acceptez, je vous nomme curé doyen de Bort-les-Orgues. »

Mais avant de quitter Tulle, je vais ouvrir une large parenthèse, pour conter en détail la grande aventure de ma vie sacerdotale : ma participation au drame du 9 juin 1944, l'affaire des Pendus de Tulle.

3

LE DRAME DU 9 JUIN 1944 : LES PENDAISONS DE TULLE

L'attaque de la garnison allemande

Les événements qui se sont déroulés à Tulle la veille du drame doivent être rapportés, au moins succinctement – bien que je n'y aie pas participé –, car ce sont eux qui ont provoqué ceux du lendemain.

Le 8 juin, un fort contingent des maquis F.T.P. (Francs-Tireurs et Partisans) attaque l'un des deux groupes de la Feldgendarmerie allemande en garnison à Tulle, celui de l'école normale de jeunes filles; l'autre, celui, situé à l'école de Souilhac, près de la Manufacture nationale d'armes (M.A.T.), ne sera pas inquiété.

L'école normale se trouvait dans un bas-fond, sous les rochers du Fouret et du Pra-Limouzi. De ces hauteurs les F.T.P. mirent le feu aux bâtiments de l'école à l'aide de bombes incendiaires. Les soldats de la garnison, tous assez âgés ou très jeunes (j'ai eu affaire à eux en tant que prisonniers), obligés de sortir de leur abri, furent mitraillés par les gars du maquis. Il y eut au moins quarante morts parmi les soldats de la Feldgendarmerie. Les autres, parmi lesquels de nombreux blessés, se rendirent et furent faits prisonniers.

La joie des maquisards – c'était leur première victoire – fut grande. La population, sortie des maisons où elle s'était abritée pendant les combats, s'associa bruyamment à la libération de leur ville, la première libérée par les Forces françaises de l'intérieur !

On en oubliait la garnison intacte de Souilhac.

Les cadavres et les blessés jonchaient le sol autour des lieux des combats. A l'appel téléphonique du préfet, M. Trouillé, le supérieur du grand séminaire désigna trois équipes de secouristes Croix-Rouge parmi ses élèves, pour aller ramasser les cadavres et transporter les blessés à l'hôpital. Leur travail ne fut facilité ni par les F.T.P., ni par une partie de la population qui manifestait de l'hostilité aussi bien aux séminaristes en soutane qu'aux blessés qu'ils transportaient.

Parmi ces secouristes l'abbé Mazeaud, qui venait d'être ordonné prêtre le matin même, au son de la mitraille, doit s'interposer dangereusement entre plusieurs blessés et le maquisard qui voulait les achever tous « pour venger son frère tué par les Allemands ». « Vous n'avez pas le droit d'achever ces blessés qui sont prisonniers. Vous ne toucherez pas à eux, à moins de m'avoir tué. »

Auparavant, sous les murs du cimetière, malgré l'intervention d'un prêtre lorrain, vicaire à la cathédrale, et témoin involontaire de cette tuerie, neuf prisonniers ont été fusillés par les F.T.P. Ce sont leurs corps que les séminaristes transportèrent les premiers à la morgue de l'hôpital.

La nuit approchait.

Un sourd grondement monte de l'entrée de la ville, en direction de Brive. Des balles traçantes sillonnent le ciel. Quelques coups de canon ébranlent l'air. Une section de la Panzerdivision « Das Reich » fait son entrée tonitruante, que personne n'attendait. Elle fait route du Midi vers les champs de bataille de Normandie et, par hasard, arrive à Tulle fort malencontreusement.

« Les Boches arrivent ! »

Par le téléphone arabe l'inquiétante nouvelle court les rues. Les gens se retirent au plus secret de leur maison. Les F.T.P., non sans désordre, se hâtent de rejoindre les bois, laissant les autorités et la population face aux nazis de la Das Reich. Les arrivants sont vite mis au courant de ce qui vient de se passer à Tulle par le chef de la Gestapo locale qui a échappé aux flammes et aux balles.

Le préfet de l'époque a pu raconter dans son *Journal d'un préfet sous l'occupation* que le commandant de la Das Reich, selon les ordres du général Lammerding, voulait anéantir complètement la ville et ses habitants comme la même division devait le faire le lendemain à Oradour. La menace n'était donc pas vaine.

Si le préfet n'avait pu conduire le commandant à l'hôpital et lui faire constater que, malgré les maquisards, trente-sept blessés y avaient été bien soignés — ils furent unanimes à le dire, en précisant que les séminaristes avaient eu de la peine à les sauver —, le pire n'aurait pu être évité.

La ville ne sera pas détruite, mais des représailles vont s'exercer. Que seront-elles ? Ici commence le drame du 9 juin.

Moins d'un mois après l'événement, à la demande du préfet Trouillé, j'ai écrit un « Témoignage » qui devait être expédié au gouvernement de Vichy, en vue de doléances à présenter aux autorités occupantes.

Comment ne pas comprendre, dans ces conditions, que je n'y pouvais tout dire ? D'autant plus que les parents des victimes n'étaient pas tous informés du décès de l'un des leurs, et surtout qu'il eût été bien imprudent de dévoiler le rôle de Walter dans l'arrêt des exécutions, alors que les Allemands tenaient encore en main le pays.

Ce « Témoignage » était donc volontairement incomplet, même du point de vue des actes religieux, qui n'avaient pas à y tenir trop de place. En l'écrivant je me suis défendu d'écrire l'histoire du drame de Tulle : ce sera le travail des historiens. Aujourd'hui encore, il ne faudra pas chercher dans le récit plus complet que je vais faire autre chose que mon histoire en ces heures tragiques.

Je vais me raconter totalement. Mes états d'âme surprendront peut-être, mais je dois les dire pour qu'on puisse juger comment a réagi le prêtre placé, à l'improviste, dans une situation exceptionnelle.

Je citerai parfois mon « Témoignage » mais en y ajoutant tout ce que je n'ai pas pu dire ou écrire jusqu'à ce jour.

Même au péril de ma vie

La nuit du 8 au 9 avait été hantée par les rafales de mitrailleuses et le vacarme incessant des tanks et voitures blindées de la Das Reich faisant le tour de la ville pour empêcher les habitants de prendre la fuite.

A peine levé, par les volets entrouverts, je vois une colonne de civils encadrée par des soldats en armes, défiler sur le quai de Valon. J'hésite à comprendre.

« On arrête tous les hommes valides », crie ma mère, avertie avant nous à l'hôtel de ce qui se passe, en arrivant à la maison où mon frère et moi habitons au tranquille quai de Rigny. A peine a-t-elle le temps de nous embrasser et de nous donner un peu de pain et de chocolat, car elle pense que nous allons être déportés et manquer de tout, que deux soldats casqués et mitraillette en main font irruption dans notre immeuble. Habitant au quatrième, mais pressentant que le drame allait se jouer au troisième, je descends chez mon frère, non sans m'être muni d'une pèlerine (toujours en vue de la déportation) et de mon bréviaire.

Au premier et au second, il n'y a pas d'homme valide. Quand les S.S. arrivent au troisième, d'assez méchante humeur, je suis là pour les recevoir, tandis que mon frère au fond de l'appartement est allé embrasser sa femme et leurs trois enfants. Les soldats pénètrent dans la salle à manger. Ils sont visiblement attirés par l'argenterie du buffet et les porcelaines de Saxe. Ils discutent entre eux. Peut-être aimeraient-ils mieux quelques belles pièces que des otages! Il n'en est rien. L'un des deux, en français, me dit : « Quel est votre âge ? – Trente-sept ans. – Suivez-nous. » Ils n'en demandent pas plus et je pars vite de peur qu'ils ne voient mon frère. Ils ne montent pas au quatrième. Je suis donc le seul arrêté de la maison.

Tout a commencé pour moi par un sentiment de soulagement. Que je sois arrêté, déporté même, j'étais prêt à l'envisager avec calme : je ne laissais pas d'enfants derrière moi. En tant que prêtre j'étais presque heureux d'être traité comme tant d'autres qui avaient pris des risques pour la Libération, à laquelle je croyais fermement. Une de mes surprises de ce jour fut de me trouver seul prêtre de Tulle parmi les otages, alors que la ville, avec trois paroisses, l'évêché et le séminaire comptait plus de trente prêtres ou séminaristes.

Ma deuxième surprise fut la réception que me réserva celui dont je ne saurai que plus tard qu'il était le chef de la Gestapo à Tulle, le lieutenant Walter. Il me regarde longuement et en excellent français, sans le moindre accent étranger, il me dit : « Vous n'étiez pas au combat de l'école normale, hier ? – Non, bien sûr, je suis resté chez moi, sans prendre la moindre part à ces événements. – Ce n'est pas ce que je veux dire. Je suis un des survivants du combat d'hier. Nous étions presque tous des Rhénans catholiques. Nous aurions bien voulu avoir un prêtre pour nous assister. (Il précise même :) « L'un de mes camarades blessé, brûlé, souffrait tant et sans espoir qu'il s'est tiré une balle dans la tête. »

A cet instant nous n'échangeons pas plus, mais il me dirige vers le trottoir de droite, tandis que (comme dans l'Évangile) les futurs condamnés étaient orientés vers la gauche.

Dès cet instant j'avais compris qu'en lui se trouvait un chrétien, et que de ce fait j'avais en quelque sorte « barre sur lui ».

Avant d'aller plus loin je dois dire mon état d'âme face au drame qui se prépare. Au séminaire, quand nos directeurs nous instruisaient de nos devoirs de prêtres dans l'assistance des personnes en danger de mort, ils nous disaient que nous aurions l'obligation morale d'aller vers ces mourants *etiam periculo mortis* (même au péril de notre vie). Ils pensaient aux épidémies mais aussi aux dangers de la guerre. Cet *etiam periculo mortis* – en latin, bien sûr – dansait dans ma tête et me dictait mon devoir, d'autant plus qu'aucun autre prêtre ne se trouvait sur les lieux parmi les otages.

Je n'ai pas encore dit que le cadre du drame était la Manufacture d'armes de Tulle (la M.A.T.), et plus précisément la rue principale de cette importante usine, près des bâtiments de la direction. Placé sur le trottoir de droite avec le plus grand nombre des otages – les plus âgés – nous voyons se former en face de nous, deux groupes distincts à l'ombre du bâtiment 53... A ce moment, les détenus ne sont pas inquiets. Le docteur Pouget, circulant dans les rangs, vient annoncer : « Rien à craindre. Il n'y aura pas d'exécutions. » D'autre part, de nombreux groupes viennent d'être libérés, après avoir entendu un mot du général Bouty, maire de la ville qui se rend responsable, sur sa tête, de leur bonne conduite ; ce sont les agents des P.T.T., les cheminots, les boulangers, les employés de la préfecture, de l'alimentation, les hommes âgés de plus de quarante-cinq ans. Ces départs sont de bon augure. Tout se passera bien.

Cependant le lieutenant Walter circule dans les deux groupes les plus importants (même sur le trottoir de droite, donc parmi nous), demande à vérifier certaines cartes d'identité, juge les gens sur la mine et, on ne sait pourquoi, les désigne pour faire partie du petit groupe de gauche.

Confusément, mais sans trop d'inquiétude encore, nous commençons à comprendre et à dire entre nous que ce petit groupe « est plus mauvais que les autres ». On croit qu'il s'agit d'un départ pour l'Allemagne. Aussi ceux qui en font partie s'efforcent-ils d'en sortir. Ils montrent leurs papiers, font état de leur âge, de leurs charges de famille. Quelques-uns voient leurs démarches aboutir.

L'adjudant qui surveille ce groupe fait mettre les détenus en rangs par trois et ne cesse de les compter. Il m'est facile de constater qu'ils sont exactement soixante. Si le lieutenent Walter accepte qu'un homme sorte de ce groupe, immédiatement il part en chercher un autre dans nos groupes, car il faut que le nombre reste constant. Certains sont ainsi ballottés plusieurs fois d'un groupe à l'autre.

Voulant éclaircir un doute qui me vient malgré tout, je profite d'un moment où Walter passe près de moi pour lui faire cette demande : « Ce que vous m'avez dit ce matin m'autorise à vous prier de m'avertir s'il doit y avoir des exécutions. – Il n'en est pas question pour le moment. S'il devait y en avoir, je vous ferais signe. » Or à cette heure les cordes étaient déjà en place, et il ne devait jamais m'avertir.

Vers 12 h 30, tout s'arrête. Les Allemands vont prendre leur repas. Nous restons chacun à notre place — sous la surveillance des sentinelles — sans appétit; presque personne ne parle. Je continue la lecture de mon bréviaire.

Il y aura des exécutions

Les officiers allemands refont leur apparition vers 15 h. M. le Maire arrive aussi, suivi de la voiture de la ville munie d'un haut-parleur. L'espoir de nouvelles libérations renaît. Hélas! Le général Bouty s'approche de nous : « J'ai une nouvelle bien pénible à vous annoncer : vous allez assister à une exécution. Je vous demande le plus grand calme. Ne faites pas un geste, ne dites pas une parole, ce serait encore pire. »

L'ordre nous est donné de nous mettre en rangs par quatre, encadrés par les chefs des Chantiers de jeunesse, otages comme nous. Étant entré des derniers, je me trouve naturellement au premier rang, circonstance fortuite mais qui va avoir une grande importance. Les autorités allemandes et M. le Maire sont arrêtés devant la salle d'attente, à l'entrée de la M.A.T. Notre groupe se met en marche et se trouve stoppé juste à la hauteur des officiels. Je profite de l'occasion. Je sors des rangs et, abordant le général Bouty, je lui fais part de mon désir d'offrir mon ministère à ceux qui vont mourir. Il me remercie d'y avoir pensé et présente ma requête au commandant, servi d'ailleurs par sa parfaite connaissance de la langue allemande. « Monsieur le Commandant demande à réfléchir », me dit-il après quelques instants de conversation.

Je demande au général de rappeler au commandant les dispositions de la Convention de Genève relatives à l'intervention des ministres des cultes dans semblable situation. Après ce rappel, le commandant fit cette réponse : « Si ce doit être bref, je permets. » Au lieu de remercier je fis cette impertinente réponse : « Je n'ai aucune envie de faire des discours! » Le général me dit à mi-voix : « Je crois qu'il vaut mieux que je ne traduise pas ça au commandant. — Au contraire, je vous prie de le lui traduire. » Ce qui fut fait et n'amena pas d'autre réaction du chef de la Das Reich que celle de me tourner les talons.

Si je tiens à cette précision, c'est pour faire comprendre que mon état d'âme n'était pas d'un tremblant devant les nazis. Je me sentais investi d'une mission spirituelle, je me sentais voulu à cette place par le Seigneur, pour y aider les âmes. En quelque sorte, je me sentais invulnérable !

Oui, j'ose le dire, je n'étais pas ce pacifique et craintif aumônier de lycée, mal préparé à une mission périlleuse, qu'ont voulu montrer certains historiens du drame de Tulle, mais l'envoyé de Dieu, fort de sa force et contre tous. Je puis affirmer qu'à aucun moment je n'ai eu peur. « La colère m'a sauvé », ai-je dit souvent pour exprimer mon comportement à cette heure, si par colère l'on entend une excitation qui décuple les forces morales et permet d'oser ce que de sang-froid je n'aurais jamais été capable de faire.

Un verset du Psaume 75 dit : « Les colères de l'homme te glorifient quand tu recueilles les survivants de ces colères. » Quand je le lis au bréviaire, je pense à cette force, venant de Dieu, par laquelle j'ai pu agir auprès des condamnés et parmi eux gagner quelques survivants.

Les premiers groupes de suppliciés

Personne à ce moment-là ne nous a dit le nombre des condamnés, ni qui ils sont, ni comment ils doivent être exécutés. Le groupe de soixante, formé le matin sous nos yeux, est toujours à sa place, dans l'ignorance complète de ce qui l'attend.

Un premier groupe de soixante a été constitué avant mon arrivée à la M.A.T. et placé, hors de notre vue, dans la petite cour des écuries, non loin de la conciergerie. Les premiers exécutés sont tirés de ce groupe.

La foule des prisonniers gagne la place de la Manufacture pour assister aux exécutions.

Quand le défilé est terminé M. le Maire me dit : « C'est le moment. » Je m'avance seul vers cette petite cour des écuries où un peloton, l'arme à la main, encadre un groupe de dix hommes.

A cet instant je crois qu'ils sont les seuls condamnés.

Dieu me donne la force de leur dire ces simples mots : « Mes amis, vous allez paraître devant Dieu. Il y a parmi vous des catholiques, des croyants. C'est le moment de recommander votre âme au Père qui va vous recevoir. Faites un acte de contrition pour toutes vos fautes. Je vous donne l'absolution. »

Ils apprennent de cette manière le sort qui les attend. Tous se mettent à genoux pendant que je trace sur eux le signe de la croix de l'absolution, excepté deux Algériens qui se mettent à crier avec des sanglots dans la voix : « Nous, bons Français, bons Algériens. » Mais il n'y a rien à faire; l'ordre est donné et les malheureux vont vers leur sort dont ils ignorent encore la dureté. Je marche à côté d'eux en continuant à prier.

Nous arrivons ainsi jusqu'à la rue du Pont-Neuf, angle de la rue du 4-Septembre; c'est là que commencent les pendaisons. Aux potences qui soutiennent les lignes électriques, aux balcons surtout, des cordes préparées. Les soldats S.S. se préparent à leur office de bourreaux.

Les victimes ont les mains liée derrière le dos. Un soldat les aide à monter à une échelle jusqu'à la hauteur des cordes, tandis qu'un autre gravit les degrés d'une deuxième échelle placée à côté. Quand le supplicié arrive à la hauteur du nœud coulant, le soldat lui passe la corde au cou et, d'en bas, l'autre ôte brusquement l'échelle du condamné.

Dix fois la même scène pénible se reproduit sous mes yeux. Je puis constater que les pendus n'ont aucune réaction : ils tombent comme une masse et restent immobiles, ce qui me laisse penser que la mort est subite ou du moins la perte de connaissance foudroyante et totale.

Dans un cas cependant, la victime, mal pendue sans doute, s'agite par spasmes; alors je vois le soldat qui venait d'ôter l'échelle s'en servir pour frapper le supplicié jusqu'à son immobilisation complète.

Je suis le seul Français sur la rue du Pont-Neuf, en face du magasin Allary-Voujour, perdu au milieu des soldats S.S. qui circulent, parlent et rient, insensibles au lamentable spectacle.

Malgré le grand nombre de cordes qui se balancent encore vides aux balcons – je ne les avais pas remarquées – je crois que l'exécution est terminée, je récite les prières pour les morts – car j'ai toujours mon bréviaire en main – et me dispose à rejoindre les autres détenus sur la place.

Mais voici qu'un autre groupe de dix condamnés s'avance, poussé par un autre peloton d'exécution. Je cours vers eux et, tout en marchant à leurs côtés je leur annonce que je vais les absoudre. Toujours à la même place, j'assiste à leur supplice. Il faut se rendre à la réalité : les pendaisons seront en plus grand nombre que je n'avais pensé. Ayant mal entendu la proclamation de la sentence de Lammerding, j'ignorerai jusqu'au bout quel doit être le nombre des pendus. Je me prépare à recevoir les groupes suivants.

D'aussi loin que les condamnés m'aperçoivent, au milieu de la rue, tous se tournent vers moi comme vers un dernier espoir. Pas besoin de paroles, nous nous comprenons et j'attire sur eux le pardon divin. Tout cela se passe très vite, car le peloton d'exécution presse la marche des condamnés, et non sans violence. Je vois encore un S.S. brisant, d'un geste rageur, la crosse de sa mitraillette sur le dos d'une victime qui a un mouvement d'horreur et de recul à la vue des pendus.

Mon ministère est entravé

Mais voici que mes interventions auprès des condamnés déplaisent à un sous-officier S.S. Sans doute ne sait-il pas que j'ai l'autorisation verbale du commandant de donner les secours religieux aux suppliciés. Il s'approche de moi, visiblement en colère et me tient des discours que je ne comprends pas. Il y joint des gestes plus significatifs, car il a en main une mitraillette qu'il brandit devant moi... et m'applique sur la poitrine voulant me faire reculer jusqu'au groupe des otages, parqués au fond de la place. Un jeune chef des Chantiers, chargé de l'encadrement des détenus, voyant le danger où je me trouve, vient à moi : « Monsieur l'abbé, je vous en prie, venez avec nous. Ne voyez-vous pas la tête qu'il vous fait ? Il va vous descendre. – Je le vois bien, mais j'ai l'autorisation de faire ce que je fais et, d'autre part, c'est mon devoir de rester là. – Au moins ne faites pas de signe de croix en donnant l'absolution. » Je me range à ce sage conseil, mais sans arriver à calmer celui qui m'a pris à partie.

Cette pénible situation aurait pu s'aggraver et rendre impossible mon action, mais Dieu vient à mon aide. Le lieutenant Walter, sortant de la M.A.T., fait son apparition sur la place. Je cours vers lui et lui expose mon embarras. « Venez, me dit-il, avec ces gens-là il n'y a rien à faire. » Et il m'entraîne dans la Manufacture. Il me place en face de la salle d'attente : « Ici vous pourrez voir les condamnés en toute liberté. »

Il ne s'éloigne pas et il sera aussi témoin de tout ce qui me reste à raconter.

Mon action sacerdotale

La part faite à la religion dans mon « Témoignage » est modeste. Or elle fut l'essentiel sur le terrain. Je vais enfin rendre publique l'intervention la plus typique, restée jusqu'à ce jour plus ou moins confidentielle.

Dans un des groupes avec lesquels j'ai pu converser plus longuement, après mon retour avec Walter dans l'enceinte de la Manufacture, se trouvait un jeune professeur de philosophie du lycée où j'étais aumônier. Je ne le connaissais guère, mais j'avais appris, par ses élèves qui suivaient aussi mes cours d'instruction religieuse, que ses idées étaient nettement marxistes, matérialistes et donc athées. J'avais essayé au cours de l'année scolaire de l'attirer aux réunions de la paroisse universitaire pour discuter, mieux qu'avec ses jeunes élèves, des problèmes de la foi avec ses collègues, mais en vain. Il avait refusé tout contact.

Or dès qu'il me voit, seul au milieu de la rue, sortant des rangs, il se jette à mon cou et, en larmes, la voix pleine de sanglots : « M. l'Aumônier, qu'est-ce qui va m'arriver ? » Pensant qu'il n'est pas encore averti du triste sort qui l'attend, je suis obligé de lui dire : « Mon pauvre ami, je ne puis vous le cacher, comme vos camarades vous êtes condamné à mort. – Oui, je sais, mais qu'est-ce qui va m'arriver ? » Je pense alors qu'il veut me faire dire comment ont lieu les exécutions, car d'autres otages, inquiets de ne pas entendre de coups de feu, m'avaient demandé des précisions sur ce point que je me refusais à leur donner, estimant qu'ils verraient bien assez tôt l'atroce réalité. Je ne voulais pas leur enlever le courage. J'éludai donc une fois de plus la question en disant : « Ne vous inquiétez pas : la fin est très brève. » Mais le professeur d'insister une troisième fois : « Mais qu'est-ce qui va m'arriver... après ? »

Très surpris d'une telle demande venant d'un tel homme, je lui pose à mon tour une question : « Dois-je comprendre que vous me demandez ce qu'il y a après la mort ? – Oui », s'écria-t-il devant les autres condamnés qui suivaient le dialogue. Vous devinez mon émoi ! En quelques secondes, car les S.S. pressaient le mouvement... et je ne devais pas faire de discours, comment répondre à une question qui exige longue discussion et nuances, et surtout en s'adressant à un philosophe athée ? D'autre part j'ignorais – et j'ignore encore car je n'ai pas eu l'occasion de rencontrer sa famille – s'il avait été élevé chrétiennement.

« Mon pauvre ami, lui dis-je après une ardente invocation au Saint-Esprit, je crois connaître vos opinions philosophiques. En cet instant je ne puis que vous donner notre témoignage : nous chrétiens croyons que dans quelques instants vous allez paraître devant Dieu, vous le connaîtrez mieux que moi. Nous le croyons Père, c'est-à-dire qu'il nous aime, qu'il nous veut heureux et, d'abord, toujours vivants. Son fils Jésus a promis que ceux qui auront été traités injustement en cette vie – et c'est bien votre cas – trouveront justice auprès de lui. Par chance vous allez être bien reçu. Justice mais aussi vie et amour vous attendent. »

A cet instant se place l'intervention du jeune ouvrier rapportée dans mon « Témoignage », disant à ses camarades : On est des chrétiens. On est foutus ! Pas la peine de faire les malins ! A genoux et faisons la prière. » Joignant le geste à la parole, il se met à genoux sur le sol de la rue intérieure de la Manufacture où nous sommes, imité par ses jeunes camarades mais aussi par les adultes du groupe qui n'ont rien dit. A côté de moi le professeur hésite puis enfin, gauchement, ébauche le geste de fléchir les genoux. Nous disons tous ensemble le Notre-Père. Après un mot de préparation je leur donne l'absolution, tandis que les S.S. de plus en plus impatients commencent à nous bousculer. Tous se relèvent pour marcher courageusement – et cette fois le professeur lui aussi sans larmes – vers les cordes qui les guettent, mais après... vers la Vie !

J'admire le courage, la loyauté de ce collègue. Il a osé m'adresser la question qui jaillissait du fond de son âme. J'admire encore bien plus que la réponse la meilleure lui ait été donnée non par le prêtre, mais par ce jeune ouvrier de la M.A.T., qui par ses paroles et plus encore par ses actes lui a montré comment les chrétiens se préparent à la « solution finale ».

Cependant, comment ne pas remarquer que si le prêtre n'avait pas été là le philosophe n'aurait pas su à qui poser la question, et il serait resté sans espoir devant la mort et la rencontre avec Dieu. Ma seule présence sacerdotale a libéré en lui, en eux, l'appel de l'éternité.

Mon action sacerdotale, très explicite auprès du premier groupe des condamnés, a été très limitée en ce qui concerne les groupes suivants. Je n'ai pu avoir aucune conversation avec eux. Ils arrivaient sans préparation aucune sur le lieu des pendaisons, qu'ils découvraient avec l'effroi que l'on imagine. De près pour les deux groupes suivants, de plus loin (mais pas plus de dix mètres) pour deux autres, je n'ai pu que leur donner l'absolution. A plusieurs signes qu'ils faisaient, malgré leurs mains attachées dans le dos, j'ai la certitude qu'ils recevaient avec conscience le seul secours qui pouvait leur être donné.

Après mon retour dans la Manufacture, avec les cinq derniers groupes, j'ai pu tenir de véritables conversations avec les détenus, parfois même en aparté quand l'un ou l'autre avait une mission plus délicate à me confier. Ce sont les mêmes qui ont pu écrire des mots à leur famille, des lettres qu'aucun historien du drame de Tulle n'a jamais tenté de retrouver ni de publier, ce qui ne cesse de m'étonner.

Les échanges que nous avions n'étaient pas tous de préparation chrétienne à la mort, bien que le point de départ soit toujours l'annonce de la mort prochaine, mais nous revenions vite à Dieu, à la vie promise par le Christ aux victimes d'injustice. Chez aucun je n'ai trouvé le moindre refus de Dieu ou de Jésus. Tous ont prié avant ou après l'absolution. Beaucoup, en quelques instants, ont réalisé une montée spirituelle capitale.

Évidemment, dans aucun cas il n'y a eu de confession, ce qui me rend très libre pour dire ce qui s'est passé entre nous.

Cette absolution générale, sans confession, la seule possible dans de telles circonstances, pourquoi Walter, dans son retour au Dieu de sa jeunesse, n'en aurait-il pas profité, lui qui deux mois plus tard devait périr non moins misérablement que ses victimes de ce jour ? On verra plus loin pourquoi c'est mon espoir de prêtre, qui doit vouloir le salut de tous !

Un trait, connu bien postérieurement, peut trouver ici sa place, car il concerne la foi d'un des otages et la piété mariale. Je le tiens de celui qui est le dernier sorti du dernier groupe des condamnés. Il m'a confié, pour que je le raconte, que sa mère lui avait donné un chapelet au moment où il était venu se cacher à Tulle pour échapper au S.T.O. Tandis qu'il était enfermé dans le bâtiment de la M.A.T. avec ses camarades, inquiet de son sort, il avait récité son chapelet. Ayant fouillé toutes les poches des pendus, comme je vais le dire, je puis affirmer que le gracié de la dernière chance aurait été le seul exécuté porteur du chapelet. Lui et moi étions les deux seuls à avoir sur nous ce signe de piété envers la Sainte Vierge. N'est-elle pas étrange, cette rencontre ? Pour nous deux qui avons la foi, nous y voyons une intervention maternelle de la Vierge, et nous le disons.

Pourquoi 99 pendus et non 120 ?

Ce que je ne pouvais écrire librement en 1944, je peux enfin en faire le récit complet, dire comment les pendaisons ont pu être arrêtées avant que soit atteint le chiffre fatidique de cent vingt fixé par le général Lammerding.

Après les confidences faites le matin par le lieutenant de la Gestapo, après son information discrète au sujet des exécutions qui devaient avoir lieu, et surtout après qu'il m'eut ramené dans l'enceinte de la M.A.T. pour que mon ministère auprès des condamnés soit facilité, une sorte de complicité s'était établie entre lui et moi. Nous étions dans cet enfer, et malgré la différence de nos situations, unis par un lien commun : nous nous savions chrétiens. Et c'est lui qui le premier éprouva le besoin de se confier, j'allais dire de se confesser.

Reprenant sa confidence du matin, pendant que nous restions seuls entre deux groupes de condamnés, il eut le temps de me raconter sa jeunesse studieuse et chrétienne dans un collège tenu par des prêtres en Belgique. Là, il avait appris le français. Il en arrive à cette surprenante déclaration : « J'ai même pensé, un moment, à devenir prêtre. » Il me semble que c'était une manière de dire : « J'aimerais mieux être à votre place qu'à la mienne aujourd'hui. » Il poursuit en effet sa confession, comme pour s'excuser d'être dans la Gestapo : « Profitant de ma connaissance du français, je suis entré dans la Gestapo pour éviter de partir sur le front meurtrier de l'Est plus que par conviction. »

Notre conversation prend alors le tournant important : « Puisque vous êtes chrétien ne voyez-vous pas tout ce qu'il y a d'injuste à pendre des innocents ? Ce que vous faites est mal. – Je ne suis qu'un exécutant et d'ailleurs même pas, car ce sont les soldats de la Das Reich qui obéissent aux ordres de leur général. Il m'a été demandé simplement de choisir parmi les otages ceux que j'estimerais avoir participé plus ou moins à l'attaque de la garnison allemande le 8 juin. J'ai répondu que tous les Tullistes étaient des « maquisards » ou leurs amis. – Vous savez bien que les vrais maquisards sont dans les bois et non ici. Les innocents payent pour les autres. – Je n'y puis rien. – Mais, ne pourriez-vous pas arrêter ce massacre ? Vous voyez bien que vous avez perdu la guerre. Vous êtes foutus ! Un jour on vous demandera des comptes sur ce qui se passe aujourd'hui à Tulle. – Je suis soldat, l'ordre du général est net ; je dois obéir. – Oui, mais le général ne viendra pas compter les pendus ! – Non, car il est déjà reparti. – Reste la division Das Reich, mais ne doit-elle pas repartir ? – Elle reprend la route demain. – Alors, qui contrôlera le nombre des cadavres ? » Je vois bien que ce simple argument le touche. Comme se donnant des explications à lui-même, il dit : « Il faudrait enterrer les corps sans les compter, sans leur ôter leurs papiers. » Il avait remarqué que les condamnés des derniers groupes me laissaient leurs portefeuilles, et il craignait que si on relevait les autres sur les cadavres, au moment de la sépulture, il y ait là un moyen de dénombrer les victimes. Aussi fit-il observer strictement cette consigne, que les membres de la Croix-Rouge ne comprirent pas : « Que les corps soient ensevelis avec tout ce qu'ils ont sur eux. »

Personne ce jour-là n'eut l'idée de compter les cadavres et surtout personne n'en avait la liste nominative.

Un groupe d'otages s'était approché de nous pendant que nous échangions nos dernières phrases. Les condamnés, sentant que j'ai gagné la partie, pensent qu'ils sont sauvés. Ils viennent vers moi avec l'élan que donne l'espoir. Leur sourire se glace vite quand nous entendons Walter dire : « Il faut que ce groupe parte. Sinon les S.S. pourraient se rendre compte de ma désobéissance aux ordres de leur général, et vous et moi serions fusillés, et en pure perte. »

Devant la détresse de ceux qui allaient être, et en le sachant, les derniers exécutés, je me demande que faire de plus ! Subitement je remarque que le groupe est composé de treize hommes, alors que les autres étaient de dix. Je le fais remarquer à Walter : « Ne pouvez-vous pas en retirer trois ? – Soit. »

Immédiatement je suis entouré par ces malheureux qui tentent leur dernière chance, pensant que je vais désigner les trois graciés. Tous ont de bonnes raisons à me présenter. L'un me montre la photo de ses enfants : si j'avais osé le sauver, il aurait été mon paroissien à Bort ! D'autres que je connais parlent de notre amitié. Un jeune homme parle de sa fiancée qui, de l'infirmerie de la M.A.T., peut le voir. Je coupe court d'un geste : « Mes pauvres amis ce sont les Allemands qui ont pris la responsabilité de ce massacre, à eux de faire le choix. Ne me demandez pas de choisir parmi vous. »

Je m'éloigne de quelques pas. Combien je me suis félicité plus tard d'avoir refusé de désigner les trois graciés de la dernière minute. Il me semble entendre les mères ou les épouses, ou les fiancées me dire : « Pourquoi pas le mien ? »

Ce qui me reste à dire est un aveu pénible, mais je dois le faire pour restituer à ce drame toutes ses dimensions.

Revenu vers le groupe des dix derniers condamnés pour les préparer à une mort maintenant certaine, je le fais assez vite car je suis hanté par une idée que j'exprime à Walter : « Je vous propose un marché : je m'offre à partir seul à la pendaison à leur place. – Non, répond Walter sans hésiter, seul le nombre compte. » La logique de mon apostolat me pousse alors à dire : « Laissez-moi au moins prendre la place de l'un d'entre eux. » Mais je ne le dis pas. Pourquoi ? Je puis affirmer qu'en cet instant, avec une rare netteté, j'entends comme une voix intérieure me dire : « Tu ne peux pas faire ça à ta mère. » Celle-ci aurait été bien capable pourtant de comprendre mon sacrifice.

Pendant que j'écoutais lâchement cette voix qui ne venait pas d'en haut, les condamnés partent vers le lieu des pendaisons. C'est ainsi que j'ai laissé échapper l'occasion d'être un héros et que je suis resté un simple témoin.

On comprendra mieux désormais pourquoi dans la dédicace de mon « Témoignage » aux Pendus j'ai pu écrire « ... celui qui reste l'un de vous, auxquels il regrette souvent d'avoir survécu. »

A la fin de ce drame intérieur se situe une intervention inattendue mais salvatrice.

Un soldat, mais qui ne faisait pas partie du peloton d'exécution, s'est laissé toucher par les raisons qu'un condamné m'avait exprimées pour faire partie des trois retirés du peloton. Il le prend par le bras, au moment où le groupe nous quitte, et va demander sa grâce au lieutenant qui l'accorde en voyant que le peloton s'éloigne sans réaction des S.S. devant cette soustraction d'une de leurs victimes.

Il est sauvé. Alors ce jeune Français et ce non moins jeune S.S. tombent dans les bras l'un de l'autre. Walter, non sans émotion, me dit : « Ce que ce soldat vient de faire ne doit pas vous étonner : c'est un Alsacien. »

Cet Alsacien sous uniforme allemand, ayant osé cet acte de salut à l'égard d'un garçon de son âge, a été jugé par le tribunal militaire de Bordeaux avec les autres S.S. accusés d'avoir participé « au crime de guerre de Tulle » Sur le témoignage de celui qu'il a sauvé de la mort et sur le mien, il a été évidemment relaxé. Il est actuellement un Français à part entière.

Quant à celui que j'appelle « le centième », car sans le miracle du chapelet, déjà raconté, le nombre des pendus aurait été de cent, je le revois souvent. Je l'ai même décoré de l'ordre national du Mérite.

Après les exécutions

Le dernier groupe des condamnés parti, les sauvés ayant regagné l'intérieur des bâtiment de la M.A.T., je remets ma carte de visite à Walter en lui disant : « Quand on vous demandera des comptes au sujet de ce qui vient de se passer ici aujourd'hui, n'hésitez pas à faire appel à moi. Je vous promets, où que ce soit, d'aller témoigner en votre faveur. » Il range ma carte dans sa poche, sans rien dire. Je n'en dis pas plus que lui et nous nous quittons.

Je reste seul sur le trottoir, avec mes pieds, dans ma pèlerine, tous les objets, portefeuilles et papiers confiés par les condamnés. Il y avait là des montres en or, des bagues, des pièces d'or, que je ne pensais pas à cacher. Un S.S. s'approche regarde ces souvenirs que je dois remettre aux familles. Une superbe montre-bracelet en or attire et retient son regard. Il se penche et la prend. Comme il était en armes et que nous étions seuls, la prudence aurait voulu que je le laisse faire. Mais puisque j'ai promis de tout dire et d'exprimer mes sentiments, je dois préciser que telle ne fut pas ma réaction. Je bondis sur le S.S., lui arrache la montre d'un air furieux, en hurlant le seul mot d'allemand connu de moi : « Verboten! » Et je remets la montre dans le tas des objets. Surpris, le S.S. s'éloigne. Au bout de quelques instants il revient, accompagné d'un camarade non moins armé que lui. Se sentant plus forts à deux ils commencent à prendre la montre, puis des pièces d'or, une autre montre. Invraisemblable, mais vrai, je me mets à crier plus fort que la première fois : « Verboten! Voleurs! Commandant! » Ils me regardent sans rien dire. Je répète : « Verboten! Commandant! » Lentement, à regret, ils reposent les objets et s'éloignent sans un geste, sans un mot. J'avais réussi à leur faire peur en les menaçant de tout dire au commandant. Force de la discipline militaire!

Au même instant les otages qu'on avait conduits sur la place pour être témoins des pendaisons commencent à rentrer dans la M.A.T.

Avec l'arrivée sur les lieux de M. le Secrétaire général Roche, du colonel Monteil, président de la Croix-Rouge, l'atmosphère change. Il n'est plus question que d'organiser la sépulture des corps des victimes. Mais il faut d'abord les ramasser. Toute cette organisation demande du temps, des palabres. Quand les Français me demandent de présider à ces funérailles provisoires, instruit par l'expérience précédente, j'exige qu'on me donne une autorisation écrite pour circuler librement sur les lieux où vont être relevés les corps et là où ils seront ensevelis. J'ai affaire à un adjudant, celui qui avait commandé le peloton d'exécution tout au long de l'après-midi. Il n'a rien pour écrire. Je sors une nouvelle carte de visite, ma dernière, l'adjudant y griffonne quelques mots, qui sont un laissez-passer valable pour sa division S.S. A la Libération j'ai confié ce document unique à l'autorité militaire chargée de l'enquête sur le crime nazi de Tulle. Il a disparu. Je n'ai jamais pu le récupérer et il ne se trouve plus au dossier. Il aurait pourtant permis d'identifier cet adjudant et par lui bien d'autres responsables du crime.

Muni de cette autorisation de circuler, je vais avec les responsables de la Croix-Rouge et M. Roche dans la rue – depuis rue des Martyrs – où les jeunes des Chantiers requis pour cette terrible mission relèvent les corps des victimes.

Devant le spectacle horrible des corps écrasés sur le sol, car les S.S. s'étaient contentés de couper les cordes des pendus, laissant les corps s'abîmer, j'eus un sentiment non d'abattement, comme il eût été possible et normal après l'action, mais de révolte, pour ne pas redire de colère ! La victime en fut le préfet, absent. A son secrétaire général, qui est à mes côtés en silence, je déclare : « Comment se fait-il que M. le Préfet ne soit pas là ? – M. le Préfet a beaucoup d'affaires importantes sur les bras aujourd'hui. – Croyez-vous qu'il y en ait une plus importante que celle qui se passe ici ? » De nouveau, silence, tandis qu'on charge les corps tant bien que mal, et plutôt mal que bien, sur de pauvres camions. Nous étions arrivés au pied du tragique balcon, celui au bas duquel gisaient dans une mare de sang les corps défigurés des quatorze victimes qui y avaient été pendues. M. le Secrétaire général, timidement me dit : « Si vous croyez bon que M. le Préfet vienne ici, nous pourrions aller le chercher. »

Lâchement, de nouveau, j'accepte et profite de cette occasion de me tirer de là au moins pour quelques instants.

Dans la traction noire de la préfecture, avec chauffeur en casquette, assis aux côtés du secrétaire général en grand uniforme, voilà l'otage du matin en route vers la préfecture à travers les rues vides de toute circulation de civils, mais bordées sur un côté par la file des lourds Tiger de la Panzerdivision, et coupées de-ci de-là de chicanes gardées par un S.S. en armes. La voiture officielle n'a aucune peine à les franchir. Arrivé à la hauteur de l'hôtel Moderne, où loge l'état-major de la division S.S., M. Roche croit bon de s'y arrêter pour demander un sauf-conduit. Je suis à deux cents mètres de l'hôtel de mes parents. Comment résister à l'occasion d'aller les rassurer sur mon sort, car personne ne sait encore ce qui se passe à l'autre bout de la ville ? M. Roche monte donc seul à la préfecture et M. le Préfet me trouve, dix minutes plus tard, devant l'Hôtel Moderne. Ce qui explique pourquoi M. Trouillé, dans son livre *Journal d'un préfet sous l'occupation,* où il parle de mon rôle dans la journée du 9 juin, n'avoue pas que c'est à mon initiative qu'il est allé sur les lieux des pendaisons. Il me prête une conversation imaginée plus tard, d'après ce qu'il a lu dans mon « Témoignage », allant jusqu'à préciser le nombre des pendus, que l'on ne connaîtra avec certitude qu'après les exhumations du mois d'octobre. Par contre, je suis très sûr de lui avoir parlé du courage, du civisme des condamnés, des terribles responsabilités qu'ont les gens en place en des heures où ils doivent protéger les populations dont ils ont la charge. Je pensais aux siennes, mais aussi aux miennes : le temporel et le spirituel se retrouvant alors sur les sommets.

Encore une précision : je veux rectifier ce que j'ai écrit de M. le Préfet « appelé par d'autres obligations urgentes ». En fait, M. Roche, qui entend bien l'allemand, se rend compte que les S.S. de service pour surveiller les jeunes des Chantiers qui creusent les fosses et y entassent les corps, voient d'un mauvais œil les uniformes préfectoraux et ma soutane. Ils disent entre eux : « Ces brigands – les pendus – ne méritent pas les honneurs que les officiels français leur rendent. » M. Roche, inquiet, nous dit : « Il vaudrait mieux partir. » Même pour faire une prière, il y a un risque. Ensemble nous décidons de la faire malgré tout, et bien que tous les corps ne soient pas encore réunis dans les fosses. Les Français se fixent dans une attitude de respect, tandis que les S.S. tournent en rond derrière nous. Dans cette lourde atmosphère de la fin du jour, je prononce, fort mal je l'avoue, les dernières prières de la sépulture. Il n'était pas encore nuit quand M. le Préfet me ramène non à la M.A.T., mais à mon domicile, échappant ainsi, avec les honneurs, à ma condition d'otage.

Vite les membres de ma famille et les locataires de l'immeuble se rassemblent autour de moi pour apprendre enfin ce qui s'est passé, car nulle information n'a pu circuler. Là, je dois faire le premier récit des pendaisons. Il est bref, car je suis épuisé. La tension nerveuse a été trop forte ces dernière heures, et d'autre part je n'ai rien mangé, rien bu de toute la journée. Détails à ne pas oublier, la journée avait été très chaude et j'étais lourdement habillé : j'ai beaucoup sué pendant les événements que je viens de raconter. Ma belle-sœur me fit deux œufs sur le plat que je réussis à manger. Plus extraordinaire, alors que cette nuit-là peu de Tullistes ont trouvé le sommeil, j'ai dormi, mal, mais j'ai dormi et sans aucun cauchemar. Depuis, alors que j'ai souvent des cauchemars, jamais dans aucun d'eux je n'ai revécu les heures affreuses du drame du 9 juin.

Un dicton fait dire : « Il a une veine de pendu. » Même s'il y a mauvais goût à me l'appliquer – et l'on n'y a pas manqué – je dois reconnaître que, par chance, mon psychisme a bien réagi aux heures terrifiantes vécues, et même après.

Du 10 juin à la Libération

Mon « Témoignage » s'arrête au soir du 9 juin. Mon action auprès des pendus n'était pourtant pas encore terminée. Le 10 juin au matin, selon ma promesse de la veille, je me rends à la préfecture pour essayer de dresser la liste des victimes. Tout ce que nous avions de sûr était les renseignements fournis par les portefeuilles que m'avaient confiés les condamnés et que j'avais remis au préfet. Ses services avaient relevé les noms des propriétaires. Pour ceux-là on ne pouvait douter de leur mort : une cinquantaine. Pour les autres on en était à étudier des témoignages, parfois bien imprécis. Ces messieurs de la préfecture eurent l'idée de m'envoyer à la M.A.T. pour y retrouver l'adjudant commandant le peloton d'exécution, car il paraît qu'il avait relevé sur un petit carnet le nom de tous les pendus. Pour moi je n'ai jamais rien vu de semblable, et s'il en avait été ainsi Walter n'aurait pu dissimuler sa désobéissance. Quoiqu'il en soit, on me met au bras un brassard de la Croix-Rouge, en main un sauf-conduit rédigé en allemand et en français, m'autorisant à assister spirituellement les otages ou prisonniers, et on me prie civilement d'aller chercher le fameux petit carnet.

Plus de voiture officielle à ma disposition, personne pour m'accompagner. Les chars de la Das Reich sont encore là. Les soldats s'affairent auprès d'eux, préparant leur départ. Pas de civils dans les rues. Devant la M.A.T. se trouvent les camions qui vont emporter vers Limoges les nombreux otages que la Milice veut contrôler... et déporter !

La sentinelle qui garde le portail de la M.A.T., et à qui je présente mon sauf-conduit, ne fait aucune difficulté pour me laisser entrer. Mais je ne sais à qui demander l'adjudant au petit carnet. Les groupes d'otages, rassemblés de nouveau sur les trottoirs, me voient arriver avec terreur : « Vous revenez ! Alors ça va recommencer comme hier ? » J'explique pourquoi je suis là, sans pouvoir leur donner aucune certitude sur le sort qui les attend.

Soudain, derrière moi une voiture s'arrête et j'entends des glapissement haineux. Je ne comprends que le mot « Pfarrer », mais je devine que la suite ne m'est guère favorable. Je reconnais le lieutenant qui, la veille, circulait debout sur le marchepied du command-car pendant les exécutions et qui m'avait manifesté une nette antipathie. Visiblement, ma soutane au milieu de ses soldats lui portait sur les nerfs. Il doit se demander de quel droit je circule librement au milieu de la M.A.T. Je lui présente le sauf-conduit de la Croix-Rouge. Il s'en saisit avec brusquerie, le lit rapidement et le jette à terre. Pour la première fois en ce drame, j'ai peur. Je ramasse cependant le sauf-conduit, tandis que le lieutenant hurle des ordres, et me voilà entouré de deux S.S., mitraillette en main, qui me saisissent aux épaules et m'entraînent vers je ne sais quelle destination.

Les otages avec qui je parlais il y a quelques instants se sont tus. Dans leurs regards de sympathie apeurée je lis qu'ils pensent que mon tour est arrivé. La colère d'hier me reprend à l'égard de ceux qui, si légèrement, m'ont mis dans ce guêpier : « C'est trop bête d'être sorti indemne de la journée d'hier et de revenir me faire pendre aujourd'hui. » Les S.S. sans un mot me dirigent vers le portail de la M.A.T., le même chemin parcouru par les condamnés, et au-delà vers les balcons où pendent encore des cordes inemployées hier.

Le portail de la M.A.T. s'ouvre devant nous. Les S.S. me poussent dehors. Je suis libre au milieu des soldats et des chars de la Das Reich. Personne ne fait attention à moi. Le temps de dire : « Merci, mon Dieu », et tout de suite le retour à la préfecture. Là, je me fâche pour tout de bon et je termine par ces mots : « Si vous avez des missions comme celle-là à faire, vous les ferez vous-mêmes. »

La division Das Reich partie, dans les jours suivants, les mêmes autorités préfectorales firent encore appel à moi pour une opération bien délicate : remettre aux familles les portefeuilles des condamnés, avec les lettres qu'ils contenaient et informer en même temps ces familles de la mort de leur époux ou de leur fils. Je ne pouvais me dérober à cette mission, suite logique de la responsabilité prise auprès des condamnés de voir leurs parents et de leur porter leurs dernières paroles. On me fit accompagner par un employé de bureau de la préfecture et par un représentant de la Croix-Rouge, le très dévoué M. Delmotte.

Je ne raconterai qu'une de ces visites, celle qui fut la plus dure. Nous arrivons chez la maman d'un jeune pendu. Elle nous reçoit avec calme, malgré les premiers mots que je lui adresse : « J'ai la douloureuse mission de vous remettre de la part de votre fils le portefeuille qu'il m'a laissé au moment de partir... » Elle ne me laisse pas finir ma phrase : « Je vous remercie bien. Vous pouvez parler sans crainte : je sais qu'il n'est pas parmi les pendus. Mes voisines m'ont dit qu'elles l'avaient vu dans un des camions qui partaient pour Limoges le 10 juin. Je n'ai pas de nouvelles de lui, mais je sais qu'il est vivant. – Hélas, Madame, il doit y avoir erreur, car je suis malheureusement sûr que tous ceux qui m'ont remis leur portefeuille le 9 juin au moment de partir vers le supplice ont tous été exécutés. – Pas mon fils. – Regardez, Madame : ce portefeuille, ces papiers sont bien de votre fils ? Peut-être y a-t-il une lettre pour vous. » Elle fouille, mais il n'y a pas de lettre d'adieu. « Vous voyez. Je ne sais comment vous avez ces papiers, mais mon fils n'a pas été pendu. – Madame, il m'est délicat d'insister. Je vous laisse le portefeuille. Dans quelques jours peut-être saurons nous autre chose. Je reviendrai. » Mes compagnons tentent d'appuyer mes dires, mais en vain. La maman ne sait que répéter farouchement : « Je suis sûr que mon fils n'est pas mort. – Dans ce cas nous n'avons qu'à nous retirer. »

J'ai oublié de dire que notre arrivée dans l'immeuble n'était pas passée inaperçue et que deux ou trois voisines, sentant que leur présence auprès de leur amie allait être nécessaire, étaient entrées avec nous dans l'appartement. Nous voyant sur le point de partir, elles se précipitent sur la mère, la prennent dans leurs bras en disant : « Ma pauvre Marie, il faut croire M. l'Aumônier. Nous t'avons menti. Nous n'avons pas vu ton fils dans les camions qui emportaient les otages vers Limoges. »

La pauvre mère reçoit ainsi, après des jours d'espoir, le choc de la terrible réalité. C'est alors une explosion de douleur, celle de la femme à laquelle on arrache son enfant. Infortuné porteur de la mauvaise nouvelle, je suis confondu avec les bourreaux de son fils. Elle fonce sur moi comme une furie, et cherche à me griffer en proférant des paroles insensées, mais si pardonnables. Mes compagnons ont beaucoup de peine à me dégager.

Cette scène m'avait brisé, et c'est avec une appréhension accrue que dès le lendemain je repris ma cruelle tournée.

Au mois de juillet, avec une foule encore plus grande de Tullistes, je fus enfermé une deuxième fois dans la M.A.T., et ce soir-là avec mon frère. Après avoir passé la nuit et la matinée dans un bâtiment de l'usine, les soldats nous firent sortir, mettre en rangs pour passer à un contrôle. Mais ce n'était plus la division S.S. Les soldats qui nous encadraient n'avaient pas du tout le même air hostile, le contrôle n'était pas leur œuvre, mais celle de Français, des miliciens. Walter allait parmi les rangs, comme le 9 juin, ce qui ne manquait pas de semer la terreur parmi nous. Je ne l'avais pas revu depuis ce jour-là. Quand il passe près de moi, je ne puis m'empêcher de lui demander :

« Alors, ça va recommencer comme l'autre jour ? – Non, il s'agit d'un simple contrôle, par les vôtres, les miliciens. Il peut y avoir des déportés, mais pas d'exécutés. D'ailleurs les soldats qui sont là sont des Autrichiens et n'ont rien des S.S. »

Quand je passe au contrôle, le chef de la milice me dit : « Ah ! c'est vous l'aumônier du lycée ? Vous feriez mieux d'enseigner la religion que de conseiller à vos élèves de prendre le maquis. » Je reste sans voix et je pense que le silence était la meilleure attitude possible.

J'ai à mon côté un ami, professeur au lycée. Il passe sans difficulté. Nous saurons par la suite que le chef de la milice était lui-même un professeur agrégé ! Nous nous félicitons mutuellement de nous en être tirés à si bon compte, tandis que nous avançons vers la sortie de la M.A.T., toujours en rangs, strictement surveillés. Nous étions presque arrivés au portail où nous allions trouver la liberté, quand un milicien en courant vient récupérer mon voisin et le conduit de nouveau à la table du contrôleur. Libéré, il devait nous raconter que le chef milicien lui avait montré une photo – prise sans doute par Walter – sur laquelle on semblait le reconnaître parmi les maquisards ayant pris part à l'attaque de la garnison allemande le 8 juin. Il avait pu se disculper aux yeux... de son collègue, mais non sans peur !

Au mois d'août eut lieu la libération de la Corrèze. Elle commença à Brive le soir du 15. Je m'y trouvais, car j'avais accepté, malgré la difficulté d'aller de Tulle à Brive, de prêcher en l'église St-Sernin pour la fête de la Sainte Vierge. J'avais fait la route à bicyclette, sans trouver personne sur la route, sauf une sentinelle allemande à une chicane. Mon sauf-conduit Croix-Rouge suffit à m'ouvrir le passage.

Pendant que les fidèles étaient réunis à l'église, les chefs du maquis obtenaient la reddition de la garnison allemande de Brive, ville qui se trouva du coup la première de France libérée par les F.F.I. C'est ce même jour que les soldats de l'A.S. arrêtèrent le lieutenant Walter à l'hôtel Terminus.

Sans être au courant de rien, je reprends la route de Tulle, où j'arrive juste à temps pour la libération de la ville, toujours par les F.F.I. La joie ici n'est pas complète, car on se souvient de la libération manquée du 8 juin et de ses conséquences, et l'on craint le retour en force des Allemands. De fait ceux-ci ne s'avouent pas complètement battus. Une forte colonne motorisée fait route du nord vers la Corrèze pour des représailles. Mais le maquis est organisé et accroche cette colonne, lui infligeant des pertes sévères. Malgré tout elle arrive, par des chemins détournés, jusqu'à Tulle. Avertis à temps par haut-parleur, tous les hommes de Tulle quittent la ville. Comme eux, dans des conditions curieuses, je prends la route des bois.

Mon frère et ma belle-sœur ont trois jeunes enfants. Ils me confient le second placé sur une poussette que je prends en remorque, monté sur ma bicyclette, tandis qu'eux, à pied, partent vers des amis à la campagne proche. Pour moi, je prends la R.N. 89 vers Brive. Vous voyez le tableau ! Un prêtre en soutane, sur un vélo à cadre ouvert, tenant d'une main le guidon et tirant de l'autre la poussette où son neveu, âgé de deux ans, ne trouve pas désagréable cette promenade un peu spéciale. Aux quelques piétons ou cyclistes rencontrés et étonnés de me voir avec ce bébé, je n'ai aucune peine à faire rebrousser chemin en leur criant : « Les Allemands reviennent ! »

Arrivé au petit chemin qui mène au château de la Sudrie de Chameyrat où je vais chercher refuge, je laisse dans le fossé le vélo désormais inutile car la route est fort grimpante, et je pousse devant moi le petit véhicule de mon neveu. Au bout de quelques centaines de mètres, stupéfaction, je me trouve en face d'une mitrailleuse placée au milieu du chemin rural. Derrière elle apparaît une tête qui me trouble : elle est nettement d'un Asiatique. Je continue cependant d'avancer : « Puis-je passer avec cet enfant ? » L'homme parlemente avec un compagnon sorti des buissons. « Je vais demander au chef. » Quand celui-ci arrive, je comprends vite que j'ai devant moi un groupe de maquisards. J'explique pourquoi nous avons quitté Tulle, par crainte de la colonne allemande.

« Vous avez bien mal choisi le lieu de votre abri, dit le chef, car précisément nous attendons ici cette colonne motorisée. Nous avons mission de la laisser avancer jusqu'au tournant de la route nationale que vous voyez d'ici. La route est minée en deux endroits. Quand la colonne sera arrivée au point choisi, la première mine fera sauter la route qui sera coupée devant les voitures, puis une deuxième, juste au-dessous de nous, coupera la retraite aux Allemands. Ce sont des soldats mieux équipés que nous. Nous aurons l'avantage du terrain et de la surprise, mais il faut s'attendre à une vive réaction de ces soldats aguerris. Des combats se dérouleront donc dans ce secteur : vous feriez mieux d'aller chercher refuge ailleurs. »

Je passe pour rejoindre mon frère et les siens et les avertir du danger, ainsi que les gens du village. Ainsi alertés, de ce haut lieu d'où l'on voit la vallée de Tulle, nous essayons de deviner ce qui se passe dans la ville. Dans l'après-midi nous voyons arriver un petit avion qui tourne et retourne au-dessus de Tulle. Soudain des fusées de couleur s'élèvent de la vallée, et l'avion reprend la direction du nord. Par le téléphone arabe, qui seul fonctionnait, on ne tarda pas à apprendre que la colonne avait quitté Tulle sans rien faire que voler quelques voitures et rafler toute l'essence possible. Son commandant avait été effrayé par le vide d'habitants masculins, où il avait vu un piège. Ce jour-là il n'y eut aucune victime parmi la population civile, mais, parmi les F.F.I. qui sur la route du retour harcelèrent la colonne, beaucoup tombèrent pour achever la libération de la Corrèze.

4

APRÈS LA LIBÉRATION

La mort de Walter

Le comité de Libération mis aussitôt en place était présidé par un professeur de lycée, résistant notoire mais qui avait réussi à cacher son jeu. J'avais de bons rapports avec lui, surtout depuis que nous avions passé ensemble, comme gardes-voies, toute une longue nuit. Nous avions cassé la croûte en devisant. La nuit poussant aux confidences, surtout avec un prêtre, il en était venu à me raconter sa vie de Méridional, trouvant son idéal dans la vie sous la tente des nomades, avec qui il se sentait des traits ataviques. Il était matérialiste, jouisseur et fort désabusé. Il me fit même cette profession de foi : « Il n'y a pas un homme, pas un système qui vaille la peine de mourir pour lui. » Ce qui devait me paraître bien étrange quand je connus les risques qu'il avait pris dans la clandestinité.

Tout au long de la nuit, nous avions échangé des idées autour de ces thèmes, en toute loyauté. Nous avions aussi parlé de la Résistance, il connaissait donc mes prises de position, même si lui ne m'avait pas confié toutes les siennes !

Grâce à ces bonnes relations avec le président du comité de Libération et en ma qualité de membre du comité des Martyrs qui venait de se constituer, j'eus maintes occasions de calmer la vague de répression contre les « collaborateurs » présumés qui déferlait alors. L'un des premiers visés fut mon évêque qui, en ancien officier de la Grande Guerre, avait été simplement fidèle à Pétain et au gouvernement établi. Je pris sa défense, et c'était facile car il avait camouflé dans les greniers de l'évêché des gendarmes résistants, pendant que les officiers de la division Das Reich occupaient la plus grande partie de la maison. J'obtins cette sorte d'acquittement prononcé par le président du comité de Libération : « Du moment que M. l'Aumônier du lycée se porte garant du patriotisme de son évêque, la cause est entendue. »

Un autre jour, les policiers ont arrêté un confrère, car on le disait coupable d'avoir dénoncé aux Allemands certains de ses paroissiens passés au maquis, ce qui était pure calomnie et vengeance villageoise. Ils ont la bonne idée de passer chez moi, pour me demander que faire de lui. Je les accompagne au tribunal, et après explications, le juge me le confie, non pour le conduire en prison, mais à l'évêché ou il passa quelques semaines en retraite, en attendant que les esprits excités se calment.

Dans le même temps il me fut demandé de tenir une permanence à la préfecture pour répondre aux demandes de renseignements des familles des pendus, comme aussi pour donner l'avis du comité des Martyrs sur certains problèmes. Par exemple les autorisations des premiers bals; c'est avec l'autorisation de l'aumônier des pendus qu'ils furent organisés !

Pour m'installer à la préfecture, les bureaux vides étaient rares. Le comité ne trouva de disponible que celui du président du conseil général, jouxtant la salle des séances. N'est-ce pas une des facéties de la Libération de voir l'aumônier du lycée occuper la place du président du conseil général ? En tout cas cet épisode me permit de dire à M. Jacques Chirac, quand il devint président du C.G. de la Corrèze : « J'ai occupé votre bureau avant vous ! »

Des purges de la Libération une des premières victimes avait été Walter.

Après ce que j'ai raconté de lui, après l'engagement pris de le défendre, on comprendra que j'évoque sa mort avec des regrets.

Eh ! oui, l'aumônier des pendus regrette de n'avoir pu sauver le lieutenant de la Gestapo Walter. Devant un tribunal militaire, même d'exception, il aurait été normalement condamné à mort, pour avoir arrêté, soumis à la torture les résistants corréziens (Michelet, Roubinet, Brigouleix, l'abbé Lair... et tant d'autres), mais sur mon témoignage disant qu'il avait pris le risque de désobéir à un ordre écrit et publié du général Lammerding, en arrêtant, à ma prière, les exécutions des otages, épargnant ainsi vingt et une vies de jeunes hommes, sa peine aurait été commuée en détention à vie. Il aurait vécu et serait libre désormais, il était en effet plus jeune que moi.

Arrêté, comme j'ai déjà dit, le 15 août à Brive, il avait été par un réflexe bien excusable « passé à tabac » par les maquisards, tout heureux de l'avoir trouvé, puis amené prisonnier avec les autres Allemands de la garnison de Brive, par les soldats de l'A.S. Comme les combats continuaient et que la colonne motorisée dont j'ai déjà fait état venait attaquer en force le maquis corrézien, les F.F.I durent se retirer dans les bois avec leurs prisonniers. Ne sachant que faire d'eux j'imagine qu'ils décidèrent de les passer par les armes. Le commandant de l'A.S était Hervé (R.V., c'est-à-dire René Vaujour, mon camarade de lycée de jadis). Je lui ai demandé : « Comment se fait-il que tu aies abattu Walter ? Il aurait pu raconter beaucoup de choses sur les vrais collaborateurs ! Et de plus, comment avez-vous fait pour ne pas tenir compte de mon témoignage, qu'il a sûrement invoqué ? N'a-t-il pas dit que j'étais prêt à aller le défendre devant n'importe quel tribunal ? » Hervé était très gêné. Il finit par avouer : « Je vais te dire la vérité. Il n'a pas pu se défendre, ni parler de toi. Quand on me l'a amené il était tellement « groggy » qu'on a dû l'attacher à un arbre pour le fusiller. »

Certains diront : « C'est bien fait ». Pour la justice j'ose dire : « C'est dommage. » Et j'unis dans ma prière Walter aux victimes du 9 juin.

Le 9 septembre une cérémonie religieuse fut organisée sur les tombes des pendus, à l'initiative des familles et du clergé de la paroisse St-Joseph. Un autel provisoire y était dressé. En présence de la foule et du clergé de la ville ayant à sa tête notre évêque, je célébrai la messe des obsèques chrétiennes, achevant ainsi les prières pour les morts si mal faites le jour de leur mise en terre.

Les exhumations

Malgré toutes les recherches, le nombre exact et les noms des pendus restaient imprécis. Les parents de ceux qui étaient connus désiraient prendre leurs corps avant la Toussaint. Les familles qui craignaient qu'un des leurs soit parmi les victimes poussaient à faire les exhumations pour reconnaissance définitive des corps. Sous prétexte de « danger sanitaire » les autorités se refusèrent à faire ce travail, trois mois après l'inhumation d'un tas de cadavres superposés par couches sous très peu de terre et davantage de chaux vive, dans un terrain propice aux fermentations. Ouvrir ce charnier faisait peur à tous.

Devant le refus des autorités, le comité des Martyrs décida de passer outre. L'on était à une époque où l'autorité, celle du maire comme celle du préfet, était mal assurée. Nul n'osa s'opposer à l'initiative du comité. Celui-ci avait préparé l'opération en recueillant un très grand nombre de renseignements, jusqu'à des fiches de dentistes, concernant les « possibles » qui dépassaient les cent vingt condamnés de Lammerding.

A qui confier ce travail d'identification ? Ni la police, ni l'état-civil, ni l'hôpital, ni les services sanitaires n'acceptèrent cette tâche. Le comité des Martyrs unanime vint me dire : « M. l'Aumônier, il n'y a qu'à vous que nous puissions demander ce service. Vous avez déjà tant fait pour nos martyrs vivants, il vous reste à nous les rendre morts. – Moi ? Mais je ne saurai pas faire. » Cette pauvre parade ne devait pas tenir devant la ferme décision du comité de tenter l'aventure et avec moi.

Si mon caractère sacerdotal ne m'avait guère préparé à l'assistance des condamnés à mort, il m'avait encore moins disposé à la fonction de croque-morts, malgré l'opinion contraire qui veut que le prêtre ait partie liée avec les cadavres et les cimetières. Sur ce chapitre, j'étais aussi inexpérimenté que possible, n'ayant jamais assisté à une simple exhumation. Je tremblais de tout mon être devant le spectacle que j'allais voir, mis en présence de « ce qui n'a de nom dans aucune langue » et où j'allais devoir mettre mes mains... consacrées pour un sacrifice ni sanglant ni putride ! Jamais jusqu'à cette heure je n'avais eu aussi peur – de moi – qu'à l'approche du jour où l'on devait ouvrir les tombes.

Le travail de la découverte des corps avait été imposé aux prisonniers allemands, encadrés par des F.F.I. Je n'y ai pas assisté. On m'a rapporté que, terrifié par les miasmes qui s'échappaient de la première tombe, quelqu'un eut l'idée d'y plonger un thermomètre : la température relevée était de 90°.

Un employé des pompes funèbres, qui avait besoin de quelque indulgence en tant que collaborateur avait accepté en échange de dégager les corps agglutinés, délicatement, à l'aide d'une truelle et de les placer, l'un après l'autre, dans un cercueil. Une équipe de prisonniers transportait alors dans la baraque où je me trouvais le cercueil découvert et le plaçait sur deux tréteaux.

Aucun conseil ne m'a été donné sur la manière de faire. Une seule consigne : trouver les papiers ou objets qui permettront d'identifier avec certitude le cadavre, les mettre dans un sac (offerts par la Banque de France, ces sacs étaient destinés à mettre les pièces de monnaie) et le déposer sur le cercueil numéroté, avec le nom du martyr.

Dans la baraque je ne suis pas seul. Les représentants des familles sont là pour surveiller les opérations, mais décidés à ne pas intervenir dans les recherches. Quelques volontaires, plus ou moins en relation avec les familles des victimes, sont là pour m'aider. L'un d'eux va me rendre les plus grands services : infirmier à l'hôpital, il avait été novice chez les frères de St-Jean-de-Dieu; spécialiste des cas physiques les plus durs, il ne craignait pas les malades les plus rebutants, ni les cadavres qu'il manipulait souvent. Par esprit de charité, il m'avait offert de venir m'aider. J'avais accepté, sachant que je pouvais m'appuyer sur sa force et son expérience. Nous étions tous vêtus de caoutchouc blanc et protégés par un masque et des gants.

Étant le responsable de l'opération, chacun s'efface devant moi quand je m'approche du premier corps. Mes yeux sont tout embués. Je mets les mains dans ce magma noirâtre, je fouille dans ce qui reste de vêtements à la recherche du portefeuille ou de quelques objets mettant sur la voie de l'identification. Je ne trouve rien et surtout pas de portefeuille. Le mort est donc l'un de ceux qui m'ont remis leurs papiers. Il faut chercher dans la poche arrière du pantalon.Je fais appel à Pollon – c'est le nom de l'infirmier – pour m'aider à retourner le corps. Nous trouvons enfin des papiers qui indiquent l'identité. Tout ce que nous trouvons est disposé sur une planche posée sur deux tréteaux : tout est très rudimentaire.

Après quelques heures de ce travail nos gants ont craqué, les masques, qui nous gênent, sont enlevés. J'en arrive vite à travailler les mains nues, car avec les gants il est impossible de déployer les papiers, les billets de banque (qui tous seront récupérés), de décoller les photos, rarement lisibles d'ailleurs. L'odeur elle-même ne nous paraît plus insupportable.

Les équipes d'aide se relevaient, même le dévoué Pollon n'était pas là tous les jours, pris par son service à l'hôpital. Des confrères, l'abbé Mianne, curé de la paroisse des pendaisons et son vicaire, l'abbé Sounis, vinrent aussi prêter leur concours : mais seul, pendant trois semaines, je fus là tous les jours, de 10 h à 16 h, sans manger et sans boire, sauf du lait qui nous était servi à discrétion, et en fumant à volonté, car le tabac, rare à cette époque, nous était largement fourni.

Quand un corps était identifié, le couvercle était mis sur le cercueil et l'on posait dessus le nom du martyr, les pièces ayant servi à le reconnaître, et un numéro d'ordre. Après quoi les cercueils étaient groupés dans une autre baraque servant de chapelle ardente.

Malgré la difficulté des recherches, tous les corps furent identifiés avec certitude.

Dans un cas, tout ce qui avait été trouvé par une fouille minutieuse était un mouchoir portant dans un losange deux initiales brodées. Elles ne correspondaient à aucune de celles des victimes possibles. Dans notre impuissance à conclure, nous avions laissé le cercueil dans notre baraque avec seulement un numéro et la pièce à conviction trouvée. Le père d'un des otages exécuté sûrement, car il m'avait remis son portefeuille, était ce jour-là parmi les représentants des familles. Il avait assisté, muet, à nos problèmes devant ces initiales inconnues. Rentré chez lui, le soir, racontant les événements de la journée à sa famille et à des voisins venus aux nouvelles (car les journaux ne parlèrent jamais de ce qui se passait sur les tombes de Cueille), il fit allusion aux initiales mystérieuses. Son voisin, qui avait été parmi les otages du 9 juin, s'écria : « Mais ce sont mes initiales ! Ce mort inconnu, c'est ton fils ! Tu sais bien qu'il avait été pris au saut du lit et qu'il était parti sans rien sur lui. Il n'avait pas de mouchoir : je lui en ai donné un. Je vais chercher le même, afin que tu puisses comparer avec celui qu'on a trouvé. » Le lendemain, le père, en me montrant avec l'émotion que l'on devine le mouchoir témoin permettant d'identifier notre inconnu, me dit : « Quelque chose me disait hier en regardant ce cadavre informe et si dépouillé que c'était mon fils. »

D'autres circonstances favorables vinrent donner succès à nos recherches. Par exemple ce corps sur lequel nous n'avions rien trouvé : pas de portefeuille, pas d'argent, pas de clés, rien. En reprenant la fouille avec minutie, je découvre un petit bout de papier tout chiffonné dans l'un des goussets. Par chance c'est une feuille de paye portant écrit au crayon le nom du titulaire : elle était parfaitement lisible et suffisante.

Je puis préciser que tout ce qui était tapé au carbone ou écrit au crayon avait bien résisté à la décomposition (ce qui est normal) tandis que tout ce qui était écrit à l'encre (sauf l'encre de Chine) était illisible, effacé de même que les photos.

Il faut dire que parmi les corps reconnus nous avons trouvé des hommes dont personne n'avait signalé la présence possible. Par contre, certains qu'on nous avait donnés comme ayant été exécutés ne s'y trouvèrent pas. Avec une émotion plus intense, je retrouvais les victimes qui étaient de mes amis ou avec lesquelles j'avais vécu plus intensément le drame du 9 juin, comme le professeur de philo du lycée ou le père de famille de Bort. L'un de ces amis, que j'avais assisté dans le premier groupe des condamnés, et de la mort de qui, par conséquent, je ne pouvais douter, n'avait pas été identifié jusqu'au moment où l'on me dit : « Voici le dernier corps ! » Je me hâte de le fouiller avec l'espoir que l'impossible avait pu se produire : « Si ce n'était pas lui ! » Hélas ! Dans ses poches je trouve d'abord un trousseau de clés, qui à lui seul ne permet plus de doute, car mon ami était avoué et de toute évidence les clés du coffre-fort répondaient à cette fonction. De plus, le portefeuille et tous les papiers confirmèrent que, s'il avait été l'un des dix premiers exécutés, il était le quatre-vingt-dix-neuvième identifié.

Dans les derniers jours des exhumations, on nous annonce la visite du préfet. Il arrive accompagné de quelques personnes que je n'ai pas le temps de reconnaître, car à peine a-t-il mis le pied dans la baraque qu'il porte la main à son nez et recule vers l'extérieur, entraînant sa suite. Je sors de la baraque pour aller le saluer et lui donner des détails sur le travail que nous faisons. Il est à la limite de l'évanouissement. Il ne peut que dire : « Je m'excuse, mais je ne peux supporter cette odeur. » Notre conversation est très brève. Sans doute était-il venu pour nous remercier du pénible travail bénévole accompli. Il ne sut le dire ce jour-là.

Fin octobre, après une très courte prière pour les chrétiens, dans la chapelle du cimetière où les 99 corps avaient été réunis une dernière fois, les corps furent remis aux familles, donc avant la Toussaint et le jour des Morts.

Même si elle est cruelle aux parents des victimes, une précision s'impose, car elle donne valeur aux monuments dressés sur l'emplacement des tombes, à Cueille. Quand les corps étaient mis dans les cercueils, souvent les extrémités, les mains ou les pieds (le poids des chaussures tendait à les détacher du reste du cadavre) restaient sur le sol et l'on ne savait à quel corps les attribuer avec certitude. Plutôt que de mettre ces « débris sacrés » au hasard, il fut décidé de les rassembler dans deux cercueils qui seraient déposés chacun dans une des fosses. Et c'est ainsi, qu'avec les corps de deux Algériens Français que personne n'est venu réclamer, quelque chose de tous les pendus reste dans les tombes de Cueille, justifiant l'appellation de « Champ des Martyrs », signalé sur la R.N. 89 et invitant les passants au silence.

Attaques et honneurs

L'histoire des pendus n'était pas finie, en ce qui me concerne. Puisque je me raconte, il faut maintenant évoquer les différentes attitudes à mon égard en tant qu'acteur et témoin du 9 juin.

Le bon peuple, sachant plus ou moins ce qui s'était passé ce jour-là sous les « balcons de Tulle », me respectait et c'est lui qui en me voyant passer murmurait : « C'est lui l'aumônier des pendus. »

Les officiels, quand ils n'eurent plus besoin de moi, se hâtèrent de me mettre à l'écart et de m'oublier. Une preuve ? Le jour où fut organisée une sorte d'inauguration des monuments aux Martyrs, sous la présidence de M. Henri Queuille, député de la Corrèze mais surtout président du Conseil des ministres, je ne fus même pas invité à la cérémonie. Il paraît que le préfet eut un mot pour signaler mon action auprès des victimes, mais, perdu au fond de la foule, je ne l'entendis même pas.

Plus sensible encore, puisqu'il s'agit de mon Église : le même jour, une messe solennelle était dite à la cathédrale pour ces morts pour la France, en présence de toutes les autorités, donc de M. Queuille, de mon évêque et de tout le clergé de la ville : personne n'eut l'idée de m'offrir de célébrer cette messe et si je n'avais pris l'initiative de me proposer, un autre prêtre l'eût célébré; et c'est encore à un autre prêtre de Tulle, qui n'avait pas été arrêté le 9 juin et n'avait en rien assisté au drame de ce jour, qu'il avait été demandé d'évoquer le martyre des pendus : il le fit sans parler, ou presque, de mon rôle auprès des condamnés, et sans faire la moindre allusion à l'arrêt des pendaisons sur mon intervention.

Ce n'était qu'un commencement. Jamais à Tulle il ne m'a été demandé de dire en public ce que j'avais à témoigner des pendus.

Dans l'atmosphère « partisane » de la Libération en Corrèze, mon « Témoignage » même fut utilisé, sans ma garantie ni ma permission, et commenté sans aménité, dans une certaine revue, *R5*, sous le titre – emprunté à mon texte – « Au moins est-on fusillé ? »

Pour faire revivre cette époque et continuer à dire mon état d'esprit en ces jours troublés, il me semble que la reproduction de ma lettre ouverte à l'auteur de l'article incriminé s'impose. Pour situer les allusions aux phrases détournées de leur sens, les lecteurs voudront bien se reporter au texte plus haut cité en entier. Une relecture à l'aide de *R. 5* les instruira.

L'introduction de l'article annonce la couleur :

« Le Témoignage de l'abbé constitue, à bien des égards, un document extraordinaire. Avec une sincérité qui frise parfois l'inconscience, le prêtre a livré les réactions de son cœur... »

Les autres remarques désobligeantes entrecoupaient les citations de mon « Témoignage ». Les voici, avec mes réponses :

Monsieur,

J'ai appris par la rumeur publique – puisque vous n'avez pas eu la correction de m'envoyer un exemplaire d'une brochure qui utilise si largement mon Témoignage et que vous ne m'avez demandé aucune autorisation d'en user – les propos peu flatteurs pour moi dont vous émaillez le compte rendu de cette journée si douloureuse du 9 juin.

Ce ne sont que des insinuations, mais personne ne s'y trompe : mon rôle dans ces événements ne vous est pas sympathique et votre désir est manifeste de jeter dans les esprits un doute sur mon patriotisme.

Puisque vous vous permettez de me juger avec un accent de polémique si étranger en un tel sujet, vous ne trouverez pas mauvais que je réponde aux phrases trop nombreuses de votre commentaire qui « frisent – non pas – l'inconscience » mais la calomnie.

A propos de ma rencontre avec Walter et de ma conversation avec lui qui s'achève par ces mots : « Comment le savoir ? Et comment faire ? » vous commentez « Pauvre abbé... Il devait être désemparé. Voilà qu'on lui reproche d'avoir laissé tuer les Allemands sans les secours de la religion... » Je ne puis vous demander de comprendre que mon devoir est d'aller vers les mourants s'ils désirent mon ministère, même au péril de ma vie... alors même qu'ils sont Allemands. Mais parmi vos lecteurs beaucoup comprennent cette charité qui ne connaît « ni Grecs, ni Juifs, ni Romains » comme dit saint Paul.

Quant à être désemparé, demandez aux témoins Tullistes : ils vous diront si ce fut mon trait dominant pendant cette journée.

« L'abbé Espinasse profite des circonstances qui l'amènent à proximité de ceux qu'il appelle "les autorités allemandes". Et comment faut-il dire ? N'étaient-ils pas les autorités pour l'otage que j'étais, un de la foule, livré au bon – il faudrait dire : mauvais – vouloir de ces messieurs. Votre mauvais esprit est évident quand il souligne un mot en lui donnant une valeur de respect et de déférence qu'il ne comporte pas.

« Mais il n'y a plus rien à faire », a écrit l'abbé. Oui, je l'ai

écrit et je suis prêt à l'écrire encore, car je le pense. Dix fois de la bouche même des victimes j'ai entendu cette phrase. Allez-vous la leur reprocher ? Et vous, qu'auriez-vous fait ? Qu'ont fait les centaines de témoins qui en rangs et en silence assistaient au lugubre spectacle ? Rien. Et qu'ont fait les « maquis », qui des hauteurs voisines pouvaient voir la scène ? Rien. Et qu'ont fait les pères qui voyaient pendre leurs fils sous leurs yeux ? Rien.

Ils ne sont à blâmer ni les uns ni les autres car, momentanément et placés comme nous l'étions, il n'y avait rien à faire. La « Das Reich » représentait une force terrible contre laquelle nos mains vides ne pouvaient rien.

Seules les âmes pouvaient se redresser et tenir. Mais vous ne semblez pas percevoir facilement cette résistance-là !

« Mais Dieu vient à mon aide. Le lieutenant Walter... » Un autre que vous se réjouirait de voir le témoin échapper à un danger. Vous préférez ironiser sur la « grâce divine ». Mais ne craignez rien, je ne confonds pas Dieu et le lieutenant Walter !

Il est évident que la partie religieuse de mon « Témoignage » vous déplaît. Vous le manifestez trop, jusque dans vos omissions. Un exemple ? L'ouvrier dont vous citez les fières paroles (les mêmes que vous me reprochez !) a ajouté : « Et puis on est des chrétiens : à genoux et faisons la prière. » Pourquoi omettre cette phrase ? Ça aussi c'est vrai et beaucoup auraient intérêt à le savoir.

« L'abbé Espinasse se décide à intervenir » (à propos du groupe des 13). Il y a même un moment que j'interviens. Vous semblez me reprocher de n'avoir pas essayé plus tôt de sauver des otages. Mais vous oubliez comment j'ai pu intervenir, qui je suis et à quel titre je suis là. J'étais otage comme les autres et je ne représentais aucune autorité, pas même l'autorité religieuse, laquelle d'ailleurs avait essayé d'intervenir et avait été éconduite... à la prussienne.

Je considère donc comme une véritable inspiration d'avoir osé parler et comme « grâce divine » – pour reprendre votre expression – d'avoir obtenu quelque chose. Si vous aviez été là vous auriez probablement été attendri en voyant le jeune gracié se jeter dans mes bras, après avoir embrassé son sauveur Alsacien.

« Coupons ici la parole à l'abbé Espinasse. Il est apparemment de ces hommes que les événements n'instruisent pas vite. Le décor de l'autorité lui en impose, même quand il n'est plus que le décor du crime... » Ici un petit couplet sur les jeunes des Chantiers, et cette conclusion qui me vise avec eux :

« Ce sont des représentants d'un monde de soumission qui, sans révolte du cœur et des corps, acceptaient la loi de violence et d'horreur. »

Merci pour eux et pour moi. Mais vous, ne seriez-vous pas de ceux qui savent tout et jugent un peu vite ? Sans parler de moi, juger les jeunes des Chantiers sur leur défilé au pas et les accuser d'être les « représentants d'un monde de soumission » n'est-ce pas oublier que plusieurs d'entre eux étaient parmi les pendus et que parmi ces derniers se trouvait un des combattants de la veille, blessé à l'attaque de l'école normale ? A l'exhumation des victimes, j'ai retrouvé sur son corps défiguré le pansement de son épaule et c'est à ce signe qu'il fut identifié. Une publication comme « R. 5 » ne devrait pas contenir d'injustices de cette taille.

Autre remarque, qui ne vous vise peut-être pas, mais que vous transmettrez à qui de droit : que peut penser un lecteur Tulliste de la probité intellectuelle qu'il y a à illustrer l'article sur la tragédie de Tulle de clichés représentant d'autres pendaisons que celles de Tulle... et sans en avertir les lecteurs ? Pour un document historique, c'est trouvé ! Et je continuerai à entendre dire « J'ai vu des photos des pendus de Tulle. » Eh bien, pas moi.

« Simplement... tout simplement... » La répétition de cet adverbe à mon sujet, tout au long de votre commentaire, tend à prouver ou que je ne me rends pas bien compte de ce que j'écris (passons) ou que je trouve naturel ce qui se passe et que je l'approuve.

Suprême calomnie contre laquelle je m'insurge.

Oui, mon compte rendu est simple... comme la vérité. Volontairement il ne contient rien de grandiloquent, ni de venimeux ? Je crois par là avoir bien servi l'Histoire.

Contrairement à ce que vous dites, en effet, je n'ai pas livré « les réactions de mon cœur », mais j'ai établi des faits indiscutables à propos desquels je m'abstiens de « faire du sentiment », car les faits parlent assez d'eux-mêmes. Je savais que les commentaires viendraient. J'ose dire que je les attendais plus objectifs que le vôtre qui, par son allure « partisane » — et comme j'écris très simplement vous comprendez ce que je veux dire — compromet le succès d'une revue telle que « R. 5 » qui devrait pouvoir recueillir l'unanimité des suffrages.

Remarque essentielle pour finir : avez-vous fait attention à la date de mon « Témoignage » ? 3 juillet 1944, sous l'occupation, il me semble.

Trouvez d'autres témoignages de ce goût, aussi simples et de cette date. Publiez-les, même sans commentaires, et vous aurez aidé à faire connaître le courage de vrais Français qui, s'ils n'ont pu se battre, ont, par la plume ou sur le terrain, fait de la résistance spirituelle, tout simplement.

Je vous adresse, Monsieur l'inconnu, tout simplement, mes salutations.

Abbé ESPINASSE

A cette lettre je n'ai jamais reçu de réponse et j'ai eu beaucoup de peine à la faire publier — dans un seul journal régional — tellement tout le monde tremblait devant l'orientation communiste des tenants locaux du pouvoir; le gouvernement du général de Gaulle était encore loin d'avoir l'initiative en Corrèze.

J'ai tenu à lui faire place dans l'histoire de ma vie, non pour me justifier, mais pour que soit gardé quelque chose de l'atmosphère de ces premiers jours après la Libération, et des excès, de langage ou autres, provoqués par le changement de régime.

Ce commentaire déplaisant de *R. 5* est resté isolé. A l'opposé, des éloges, ou du moins une juste appréciation de mon action, me sont venus de tous côtés.

L'un des premiers est venu d'Amérique. Le président Truman voulant être renseigné exactement sur les crimes de guerre nazis, avait envoyé en Europe un ami, devenu son chargé de mission pour une enquête précise, M. Ector O. Munn. Il vint me trouver à Tulle, m'interrogea longuement, me photographia pour les archives d'histoire, emporta mon « Témoignage ». Il est resté en relation avec moi, car il a poursuivi longtemps les criminels de guerre dans toute l'Europe.

Par lui mon « Témoignage » fut diffusé hors de France, et c'est ainsi qu'il fut publié — mais toujours sans ma garantie — aux U.S.A., au Mexique, en Algérie, en Belgique, au Luxembourg... bien avant de l'être en France ! Nul n'est prophète en son pays !

Dans notre pays, l'histoire a attendu au moins vingt ans avant de se tourner vers le drame de Tulle. Tous les auteurs qui ont écrit sur lui ont utilisé mon « Témoignage » écrit ou mon témoignage oral. Je puis même préciser que les archives du parti communiste français gardent une bande sonore où est enregistré tout ce que j'ai voulu dire sur cette journée du 9 juin et mon action. L'archiviste en chef, venu m'interroger à Bort-les-Orgues, a été très surpris quand je lui ai dit qu'il était le premier à recueillir mon témoignage complet. « Votre Église ne vous a pas enregistré ? – Non, pas même la partie religieuse. – Et les historiens de Tulle ? – Le colonel Rémy est le seul à être venu parler un peu avec moi avant d'utiliser mon récit. Quant aux autres écrivains, ils n'ont fait connaissance avec moi qu'après avoir rédigé leur texte... d'où des erreurs d'appréciation ! »

Robert Aron, dans sa grande *Histoire des années 40*, cite mon « Témoignage », sans commentaire, sur deux pages.

Jacques Delarue, qui a jusqu'ici le mieux écrit sur le drame de Tulle, et Beau et Gaubusseau ont obtenu de moi des détails qui n'étaient pas écrits dans mon « Témoignage ». Tous font une place de choix à mon action.

Souvent enfin, dans ces dernières années, la télévision allemande ou française m'a donné l'occasion d'évoquer les pendus de Tulle.

La Croix-Rouge française, la première, pensa à m'honorer. Dès 1945 elle me décerna sa médaille d'argent, avec cette citation : « Au cours de l'exécution par pendaison de 99 otages qui a eu lieu à Tulle le 9 juin 1944, a eu une conduite digne de tous éloges : a assisté les condamnés à leurs derniers moments, prenant leurs papiers d'identité, recueillant leurs dernières paroles, les encourageant de toutes manières malgré l'hostilité évidente des exécuteurs qui auraient pu le comprendre parmi leurs victimes. Dans les jours suivant les pendaisons a visité les familles des victimes, leur prodigant ses consolations. A fourni des renseignements précieux pour les identifications. »

Les termes de cette citation ne disent ni tout, ni l'essentiel de mon action, mais expriment un certain respect pour ce que j'ai fait et même de la reconnaissance. Il en est de même pour la médaille de la F.N.D.I.R.P. décernée sous la signature du ministre communiste Marcel Paul pour services rendus aux déportés du 9 juin. Il faut savoir, en effet, que beaucoup des otages de ce jour, et en particulier les graciés de la dernière heure, furent déportés et que plusieurs d'entre eux n'échappèrent à la pendaison que pour périr plus misérablement encore dans le « train de la mort » ou dans les camps nazis.

Vingt-cinq ans plus tard, à Noël 1969, la Légion d'honneur me fut attribuée par le président Pompidou. Je ne l'ai acceptée qu'à une condition, exprimée très nettement, que cette croix ne serait pas la mienne mais celle des pendus, et qu'elle me donnerait enfin l'occasion de leur rendre, à Tulle, en public et sur le lieu même du drame, l'hommage qu'ils méritaient et que je n'avais jamais été appelé à leur rendre.

Avec les autorisations du ministre de la Guerre, dont dépend la M.A.T., la cérémonie fut organisée, dignement, par le général Levieux, en présence de toutes les autorités départementales : députés, sénateurs, conseillers généraux, colonels, mais aussi des familles des pendus et de la foule invitée à cet hommage aux martyrs de Tulle. Mgr Brunon, évêque de Tulle depuis huit jours, était là avec un clergé nombreux, ma mère et toute ma famille, et une délégation de Bortois, maire en tête.

Le président du conseil général était M. le ministre Jacques Chirac. C'est lui qui devait me remettre, devant le monument aux morts de la M.A.T., les insignes de chevalier de la Légion d'honneur.

Quelques extraits de son discours et de ma réponse situeront très bien les sentiments dans lesquels j'étais en cette circonstance qui mettait un point final à mon intervention dans l'affaire du 9 juin.

M. Jacques Chirac commença ainsi son discours :

Mon cher ami,

Cette cérémonie revêt un caractère exceptionnel. Par le choix du lieu et l'ampleur de l'assistance, vous avez voulu signifier que l'hommage qui vous est rendu dépasse votre personne. A une réunion vouée d'ordinaire aux félicitations et à la joie, vous avez tenu à conférer une empreinte de gravité et de recueillement qui soit digne du tragique événement dont nous commémorons le vingt-sixième anniversaire.

Je comprends cette volonté qui vous honore, de vous effacer devant les martyrs dont le souvenir vous hante. C'est pour eux, pour sauvegarder leur mémoire que vous avez souhaité recevoir ici cette haute distinction...

Puis, après avoir évoqué le drame lui-même à l'aide de mon « Témoignage », il ajoute :

... J'ai souvent tourné avec émotion ces pages graves, vibrantes de détresse, mais où perce l'espérance. Je mesure ce qu'il a fallu de foi, de force, de courage surhumain pour surmonter l'horreur de la situation, engager le dialogue avec les bourreaux, offrir le réconfort de votre présence aux condamnés,

multiplier les tentatives pour tenter d'arrêter le cours des événements et arracher à la mort vingt et une vies.

Ces âmes, ces corps, vous les avez pris en charge...

Votre rare mérite aura été de rester en toute circonstance, à la hauteur des événements qui vous virent faire preuve d'un courage exceptionnel et d'une dignité exemplaire...

L'hommage qui vous est rendu va au prêtre, à l'humaniste et au citoyen. Cet hommage va aussi à vos compagnons et je leur dédie comme à vous ces paroles de Camus, écrites dans la fièvre des premières victoires : « La paix reviendra... On ne peut toujours vivre de meurtres et de violence. Le bonheur, la juste tendresse auront leur temps. Mais cette paix ne nous trouvera pas oublieux. Et pour certains d'entre nous, le visage de nos frères défigurés, la grande fraternité virile de ces années ne nous quitteront jamais. »

Ma réponse est plus longue. Laissant de côté toute la partie remerciements, je dois citer en entier tout ce qui a trait aux victimes du 9 juin, tout ce que j'avais tant envie de dire à leur sujet pour défendre leur mémoire.

Le vrai motif de cette croix que vous venez de me remettre, Monsieur le Ministre – et vous l'avez dit avec toute votre autorité de représentant du gouvernement et de président du conseil général de ce département – doit être cherché dans le secours spirituel que j'ai pu apporter aux condamnés à mort du 9 juin 1944 qui, par un dessein providentiel, m'a permis de surcroît d'arracher aux nazis de la Das Reich des vies humaines. M. Jacques Delarue a écrit que ce cas de sauvetage est unique en cette période sanglante de l'histoire.

Ce que j'ai fait en cette circonstance, cependant, n'importe lequel des plus de trentre prêtres qui étaient à Tulle ce jour-là l'aurait fait, s'il avait été placé dans les mêmes circonstances que moi. Il était de mon devoir le plus strict, et même au péril de ma vie, d'apporter les secours religieux à ceux qui allaient mourir. Mon évêque d'alors l'avait bien compris, lui qui me disait le 10 juin : « Je vous remercie d'avoir agi en prêtre et rien qu'en prêtre. »

Quant à la grâce des vingt et un derniers otages, je n'avais pas à m'en glorifier car, aujourd'hui encore, je peux craindre de ne pas leur avoir rendu service et même d'avoir allongé leur supplice dans l'affreux « train de la mort », ou dans les camps de déportation.

L'honneur qui vient de m'être fait s'imposait donc si peu que pendant un quart de siècle personne – ou presque – ni ici ni ailleurs n'y avait pensé...

Si M. le Président de la République a cru bon de me donner cette croix, je me permets de l'interpréter non comme une récompense personnelle, mais comme une occasion enfin offerte à l'aumônier des pendus de les évoquer, en tentant de faire revivre, et sur les lieux mêmes où ils se sont déroulés, les actes héroïques de leur comportement humain, patriotique et chrétien.

Ce que je vais faire, au risque de donner à une simple cérémonie de décoration un ton tout à fait inhabituel et de raviver dans des cœurs de douloureux souvenirs, ce dont à l'avance je m'excuse.

Quand les otages avaient compris ou appris de ma bouche qu'ils étaient condamnés à mort, ils ont réagi comme des hommes, je veux dire qu'ils ont été surpris et que le premier mot qui montait à leurs lèvres était : « Pourquoi ? » Ils ajoutaient presque tous : « Mais nous n'avons rien fait », voulant dire par là qu'ils n'avaient pas pris part aux combats de la veille. Mais bien vite ils acceptaient leur situation d'otages. « C'est la guerre ! » disaient-ils. Comme moi, ils se sentaient pris par la force incoercible de cette machine à broyer les hommes qu'était la division Das Reich, ce qui leur faisait ajouter : « Il n'y a rien à faire. » Ce constat d'une bataille perdue les aidait à comprendre qu'il y avait un autre combat à gagner.

Et ils engageaient, les mains nues, cet autre combat, celui des âmes, non moins dur, non moins utile que celui des armes pour la libération de la France.

Plusieurs, lorsque le dialogue pouvait se développer un peu, précisaient : « Nous savons que nous mourons pour la France. » Oui, ces otages condamnés pour des actes de guerre accomplis par d'autres – contre lesquels d'ailleurs je n'ai jamais entendu un mot de plainte ou d'amertume – n'étaient pas moins patriotes qu'eux : ils se sentaient du même côté ! Ils méritent bien la mention : « Morts pour la France. »

Si le patriotisme avait une telle place en ces minutes solennelles, le souvenir de la famille revenait vite au premier plan. En ai-je entendu de ces paroles suprêmes : « Vous direz à mes parents... vous direz à ma femme... vous direz à mes enfants... » Incapable de retenir tous ces messages – certains d'une importance capitale – je les encourageais à noter par écrit ce qu'ils avaient à faire savoir aux leurs. Le plus grand nombre des condamnés des derniers groupes eurent ce courage; ce qui permet d'avoir dans des archives familiales d'émouvants documents – l'un écrit sur un mouchoir – qu'aucun historien, à ma connaissance, n'est encore allé interroger. Outre ces lettres, les condamnés prirent aussi l'initiative de me laisser à destination de leurs familles, les objets de valeur, l'argent qu'ils avaient sur eux.

Alors, l'esprit plus libre, ils se tournaient vers Dieu.

Oui, ces hommes jeunes ou dans la force de l'âge, dans la pleine lumière de juin, ont réagi devant la mort en croyants, aidés sans doute par ma présence et par les paroles d'espoir que je leur adressais. Nous avons beaucoup parlé de Dieu qui est Vie, Connaissance et Amour; du Christ qui a donné lui aussi sa vie pour les autres et qui a promis bon accueil à ceux qui auront souffert injustement. En ces instants tragiques où la haine et le mal semblaient triompher, notre conversation tournait toute, si étrange que cela puisse paraître, autour de la Vie, de l'Amour du Père pour ses enfants.

J'ai été témoin d'ascensions d'âmes remarquables. Comment ne pas évoquer celle de mon petit élève du lycée et son fier : « Mort muni des sacrements », ajouté de sa main sur sa lettre d'adieu ? Comment ne pas penser à mon collègue du même lycée où il enseignait la philosophie et à sa question, si philosophique certes mais si inattendue dans la bouche d'un matérialiste : « Qu'est-ce qui va m'arriver... après ? Après la mort ? » Comment ne pas revoir, ici, ces trois jeunes ouvriers de la M.A.T. se mettant à genoux dans cette rue de leur usine où nous sommes, pour prier le Père ?

Ces attitudes de foi et d'espérance maintenaient les âmes sereines, dans la paix, malgré le tragique de l'heure, et donnaient à ces victimes la force d'aller, sans larmes inutiles, jusqu'au sacrifice suprême.

En résumé, dans une situation terrible, inattendue, horrifiante même, des hommes « comme les autres » se sont haussés, en se soutenant les uns les autres par leur foi patriotique et chrétienne, jusqu'à l'héroïsme. Ce qu'il y a de plus haut dans l'homme s'est alors manifesté : l'humanité en eux atteignit aux sommets.

A ces attitudes humaines admirables ou à ce drame horrible, y a-t-il une leçon ?

« L'Histoire nous apprend que l'Histoire ne peut rien nous apprendre », dit le philosophe Hegel, Allemand il est vrai. Il serait *triste de vérifier pour notre part cette vision trop pessimiste du monde. Je pense au contraire qu'un drame comme celui du 9 juin 1944 a quelque chose à apprendre aux générations qui montent, à savoir : que le processus de guerre étant déclenché, et quelle que soit la valeur des hommes, des deux côtés, les horreurs, toutes les injustices sont possibles.*

J'ai cru pouvoir traduire cette sorte de message des Pendus de Tulle, déjà devant le tribunal militaire de Bordeaux et souvent depuis en ces paroles d'une complainte populaire chantée dans ma jeunesse :

« Ah ! que maudite soit la guerre
Qui nous fait de ces coups-là ! »

Ce que le pape exprimait autrement devant l'O.N.U. par ces mots :

« Plus jamais la guerre ! »

Oui, il faut à tout prix éviter la guerre entre les peuples et encore plus entre citoyens d'un même pays, car seule la guerre civile peut provoquer des actes aussi cruels et injustes, et tout aussi inutiles pour le règlement des conflits que le crime des nazis à Tulle.

Souvent les derniers mots de ceux qui partaient vers les sinistres « balcons de Tulle » étaient : « Ne nous oubliez pas ! » Je crois qu'en parlant d'eux, en essayant de porter leur message, j'aurai exaucé leur dernier souhait, car, comme le dit Jean Guéhenno dans La mort des autres *– ce livre dont je signerais volontiers bien des pages : « Être fidèle aux morts c'est être fidèle à leurs rêves et à leurs espoirs et tâcher de les accomplir... C'est aux vivants à accomplir les espoirs des morts et c'est leur faute quand les morts sont morts pour rien. »*

Ne pas les oublier c'est aussi permettre qu'un peu de gloire leur soit donnée. Sénèque a écrit – et j'ai lu cette pensée dans les œuvres du grand Bortois Marmontel : « La gloire accompagne la vertu comme son ombre... elle est d'autant plus grande qu'elle se montre plus tard. » Les martyrs du 9 juin ont montré beaucoup de vertu, au sens où Sénèque l'entendait, c'est-à-dire de force, mais la gloire a tardé à leur venir.

Ils ont été trop longtemps méconnus. Ce sont eux enfin qui sont à l'honneur aujourd'hui, car cette croix que je viens de recevoir est la leur : ce sont eux qui l'ont méritée. Je leur en fais hommage.

Ayant été aumônier le 9 juin et depuis leur témoin, trop longtemps muet, je serai désormais – tout indigne encore que j'en sois – leur Légion d'Honneur.

A cette croix, signe extérieur de leur gloire, l'Histoire ajoutera sa grande voix. A son rythme lent et sûr et que rien n'arrêtera, elle fera de plus en plus connaître les martyrs de Tulle, les rendant toujours plus présents et agissants pour l'avenir pacifique du monde.

Comptant sur elle, je peux donc faire dire à nos grands morts leur espoir pour demain en employant – mais dans un tout autre sens – les mots du poète :

« Nous autres qui serons des types dans cent ans ! »

Pour en finir avec ma participation à un acte de la libération de la France, je dois citer la dédicace qu'elle m'a value, inscrite sur la page de garde du premier volume de ses *Mémoires de guerre*, par le chef de la France Libre :

Pour M. l'abbé Espinasse
en souvenir de notre grande épreuve
Respectueusement
C. de GAULLE
4 - 12 - 69

Aumônier militaire F.F.I.

Un autre aspect des mœurs de la Libération apparaît dans ma nomination d'aumônier militaire F.F.I.

Peu après le drame de Tulle, mon évêque me dit : « Cette année vous ne pouvez faire de camps de vacances avec vos lycéens : je vous demande de vous occuper un peu des jeunes qui sont dans le maquis. Vous en connaissez beaucoup. Voyez si vous pouvez les aider dans leur vie chrétienne. » J'avais à peine pris contact avec ce nouveau milieu que la Libération intervenant posait d'autres problèmes, en particulier celui des prisonniers. Il fallait faire reconnaître par les nouvelles autorités militaires mon rôle d'aumônier bénévole. Le colonel F.F.I. qui commandait à Tulle posa la question à son chef hiérarchique à Limoges. Sa réponse disait à peu près ceci : « D'accord pour la nomination d'un aumônier F.F.I. pour la Corrèze. Selon son âge et ses titres il sera nommé sous-lieutenant ou capitaine. » Le colonel après m'avoir lu cette lettre me dit : « Qu'en pensez-vous ? » Je me permis cette réponse, car je savais que le colonel F.F.I. était capitaine dans l'armée active : « Quel âge avez-vous, mon colonel ? – Trente-trois ans. – Si à trente-trois ans vous pouvez être colonel dans l'armée F.F.I., ne pensez-vous pas qu'à trente-sept j'y peux être capitaine ? – C'est évident. D'ailleurs vos titres, et l'affaire des Pendus méritent amplement ce grade. »

C'est ainsi que n'ayant jamais été soldat j'entrai dans l'armée, assimilé à un capitaine : j'en avais les galons... et le traitement. Celui-ci était d'autant plus bienvenu que le premier travail du gouvernement de la Libération avait été de supprimer le traitement d'aumônier de lycée.

Je ne devais le garder que très peu de temps. Sa suppression vaut aussi d'être racontée, car elle est tout à l'honneur d'Edmond Michelet. Un jour j'eus la surprise de voir arriver chez moi, dans ma mansarde du quatrième, Edmond Michelet, alors ministre des Armées. Après avoir parlé du problème familial qui l'amenait, il s'inquiète de mon travail. Je lui dis que mon service au lycée n'est plus rémunéré, mais que le traitement d'aumônier F.F.I. est venu à point à mon aide. Je reconnais que l'armée ne m'occupe guère en dehors du soin des prisonniers allemands et que, sur ce point encore, je suis aidé depuis quelque temps, ayant pu obtenir la présence à Tulle d'un prêtre allemand prisonnier. « Bon, dit Michelet, rentré à Paris je vais mettre ordre à cela. » Et c'est sous l'action directe du ministre des Armées que son ami fut démobilisé et privé de tout traitement. Exemple de probité, excluant tout favoritisme, à porter au crédit de l'homme politique !

Amusante conséquence de cet acte ministériel : je possède un certificat de démobilisation, bien que n'ayant jamais été mobilisé et n'ayant jamais signé de contrat d'engagement.

Pour qu'on sache que je n'ai pas tout à fait volé mon traitement, je dois raconter quelques-uns de mes actes d'aumônier F.F.I.

Un aumônier belge avait pris l'initiative de mettre sur pied un pèlerinage international des armées de la Libération à Lourdes. Cet événement, pourtant hors du commun en cette période peu orientée vers les manifestations religieuses de masse, a échappé à beaucoup et même aux historiens. L'organisateur avait réussi à faire venir à Lourdes des délégations de toutes les armées ayant participé à libérer l'Europe du joug nazi. Il y avait là des Belges et des Français mais aussi des Anglais, des Américains et – plus étrange encore – des Russes ! Leur délégation ne passait pas inaperçue, tellement les uniformes venus d'U.R.S.S. étaient inhabituels à tous nos yeux. Je garde de très rares photos de cette participation soviétique à un pèlerinage des libérés et des libérateurs à N.-D. de Lourdes.

Les hôteliers de Lourdes doivent garder de l'arrivée chez eux de tous ces groupes de maquisards un bien mauvais souvenir. Notre groupe F.F.I. de la Corrèze fut assez mal reçu par l'hôtelier auquel nous présentions notre billet de réquisition. Craignant de n'être pas payé, il nous refusait l'entrée de sa maison. Il se fit dire : « Vous ne savez pas ce que le maquis corrézien a fait pour la Libération ? Prenez garde d'apprendre à vos dépens de quoi il est capable. » L'hôtel fut « libéré » pour les F.F.I. corréziens.

Revenu en Corrèze, en faisant la tournée des camps F.F.I. j'apprends que dans le quartier réservé aux Russes (les prisonniers faits par les Allemands sur le front de Stalingrad et passés à leur service sous l'uniforme vert-de-gris, puis juste avant la Libération passés au maquis), se trouvaient des Géorgiens et parmi eux des chrétiens. Imaginant qu'ils n'ont aucun contact religieux depuis des années, je décide de tenter de les approcher. Le chef F.F.I. du camp français, mis au courant, quoique F.T.P. et pas du tout proche de l'Église, me dit : « Vous prenez un trop gros risque à aller chez ces gens-là. Nous-mêmes n'y allons jamais seuls. Je vais vous faire accompagner. » Flanqué de deux jeunes lieutenants F.T.P., en soutane mais avec ma croix d'aumônier et mes galons fort en vue, je me présente au camp des Géorgiens. Succès de curiosité d'abord, puis attente d'un interprète. Je me présente : « Je suis l'aumônier militaire de la Corrèze. On me dit qu'il y a ici des chrétiens. Je voudrais les rencontrer. – Je vais prévenir le chef de camp. » On nous fait entrer dans une baraque où se trouve son bureau. Il arrive assez vite. Je lui répète ma demande. « C'est exact, me répond-il. Nous avons des sans-Dieu, mais aussi des musulmans et des chrétiens. – Me sera-t-il permis de voir ces derniers ? – Oui. Fixons un jour et une heure pour le rendez-vous. » Pendant la conversation il a fait servir de la vodka (je n'en avais jamais bu) et des cigarettes (je ne fume pas). Je m'empresse cependant d'accepter l'une et l'autre. En échangeant quelques propos d'actualité je fais face de mon mieux au tord-boyaux et à l'âpre cigarette.

Au jour dit j'arrive, seul cette fois, au camp des Géorgiens et à la baraque, sorte de salle des fêtes du groupe. Décors de salle de danse, avec estrade, affiches, banderoles et dessins... très peu religieux. Le commandant qui est venu m'accueillir en compagnie de l'interprète me conseille de dresser l'autel sur l'estrade d'où je dominerai l'assemblée. Persuadé qu'une douzaine de soldats à peine vont venir à la cérémonie, je préfère mettre l'autel (une simple planche sur deux tréteaux) devant l'estrade, au milieu des fidèles.

Pendant que je sors de ma valise-chapelle de guerre et mets en place, tout ce qu'il faut pour dire la messe, j'entends un lourd grondement de pas : la porte s'ouvre et au pas cadencé une troupe de soldats, que j'évalue à une centaine, emplit la salle dans un ordre tout militaire.

Ces soldats sont tous revêtus d'uniformes russes, retrouvés on ne sait comment, alors que nous, Tullistes, les avions vus défiler dans nos rues sous l'uniforme allemand !

Je n'ai jamais pu croire qu'il y avait tant de chrétiens parmi eux. Sans doute pour me faire plaisir le commandant avait-il désigné une compagnie « de corvée de messe ! »

Toujours est-il que, même à cette époque, il ne doit pas y avoir beaucoup de prêtres ayant célébré la messe catholique uniquement devant des soldats d'U.R.S.S. en uniforme.

Le diable lui-même devait trouver l'événement extravagant. Il allait le souligner à sa manière. Pendant l'office (dont je ne dirai rien car je ne pouvais parler à ces hommes en leur langue et ma liturgie – même s'ils étaient chrétiens – n'était pas la leur) l'orage grondait. Le vent soufflant en bourrasques remplaçait le son de l'orgue. Soudain, dans un fracas épouvantable, tout le panneau de la baraque, derrière l'estrade, s'effondre sur elle, tandis que le souffle me terrasse presque et jette le trouble dans l'assistance. Si j'avais accepté de mettre l'autel où le commandant voulait me le faire poser, j'aurais été écrasé. Après coup je le lui fais remarquer : « Vous êtes protégé », se contenta-t-il de dire.

A défaut de paroles à adresser à ces Géorgiens, j'avais pensé que les médailles de la Sainte Vierge diraient quelque chose de religieux à ces pauvres bougres. Quand je distribue ces médailles de Lourdes, la joie de ces soldats – pas des enfants de chœur je vous l'assure – de recevoir ce petit morceau d'aluminium frappé à l'image de la Vierge montrait qu'en eux s'éveillaient des souvenirs de celle qui, en Russie comme chez nous, est la mère de Dieu, et dont l'icône leur avait été montrée sans doute par leur mère ou grand-mère, dans le secret de leur maison en Géorgie.

Si parmi ces soldats certains n'étaient pas chrétiens, ils ne le firent pas voir. Tous reçurent avec signe de gratitude ce petit souvenir, le commandant comme les autres.

Mes contacts avec ces Géorgiens ne s'arrêtèrent pas là. J'ai trouvé parmi eux un étudiant qui parlait assez bien le français. Avec lui et deux ou trois de ses camarades nous eûmes plusieurs conversations confiantes. « Nous sommes fiers, disaient-ils, de ce que le communisme a fait chez nous, pour rattraper le temps perdu au temps des tsars. Nous sommes passés en quelques années du Moyen Age aux temps modernes. Mais après avoir pris contact avec l'Occident, nous voyons à quel point la liberté nous manque. Nous allons rentrer en U.R.S.S. la guerre terminée et notre espoir est que notre peuple puisse arriver à vivre dans un régime démocratique comme le vôtre. »

Je crois savoir que ces soldats rapatriés ont été passés par les armes comme traîtres, ayant collaboré avec les Allemands. Ce n'était pas cette libération qu'ils attendaient !

Avec les prisonniers allemands mon ministère était plus régulier. Parmi eux, presque à égalité, des protestants et des catholiques. Je me mis au service des deux communautés, car nous utilisions le même local et les protestants avaient dans leur groupe un pasteur ou du moins quelqu'un pouvant en faire fonction.

Parmi les catholiques se trouvaient des Rhénans, des Bavarois profondément religieux. La précarité de leur situation dans une ville où soufflait un vent de vengeance (souvent des pierres avaient été jetées aux prisonniers) les poussait, dans une inactivité forcée, à se tourner avec plus de ferveur que jamais vers les secours religieux. Pour eux j'avais un interprète capable de traduire mes paroles. Après explications, je leur avais donné l'absolution générale – alors privilège des aumôniers militaires – et ils pouvaient facilement communier chaque dimanche à la messe que je leur assurais.

Très vite, avec l'ingéniosité propre à tous les prisonniers, ils organisèrent leur baraque-chapelle. L'un d'eux me dit : « Si vous me portiez du bois je vous sculpterais un christ pour l'autel. » Le morceau de tilleul trouvé, en une semaine, le prisonnier avait achevé son œuvre. Pendant que j'admirais ce christ au visage pacifié, portant non une couronne d'épines mais une couronne royale, il me dit : « C'est mon métier. En Bavière, je suis sculpteur de christs. » Il précisa que celui qu'il venait de tailler au couteau était la reproduction d'un ivoire du Moyen Age. Quand les prisonniers furent libérés, quelques-uns vinrent chez moi porteurs de cette croix et de ce beau christ pacifique. Ils me l'offrirent « en remerciement des prisonniers et en réparation de ce que les soldats de la Das Reich vous ont fait souffrir », dit leur interprète. Ce christ de un mètre de haut, en deux parties, l'une pour le corps, l'autre pour les bras, fait l'admiration de tous ceux qui le voient. Il reste pour moi un souvenir apaisant des jours de guerre.

Les messes dans ce camp de La Trémoille étaient dignes d'une cathédrale. Un orchestre avait été improvisé avec un petit accordéon, un violon et même un minuscule harmonium hors d'usage qui avait été réparé par l'organiste. Celui-ci avait tenu le grand orgue de Strasbourg. Le violon était aux mains d'un artiste à cheveux blancs, de l'Opéra de Berlin. Les chants, correspondant aux différents moments de la messe, étaient chantés en allemand (et cela avance de vingt ans sur ce qui se passe actuellement partout) sur des airs de grande majesté. Les voix mâles et bien exercées de cette foule compacte d'hommes où se mêlaient des tout jeunes – qui pleuraient encore – et des presque vieillards, avaient de quoi émouvoir certes, mais avaient surtout une expression si religieuse que j'aurais voulu les faire entendre aux Tullistes. Il n'en était pas question. Malgré ma popularité, si j'avais tenté une telle démarche, je me serais fait lyncher. Maintenant les chorales de la ville allemande de Schondorff, jumelée avec Tulle, y viennent chanter pour la joie de tous, et celles de Tulle vont chanter à Schondorff et y sont admirablement reçues. C'est mieux ainsi, mais vingt-cinq après !

Devant les tribunaux

Après la Libération, certaines missions confiées par les condamnés à mort dans nos ultimes conversations m'ont conduit à témoigner devant les tribunaux pour le règlement d'affaires familiales.

Dans un cas le mourant avait laissé un mot écrit pour exprimer ses dernières volontés. Je n'avais qu'à garantir l'origine du papier. Le jugement était aisé. Mais dans un autre cas, celui qui partait vers les balcons n'avait pas eu la possibilité d'écrire, seulement celle de me confier verbalement, mais avec précision et netteté, sa suprême volonté. Sur ma seule parole, la cause fut jugée selon les désirs du défunt. Le magistrat me fit seulement remarquer qu'il s'agissait là d'une procédure exceptionnelle répondant aux circonstances anormales où le témoignage m'avait été confié.

Sur ces points délicats je n'en dirai pas plus, mais je n'ai pas le droit de laisser ignorer que mon action sacerdotale auprès des pendus a pu avoir d'heureuses conséquences au plan humain, et que sans ma présence ce jour-là au cœur du drame, rien n'aurait été possible à personne.

Plus souvent que devant les tribunaux civils, ma qualité de

témoin devait me conduire devant les tribunaux militaires. La recherche des acteurs du crime de guerre commis à Tulle et leur jugement m'obligèrent à comparaître devant le tribunal militaire de Bordeaux et, en appel, de Marseille.

A Bordeaux, l'officier tenant le rôle de magistrat instructeur devait me surprendre beaucoup en me faisant une déclaration que je puis traduire ainsi : « Nous sommes bien embarrassés pour instruire l'affaire de Tulle – et d'ailleurs celle d'Oradour aussi – car le plus grand nombre des accusés traduits devant nous sont des Alsaciens, enrôlés de force dans l'armée allemande. Nous avons la certitude que les vrais coupables ne sont pas là et que les arrêtés ne sont que des comparses. Nous craignons même qu'en les condamnant nous nous donnions le ridicule à la face des peuples de souligner que le crime de Tulle – comme celui d'Oradour – a été perpétré par des Français, alors que les grands responsables allemands sont en sécurité ailleurs. »

Le tribunal ne pouvait donc juger que des comparses ou condamner les autres par contumace.

Le premier cas examiné fut celui du jeune Alsacien dont j'ai raconté comme il avait arraché à la pendaison un petit Français. Son cas n'était pas difficile à juger : il fut non seulement acquitté, mais félicité.

Plus délicat était pour moi d'être mis en présence de vrais Allemands qui étaient à Tulle avec la Das Reich le 9 juin. Avaient-ils participé aux pendaisons et dans quelles conditions ? On était déjà cinq ans après l'événement. J'étais tout à fait incapable de reconnaître dans le civil qu'on me présentait, tête nue, le soldat que je n'aurais pu qu'entrevoir jadis sous l'uniforme et bien casqué. Même s'il avait fait partie du peloton d'exécution, je n'avais aucune chance de le reconnaître, car j'avoue que le 9 juin j'avais autre chose à faire que de dévisager les soldats : je ne voyais que des uniformes, des casques et des armes. Même l'Alsacien du centième condamné, je n'étais pas capable de l'identifier.

Par contre, et je l'ai toujours affirmé sous la foi du serment devant les juges, si j'avais été mis en présence du commandant de la Das Reich, du lieutenant qui m'avait poursuivi de sa haine, de l'adjudant dirigeant le ou les pelotons d'exécution, j'aurais pu les identifier, car eux n'avaient pas de casque et j'avais pu les fixer face à face.

En conséquence, n'ayant jamais pu affirmer que je reconnaissais l'un ou l'autre des Alsaciens ou Allemands qui m'étaient présentés, je n'ai aidé à condamner aucun accusé. Les criminels de guerre n'étaient pas devant moi. Interrogé sur le général Lammerding, j'ai pu apporter la preuve de sa présence à Tulle le matin du 9 juin, grâce à ce que m'avait dit Walter au moment où je le décidais à arrêter les pendaisons.

Je ne me souviens pas d'avoir été interrogé sur le rôle de Paulette Geissler, alors secrétaire allemande de son compatriote commandant à la M.A.T. que certains accusent d'avoir désigné au moins un otage pour les exécutions. Qu'aurai-je pu dire à son sujet ? S'il est vrai que je l'ai vue circuler dans la rue de la M.A.T. et jusqu'au café Tivoli (où, seule femme au milieu des otages et des soldats, tous les otages ne pouvaient faire moins que la remarquer, la cigarette aux lèvres), je n'avais eu rien à faire avec elle et n'avais rien noté de son intervention dans le drame. Je n'ai témoigné ni pour, ni contre elle.

Ce que je veux affirmer, pour répondre à certaines campagnes de presse exagérées, c'est que durant toute la journée du 9 juin, j'ai vu des visages tourmentés, irrités, haineux parfois, mais jamais je n'en ai vu de moqueurs ou de riants. Les Allemands n'étaient pas si fiers que ça ! Ils savaient ce qui les attendait sur les routes vers la Normandie. Ils n'avaient pas le cœur à rire ou à plaisanter, même devant la mort des autres.

Le tribunal condamna quelques Allemands présents à des peines légères et les grands criminels, absents, furent plus sévèrement condamnés, mais par contumace. Ils ne furent jamais extradés et les peines ne furent pas exécutées, pas même pour Lammerding, ce qui est scandaleux.

Les Tullistes l'ont toujours dit, car en ville soufflait un vent de vengeance. Ils ne manquaient pas, ceux qui voulaient en guise de réparations, des exécutions capitales sur le lieu même du crime. Le président du comité des Martyrs n'était pas le moins ardent parmi eux. Ayant vu de ses yeux son fils en marche vers les cordes fatales, il ne pardonnait pas aux nazis et ne cachait pas son intention de tout faire pour obtenir que du sang allemand soit versé à Tulle.

Convoqués ensemble devant le tribunal d'appel de Marseille, nous devions l'un et l'autre, comme témoins principaux, reconnaître comme ayant participé au drame de Tulle un Allemand déjà condamné à Bordeaux.

Le brave président était un ancien instituteur, laïque et incroyant. Habité par le désir de venger son fils, il était prêt – il me l'a dit – à faire un faux témoignage, en affirmant qu'il avait vu cet Allemand conduire son fils au supplice. Un tel témoignage aurait certainement entraîné la décision des juges et la confirmation de la peine. En attendant l'ouverture du tribunal, dans le fort au-dessus du Vieux-Port, je lui fis, confidence pour confidence, cette déclaration : « Sept ans après le 9 juin 1944 je ne suis pas capable de reconnaître, sous la foi du serment, l'homme qui va nous être présenté en civil et tête nue, alors que si nous l'avons vu jadis il était en uniforme et casqué. Je trouve grave de faire condamner quelqu'un sans être assuré de sa culpabilité dans le crime de Tulle. Vous avez enseigné longtemps la morale laïque, vous avez parlé avec conviction sur le parjure et le faux témoignage. J'espère que vous n'allez pas me donner la preuve que vous ne croyez pas à ce que vous avez enseigné. D'ailleurs si vous faites condamner un Allemand en sachant qu'il n'est pas le responsable de la mort de votre fils, cela ne vous le rendra pas. Je serai dans la salle. Je suivrai avec attention votre déposition. Soyez un homme. »

Effectivement je fus appelé à témoigner avant lui. Je me trouve donc dans la salle d'audience quand il entre, tout pâle et tremblant d'émotion. Le juge, un colonel, l'interroge avec beaucoup de tact et de respect pour ce vieillard, blessé si profondément par la perte de son seul fils. Mis en face de l'Allemand déjà condamné à Bordeaux et qui a fait appel, la question fatidique lui est posée : « Reconnaisez-vous le condamné comme ayant participé aux exécutions de Tulle ? » Le drame qui se joue dans l'âme et la conscience du vieil instituteur, je le lis sur son visage. Je prie pour lui. Il fixe l'Allemand. Après un long moment de silence, détournant sa tête et son regard dans ma direction, il s'arrache un dur : « Non. »

Ce non héroïque ne manque pas de toucher le tribunal. L'Allemand est relaxé.

Ce jugement étant rendu, l'avocat de la défense demande au président du tribunal l'autorisation de dire un mot. Il veut, associant l'instituteur et le prêtre, nous remercier de l'honnêteté de nos témoignages. Je suis un peu gêné de cet hommage : aurions-nous favorisé un nazi ? En réponse à ma crainte, voici que l'officier faisant fonction de procureur, donc d'accusateur, se lève à son tour pour nous remercier et nous féliciter. Je respire mieux : nous n'avons pas desservi l'accusation. Ne voulant pas être en reste le colonel-président s'associe à l'hommage rendu à la dignité, à l'impartialité et au courage de nos témoignages. J'ose préciser qu'il insiste particulièrement sur les déclarations de « M. l'Aumônier. »

N'ayant pas l'habitude des tribunaux, que je ne connais guère que par les scènes vues à la télévision, où je n'ai jamais rien vu de semblable, je me demande pourquoi on a félicité des hommes qui étaient bien obligés de parler « en leur âme et conscience ».

A la sortie du tribunal militaire, prenant le bras de mon vieil instituteur, qui en avait bien besoin, je lui dis : « Moi aussi je vous félicite, et avec plus de raisons que ceux qui viennent de le faire au tribunal. Vous êtes un homme digne et un vrai laïque. Je vous offre une bonne bouillabaisse, vous l'avez bien méritée. Ainsi fut fait. Mais hantés par de terribles souvenirs – j'en demande pardon aux Marseillais – nous n'avons pas trouvé bonne leur bouillabaisse.

Relations nouvelles

Mes démarches auprès des familles des pendus comme aussi le travail de leur identification, en raison de mon appartenance aux équipes d'urgence de la Croix-Rouge, étaient comptés au nombre des services rendus en Corrèze par cette bienfaisante association. Ce jugement, vrai en partie seulement, allait avoir pour moi une conséquence imprévue, en me lançant dans des relations nouvelles.

Dans l'organisation de la Croix-Rouge, le gouvernement de la Libération venait d'introduire un changement notable : les responsables départementaux au lieu d'être nommés par la direction de Paris devaient être élus par les membres adhérents du département. Le président en activité, le général de Bournazel – le père du fameux héros du Maroc – trouva indigne de lui et des services rendus depuis si longtemps de se soumettre à élection, exemple suivi par d'autres membres du comité, et non des moindres. D'où difficultés pour composer une liste de candidats. On ne se bousculait pas aux portes ! D'où l'idée du secrétaire de me mettre sur la liste. Naïvement je donnai mon acceptation, bien persuadé que cela ne tirerait pas à conséquence. Or le résultat de ces premières élections fut surprenant. La présidente (mais oui, une femme) du comité de Tulle arrivait en tête. J'arrivais en deuxième position, juste devant Edmond Michelet, depuis peu revenu de Dachau avec tout le prestige de son action charitable dans ce lieu de souffrance. Comme la mieux élue ne voulait pas de la présidence, disant qu'il y fallait un homme (les mœurs n'avaient pas encore évolué), elle me fut offerte. Je la refusai, n'ayant ni le temps ni la compétence nécessaires pour cette charge, mais je dus accepter la vice-présidence du comité départemental. Pour la première et dernière fois que je me suis soumis au verdict populaire, j'avais de quoi être surpris. Je suis resté à ce comité jusqu'à mon départ pour Bort, mais j'ai toujours gardé un grand dévouement à la Croix-Rouge française.

En ce comité j'ai trouvé de hautes personnalités et plus d'un nouvel ami.

Dans le même temps, et toujours pour les mêmes motifs, l'aumônier du lycée nouait des relations avec les hommes politiques du département. A cette époque, ils étaient tous de gauche. L'un des plus anciens et importants m'avait dit après le drame du 9 juin : « Pour vous montrer l'estime que j'ai pour vous et combien je respecte votre qualité de prêtre, si vous mouriez avant moi, je vous promets d'entrer à l'église pour vous accompagner, moi qui n'y entre jamais. » Il est mort avant moi et il a été enterré civilement.

Autre exemple caractéristique de cette époque et de la place que j'y tenais. Une fête étudiante avait été organisée à l'école normale d'institutrices de la Corrèze. Quand on sait à quel point, chez nous, les écoles normales étaient le sanctuaire fermé de la laïcité la plus anticléricale, le seul fait d'y avoir été invité – quoique prêtre et en soutane – était un événement et une authentique « première ». Elle n'était pas de nature à plaire à tous les autres invités. Au point que beaucoup, ostensiblement, me laissèrent de côté.

Se trouvait là, quelques jours à peine après son élection, le nouveau député socialiste de Tulle, Jean Montalat. A l'entracte, me voyant un peu isolé, il ose m'inviter à prendre une coupe de champagne avec lui au bar, et à arroser, avec tout le haut gratin de la laïcité locale, son succès aux élections. Et là, devant ce milieu si peu favorable à la religion, il me dit de façon que tous puissent l'entendre : « Ce qui m'a été le plus désagréable, pendant la campagne électorale, c'est d'avoir été traité d'anticlérical. » Il faut dire qu'il venait de battre le très chrétien Edmond Michelet ! Et il ajouta : « Vous qui me connaissez bien, M. l'aumônier, vous savez bien que ma famille et moi ne sommes pas irréligieux. »

Paroles courageuses, surtout venant après l'élection et dans ce milieu. En aparté il me dit : « Considérez-moi comme votre député. Si vous avez besoin de moi, n'oubliez pas que je suis votre ami. »

M. le ministre Champeix, sénateur de la Corrèze et président du groupe socialiste au sénat, est d'une extrême déférence pour moi et il est de ceux qui m'ont porté à la présidence de la section corrézienne des membres de la Légion d'honneur, « décorés au péril de leur vie. »

Dans cette section, peu nombreuse mais de qualité, se trouve un autre ancien ministre socialiste de l'équipe de Léon Blum dans le ministère duquel il était chargé de l'Économie et des Finances, Charles Spinasse, ainsi qu'André Monteil, qui fut ministre dans le ministère Mendès France. On y trouve aussi un champion olympique, Alain Mimoun, des généraux, des colonels, les plus grands résistants et déportés du département et de valeureux combattants des deux guerres. D'être à leur tête me comble de confusion, car ils sont tous plus méritants que moi. Je pense qu'ils m'ont pris à cette place pour les servir : je m'efforce de le faire et j'y passe pas mal de temps.

Pour en revenir à mes relations avec les personnalités politiques, personne ne sera surpris, après ce que j'ai déjà dit, que j'évoque celles assez suivies avec Edmond Michelet. Au temps où il était ministre du général de Gaulle j'ai présidé le mariage d'une de ses filles. Il m'a reçu dans ses bureaux de la place de la Concorde ou à son domicile, et surtout nous n'avons jamais cessé de correspondre, d'ailleurs le plus souvent de mon côté pour lui demander un service.

Par mes relations dans le milieu politique – mais sans m'inféoder jamais à un parti – j'ai pu être un peu l'« aumônier des grâces ». Qu'on m'entende bien : jamais je n'aurais voulu soutenir un passe-droit. J'ai seulement présenté des causes justes en difficulté, ayant peine à se faire entendre ou à trouver la bonne porte à laquelle frapper.

Un exemple. Un Italien dont l'enfant avait besoin d'une bourse pour partir en pension y avait droit à la condition que son père soit naturalisé français. Cette naturalisation était en cours, mais n'aboutissait pas assez vite. Je vais voir à la préfecture où en est le dossier, pour le pousser un peu au besoin. Le chef de cabinet me montre que le nécessaire a été fait en Corrèze, que tout dépend de Paris. « Pour faire avancer le dossier il faudrait connaître quelqu'un au ministère. – A quel ministère ? – A celui de la Santé. Y connaissez-vous quelqu'un ? – Oui, le ministre. » Celui-ci était en effet André Monteil. A mon appel il répond tout de suite : « Je fais le nécessaire. » Mais un mois passe, toujours rien et la rentrée scolaire approche. J'écris de nouveau. La réponse par retour du courrier dit à peu près ceci : « Ce n'est pas mon ministère qui retarde, mais celui des Affaires étrangères qui fait une enquête. Mais puisqu'il y a urgence, je prends aujourd'hui même un décret de naturalisation pour ton protégé, avec la seule réserve que ladite enquête ne soit pas défavorable. »

Je dois remercier tous ces ministres, députés, préfets, hauts magistrats, grands commis de l'État qui ont bien voulu accepter mon rôle d'avocat bénévole des causes désespérées. Mais, de ce chef, que de visites reçues, que de lettres envoyées ont dû trouver place dans mes activités pastorales ! Je dis bien pastorales, car dans beaucoup des cas qui m'étaient confiés c'est bien au prêtre que d'abord on se fiait.

Les gens pensaient et quelquefois disaient : « Vous avez su vous faire écouter des Allemands pour obtenir des grâces : les autorités françaises vous écouteront ! »

Je dois reconnaître que très souvent ce fut vrai.

Toujours sur ce même sujet – car lui surtout a reçu beaucoup de mes demandes – je dois évoquer mes rapports avec M. Jacques Chirac.

Il n'était qu'un tout jeune homme, chargé de mission au cabinet de M. Pompidou, lorsque celui-ci le lança à la conquête du poste de député de l'arrondissement d'Ussel, dont Bort-les-Orgues fait partie.

Voulant prendre le plus de contacts possible avec la population et même avec le clergé, il me fit demander de le recevoir.

Sans prévoir la dimension nationale que prendrait ce « jeune loup », je garde un souvenir très précis de notre première rencontre.

Son physique jouait certes en sa faveur ainsi que sa distinction et sa bonne éducation, et le premier coup d'œil était favorable. Nous n'avons aucune peine à trouver des points communs, car j'avais connu à Brive son grand-père, éminent directeur d'école laïque, et j'avais même assisté en ses derniers moments sa grand-mère à qui j'avais donné le sacrement des malades.

Ce qui fit ma conquête dépasse tout cela. Sans perdre de temps, il me met au courant de ce qu'il vient faire et de la part de qui. J'objecte : « Vous ne savez pas où vous mettez les pieds. La haute Corrèze est depuis longtemps très à gauche : radicale, socialiste et même communiste. Vous n'avez aucune chance. – M. le Doyen, nous avons fait des études très poussées sur les possibilités réelles de ce pays. Notre analyse nous dit que cette région qui se dépeuple et se dévitalise peut être sauvée : c'est sa survie et son organisation économique qui nous intéressent. Nous pensons que la politique locale, et en particulier le radicalisme, par intérêt électoral, en distribuant des bourses d'études et des places dans les administrations

– dans laquelle ne trouve-t-on pas des Corréziens ? – a vidé le pays de ses cerveaux, de ses éléments dynamiques. Notre souci est de redonner vie à cette contrée. Nos études nous montrent que c'est encore possible, mais qu'il faut faire vite. Notre action sera d'abord d'empêcher de mourir ce qui est encore vivant comme industries locales, même petites, ensuite de développer à partir de ce qui existe et qui est capable de progrès, enfin d'implanter quelques affaires, en harmonie avec le pays, et capables d'y fixer le plus possible de jeunes. »

Sur ce thème où il n'était question ni de politique politicienne, ni de droite ni de gauche, mais d'une politique économique de développement, comment ne pas être d'accord avec le brillant candidat ?

Sa percée fut ce que toute la France sait, rendue possible par un travail acharné, lui permettant de connaître presque tous les habitants de sa circonscription et au moins tous les élus municipaux. Je suis témoin du sacrifice qu'il sut s'imposer de tout ce qui n'était pas sa tâche de candidat, puis de député et encore bien plus de ministre. Je ne crois pas exagérer en disant que tout son temps – presque sans jours de repos ni vacances – il l'a donné à son « métier » d'homme politique.

Il est celui que j'ai le plus fréquenté, et jusque dans sa vie familiale, et le plus estimé... le plus utilisé aussi pour mon ministère des grâces, celui auquel je reste le plus attaché, suivant avec plaisir sa mise au service non plus d'un des plus pauvres arrondissements de France, mais de Paris... où il arrive au moment où j'écris.

Par lui j'ai été présenté à M. Georges Pompidou, à M. Giscard d'Estaing et à M. Michel Debré.

Qui, à l'époque de ma naissance, en ce temps où la politique était si anticléricale, aurait pu prophétiser au petit Jean du Cloucheyrou qu'il serait en relation avec les hommes politiques du pays et jusqu'aux plus hauts, et en tant que prêtre, car je ne suis pas autre chose ?

J'ai senti tout cet imprévu de ma vie sacerdotale le jour où, décorant de l'ordre national du Mérite le dernier sauvé du 9 juin, j'ai prononcé la formule si banale pour certains mais si extraordinaire dans ma bouche de simple prêtre corrézien :

« Au nom du président de la République, je... »

5

ENFIN CURÉ

Départ de Tulle

Revenons en arrière à l'annonce de ma nomination à la cure de Bort, mon père s'écrie : « Laisse-moi mourir à Tulle. » Ma mère, plus avertie des choses ecclésiastiques, dit simplement : « Mon petit, nous ne devons pas t'empêcher de faire ce que tu dois. C'est à toi de décider, pas à nous. »

Mon oncle, devenu archiprêtre de Brive, consulté à son tour, me dit avec toute sa spontanéité : « Si à ton âge on m'avait offert Bort, j'y serais allé à genoux ! »

Mon cœur était bien partagé quand j'allai porter la réponse positive à Mgr l'Évêque.

Alors que pendant les neuf ans de séjour à Tulle j'avais rendu des services dans beaucoup de paroisses du diocèse, jamais je n'avais été appelé à Bort. Cette paroisse m'était complètement inconnue. Je demande donc quelques renseignements à mon évêque. « Il n'y a pas grand-chose d'organisé, mais il y a beaucoup de possibilités. Vous verrez bien ! » Il m'imposa une seule consigne, sans m'en donner la raison : « Vous changerez le presbytère de place. » Il ajouta enfin pour m'encourager : « Vous trouverez sur place une personne de grand dévouement sur laquelle vous pourrez vous appuyer, Madame Guillard. »

Curieux d'en savoir plus, avec un ami avocat, je prends la route de Bort, pour y avoir un premier contact avec le doyen que j'allais remplacer.

Celui-ci, prêtre distingué, licencié ès lettres, avait été longtemps professeur, aumônier militaire pendant la guerre et compagnon d'études et ami du cardinal Roques, devenu depuis archevêque de Rennes. Malheureusement il était atteint depuis plusieurs années de la maladie de Parkinson, qui le rendait presque incapable de se mouvoir et de parler. J'avais l'avantage de le connaître car il était un ami de mon oncle prêtre. J'allais à lui les bras tendus.

Au lieu de l'accueil chaleureux que j'attendais, je fus reçu par un lent mais sec : « Ce n'est pas vous qu'on attendait. » A l'évêché on ne m'avait pas tout dit, ni l'essentiel. Ma nomination provoquait un double drame. Le doyen avait été poussé, pour ne pas dire plus, à donner sa démission contre son gré. Or en ce temps-là le doyen était « curé inamovible » d'après le droit canonique, c'est-à-dire que l'évêque ne pouvait le déplacer ou le mettre à la retraite sans son accord. Pour arracher sa démission à mon prédécesseur, l'évêque avait dû accepter qu'il se retire sur place et le bon curé avait rêvé de finir ses jours en compagnie d'un successeur qu'il s'était choisi, qu'il utilisait déjà depuis longtemps pour l'aider et qu'il souhaitait comme coadjuteur avant de lui céder la place. A ce prêtre, qui avait été vicaire à Brive en même temps que moi, Monseigneur voulait confier justement une charge semblable auprès de notre ancien curé de Saint-Sernin. Pourquoi ne pas m'envoyer à Brive aussi bien qu'à Bort ? Je pense qu'on voulut éviter même les apparences du népotisme ! Mon oncle étant archiprêtre, si je devenais curé de Saint-Sernin, la famille aûrait occupé les deux paroisses les plus importantes du diocèse. Alors, au lieu de m'envoyer à Brive on m'expédiait à Bort, et celui qui y était désiré partait pour Brive. Premier drame. De plus je paraissais bien jeune au doyen, car j'avais dix ans de moins que celui en qui il voyait un coadjuteur.

Le deuxième drame était peut-être plus grave encore. Madame Guillard, celle sur qui je devais pouvoir m'appuyer, était la grande dame patronnesse, la bonté même, comme devaient le prouver nos bonnes relations pendant près de vingt ans de confiante collaboration. Sentant les dangers qui me menacent, elle accourt au presbytère dès qu'elle est avertie que j'y suis, pour me dire : « M. l'Abbé, je ne vous connais pas, mais si j'ai un conseil à vous donner, ne défaites pas votre valise et repartez à Tulle. » Vingt-cinq après, je me demande toujours comment je n'ai pas suivi ce conseil. Il fallait que ma vocation de curé soit solide pour résister à une telle opposition.

D'où pouvait-elle venir ? Tout finit par se savoir ! En allant à la Cascade, usine qui possédait un aumônier et des religieuses, le bon chanoine qui m'y reçut à cœur ouvert – il avait été mon premier professeur au petit séminaire – m'expliqua la situation. Le premier vicaire de Bort, de retour de captivité, d'ailleurs un peu parent de son curé, était très apprécié des paroissiens. Il était très lié d'amitié avec un vieux garçon qui était un peu le « deuxième vicaire de la paroisse ». Il passait chez lui tous les jours des heures entières. Avec Mme Guillard, ce paroissien d'élite prit l'initiative d'organiser une délégation paroissiale pour aller à l'évêché demander la nomination du premier vicaire à la cure de Bort. Mgr l'Évêque leur aurait dit : « Je vous ai compris. Vous voulez un curé jeune, actif, ayant de l'expérience. Ne me donnez aucun nom. J'ai ce qu'il vous faut. »

Ma nomination déjouait donc tous ces plans. J'étais une déception, et je ne m'en doutais pas.

Autre circonstance aggravante : l'on était dans les années qui suivaient les drames de la Libération, particulièrement marquée à Tulle et à Bort... mais pas dans le même sens.

A Tulle, pris en qualité d'otage, j'étais du côté des résistants. A Bort au contraire, M. le Maire, frère de Mme Guillard, considéré à tort d'ailleurs comme collaborateur, avait été abattu par le maquis de la haute Corrèze ainsi qu'une bonne douzaine de Bortois, les meilleurs chrétiens de la paroisse. La Résistance était donc en suspicion auprès de l'élite des Bortois et il était facile à ceux qui ne souhaitaient pas ma présence de me faire passer, et ce n'était pas faux, comme un prêtre favorable au maquis, ayant été leur aumônier. N'avais-je pas en outre été plus ou moins mêlé au comité de Libération ? De ce seul fait, tout une partie de la population ne m'était pas a priori favorable. Triste époque !

Mes difficultés ne s'arrêtaient pas là. Je devais prendre avec moi au presbytère mon père et ma mère. Or mon prédécesseur devait y loger aussi avec sa gouvernante, et le vicaire que l'on avait souhaité comme curé, bien que nommé ailleurs, devait rester sur place six mois environ pendant qu'on faisait des réparations dans sa nouvelle paroisse, et un deuxième vicaire logeait aussi sous le même toit. La maison inconfortable, mal distribuée, sans chauffage, se prêtait mal à l'établissement et à la vie commune d'un groupe aussi disparate.

Eh bien, malgré tous ces handicaps, je me laissai installer curé de Bort.

Avant de déménager et de placer mes parents dans cette

situation crucifiante, je fis tous mes efforts pour persuader mon prédécesseur que sa présence au presbytère serait pénible pour moi, mais aussi pour lui. « Comment se fait-il que vous n'ayez pas accepté de vous retirer à Brive, dans notre maison St-Joseph réservée aux prêtres ? Dans cette ville où vous avez enseigné si longtemps, où vous comptez tant d'amis et de parents, vous seriez bien mieux qu'ici et vous ne souffririez pas des changements que, comme tout nouveau curé, je ne vais pas manquer de faire dans la paroisse et où vous risquez de voir une condamnation de votre propre organisation. – On ne me l'a pas offert. – Et si on vous l'offrait ? – J'irais. » Je lui fis répéter deux fois cette affirmation et sans plus attendre je saute dans ma voiture (car j'avais acheté ma première voiture d'occasion, une 4 CV Renault) et je vais à l'évêché faire part de la bonne nouvelle. « Monseigneur, vous m'avez mis dans le pétrin. Je vous porte le moyen de m'en sortir. » Et j'explique l'acceptation du vieux doyen de partir à Brive. « Mais il n'y a pas de place libre à la maison St-Joseph », s'écrie l'évêque. Non decouragé, je continue : « Veuillez me donner la permission d'aller voir sur place et de régler la question avec la supérieure de la maison. » Il m'y autorise. Arrivé à Saint-Joseph, je mets au pied du mur la bonne religieuse, qui par chance était originaire de Bort et connaissait bien le problème paroissial. Au prix du sacrifice de la pièce qui servait de salle de communauté aux religieuses qui durent se réfugier presque dans la cave, elle décida de recevoir le vieux chanoine malade et sa gouvernante.

Ce départ accompli, je pouvais penser à faire venir mes parents et mes meubles. Hélas ! Nouveau drame. Trois semaines après mon installation de curé, à laquelle il avait assité, mon oncle prêtre fut victime d'une congestion cérébrale et, à soixante ans, se trouva immobilisé et hémiplégique. Au lieu de venir à Bort, ma mère, sa sœur unique, partit à Brive le soigner. Mon père, déjà bien usé, se trouvait donc seul dans notre petit appartement de Tulle, maudissant une fois de plus ma nomination à Bort.

Toute la famille estimait que si je n'avais pas quitté le lycée j'aurais pu être nommé coadjuteur de mon oncle, au lieu de partir dans la montagne. Tout était déconcertant dans les circonstances qui entouraient cette nomination de curé-doyen !

Pour moi, tout était providentiel. Le Seigneur me voulait à Bort et pas ailleurs.

Ma mère put quitter son frère vers Noël, préparer notre

déménagement, et tous trois étions de nouveau réunis, mais dans un presbytère vétuste, sale et sans aucun confort.

Mais je pouvais débuter en cette vie, rêvée, de curé.

Bort-les-Orgues

Il me semble que pour bien situer mon action de curé, je dois présenter la ville où elle va s'exercer.

Bort-les-Orgues, sa devise le dit, est « l'extrême bout du Limousin, côté Auvergne », en Corrèze mais aux confins du Cantal et du Puy-de-Dôme.

Cette élégante petite ville d'un peu plus de cinq mille habitants est située sur les deux rives de la Dordogne (qui, si elle n'est pas un fleuve, est la première rivière de France) qui, au pied des Orgues, longue chaîne de roches basaltiques d'où la vue s'étend par-dessus l'agglomération jusqu'aux monts d'Auvergne, du Puy Mary au Sancy, seigneur de la région. Je possède une vue aérienne de Bort. La ville y apparaît comme un grand paquebot amarré à ce môle que forment les les orgues, avec en arrière-plan cette mer intérieure qu'est son lac.

Toute la ville se trouve en effet depuis 1951 juste en aval du grand barrage que l'E.D.F. a construit pour créer un réservoir de 500 millions de m^3 d'eau, duquel émerge sur un rocher, comme s'il avait été bâti pour jouir d'un lac immense à ses pieds, le fameux château de Val, forteresse du XVe siècle, devenu propriété de Bort et pièce maîtresse du tourisme dans toute cette région.

La présence de ce barrage haut de 100 m, s'il est un atout pour le tourisme, n'en met pas moins Bort « au péril des eaux. »

Au creux de la vallée, Bort est une petite cité industrielle. La seule à attirer la main-d'œuvre régionale d'Auvergne, grâce à ses deux usines : les Tanneries-Maroquineries, avec plus de quatre cents ouvriers et les Ets Mas, ateliers de confection en série pour hommes, avec aussi près de cinq cents ouvrières. Pour une petite ville isolée aux limites de trois départements et au lieu de rupture de deux régions économiques, avec tous les handicaps que représentent ces frontières départementales et régionales, avoir 20% de sa population travaillant en usine est déjà exceptionnel. Y ajouter un lycée technique, un C.E.S., un hôpital, deux maisons de retraite, un I.M.P., et surtout une variété et une qualité rare de commerces, sans oublier les activités du tourisme, avec campings, locations nombreuses chez l'habitant, permet de comprendre que Bort soit une petite capitale... dans son coin.

Une anecdote le confirmera.

Nul n'ignore que Georges Pompidou est né à Montboudif, tout petit village du Cantal, à une vingtaine de kilomètres de Bort. En visite dans cette ville, alors qu'il était Premier ministre du général de Gaulle, il conta ce trait : « C'était pendant la Grande Guerre. J'étais élevé par ma grand-mère, pendant que mon père était au front. Comme elle était institutrice et que j'étais son bon petit élève, un jour elle me dit : « Pour te récompenser, je vais t'emmener voir une ville. » Par la diligence nous descendîmes de nos montagnes dans la riante vallée de la Dordogne. Et c'est ainsi que la première ville de France qu'il m'a été donné de voir a été Bort. »

Ce simple chef-lieu de canton, du fait de sa situation géographique, vers lequel convergent toutes les routes et lignes de chemin de fer de la région, est le premier lieu d'urbanisation pour les populations rurales du pays de l'Artense, qui se dépeuple au profit de Bort. Les statistiques le démontrent, le rôle de moteur économique qu'a Bort pour ces dizaines de communes rurales en perte de vitesse, ne cesse de croître.

La presque totalité des habitants, sans remonter à plusieurs générations, a ses racines dans le Cantal ou le Puy-de-Dôme. Les maisons et les commerces qui se vendent trouvent presque toujours acquéreurs dans la même zone. Phénomène inverse, la vitalité bortoise déborde les limites de la commune... et du département; nombreux sont ses habitants qui se font bâtir leur maison individuelle (ou résidence secondaire) dans l'une ou l'autre des deux communes du Cantal les plus proches : Madic et Lanobre.

A tel point qu'un « contrat de pays » – l'un des premiers du genre – vient d'être mis en route sous le titre de « comité Bort-Artense », dont le but est de « rechercher et de mettre en œuvre toutes mesures propres à contribuer à l'aménagement et au développement économique et social du pays de Bort et de l'Artense, », et dont l'aire d'action s'étend au canton de Bort en Corrèze, mais aussi à ceux de Saignes et Champs, dans le Cantal, et à toutes les communes limitrophes du Puy-de-Dôme.

Au moment où j'y arrive, Bort est très marqué par la construction du barrage qui vient de s'achever. Le lac artificiel créé est déjà là. Pour sa construction, des milliers d'ouvriers, techniciens, maîtres d'œuvre, ingénieurs se sont établis à Bort, des cités ont été édifiées pour eux. La population de l'agglomération a atteint 10 000 habitants. Période d'activité, de prospérité, pour les commerçants surtout, avec de réels avantages pour tous, mais aussi avec d'évidents inconvénients : afflux de travailleurs étrangers, déracinés, allant jusqu'aux sortis de prisons, sous surveillance judiciaire. Les mœurs du pays en furent un peu transformées, et pas toujours en bien. A mon arrivée le reflux des ouvriers était commencé. La population diminuait assez vite pour se stabiliser autour de 5 000 habitants.

Autre circonstance notable : la création du barrage et du lac avait noyé la ligne de chemin de fer qui suivait la vallée, sur une vingtaine de kilomètres, coupant du même coup les relations ferroviaires avec Paris. Malgré les engagements pris et signés conjointement par l'E.D.F. et la S.N.C.F. de rétablir ce tronçon de ligne avec un autre tracé, rien ne se faisait, en raison de la mauvaise volonté de la S.N.C.F, qui voulait profiter de l'occasion pour supprimer une ligne de montagne considérée comme non rentable.

Non seulement les Bortois, mais tous les habitants de la région sentirent le danger d'un tel état de chose pour l'avenir économique d'un pays n'ayant plus de relations directes avec Paris, alors que la ligne persistait en direction de Neussargues et d'Aurillac. D'où un esprit revendicatif à l'égard de l'E.D.F. et de la S.N.C.F., qui maintenait le mécontentement et devait provoquer des manifestations sans autre résultat que de gâter les relations entre l'E.D.F. et Bort, au grand détriment de cette ville.

Le nouveau curé de Bort ne pouvait pas ne pas être marqué par ces circonstances qui avaient tant d'importance pour le milieu où il allait vivre.

Être curé c'est prendre en charge toute une population comprise dans des limites territoriales données, afin de l'aider dans sa vie religieuse. Mais comme celle-ci doit prendre son départ et s'insérer dans la vie quotidienne des gens, le curé doit d'abord connaître les personnes pour lesquelles il vient, et leurs problèmes. Après seulement viendra son travail propre. Celui-ci va de l'organisation la plus matérielle du bâtiment qu'est l'église, de son adaptation aux goûts du temps et à l'évolution de la liturgie, jusqu'à la vie spirituelle des paroissiens, jeunes, adultes et vieux, en passant par la préparation et la réception des sacrements, les catéchismes, les réunions de formation pour adultes, les offices, les sermons du dimanche, sans oublier les articles pour le journal paroissial et les mille visites faites ou reçues afin d'aider les paroissiens à résoudre leurs problèmes matériels, spirituels ou ayant trait à l'éducation des enfants.

Pour cette si nécessaire prise de contact avec les Bortois, je fus aidé par une circonstance pour une fois favorable.

Une mission paroissiale avait été prévue pour le mois d'octobre suivant celui de mon installation. Ma première grande occupation fut donc de la préparer, et d'abord par le lancement de l'*Echo des Orgues*. Un gros effort fut fait pour établir le fichier des futurs abonnés, rue par rue, numéro par numéro, de manière à avoir le nom et l'adresse de tous les foyers.

De plus, avec les religieux missionnaires, nous nous répartîmes la visite de tous les foyers de la ville. Il y avait trois équipes chacune composée d'un missionnaire et d'un membre du clergé local. Avec le supérieur, je fis donc la visite du tiers des paroissiens. Ce religieux entrait et sortait des appartements en prenant à peine le temps de lancer son appel stéréotypé à venir à la mission, sans engager jamais la moindre conversation. Je restais en arrière et prenais la peine de me présenter et de faire un peu connaissance avec mes paroissiens. Dès ce premier contact, je savais que je pouvais passer partout et que j'y serais bien reçu.

Un samedi nous frappons à une porte derrière laquelle on entend beaucoup de bruit et d'éclats de voix. Nous entrons et nous nous trouvons en face d'une mariée en blanc, de son époux et de leurs invités. Tous fort surpris de notre irruption, car il s'agissait d'un mariage purement civil ! Quand il se rend compte de la situation le missionnaire tourne les talons et sans un mot quitte l'assistance. Pour moi, je reste, dis un mot aimable aux jeunes mariés et à leurs invités. Étonnés de mon attitude, et ravis, ils m'offrent le verre de l'amitié et je trinque au bonheur du couple. A de petites touches comme celle-là, les Bortois comprirent vite qu'ils avaient un « nouveau curé ».

Les oppositions du début tombèrent vite, et n'ayant pas l'épiderme très sensible, je ne souffris jamais beaucoup des regrets ou des critiques qu'on pouvait faire dans mon dos.

J'étais tellement persuadé que l'amour que j'avais au cœur pour tous ceux vers qui le Seigneur m'envoyait finirait par se voir que je n'ai jamais douté de mon adoption par les Bortois. J'étais et je suis resté, malgré les aléas d'un long ministère au même endroit, résolument optimiste et décidé, jamais ni désespéré ni hésitant.

La mission ne fut pas cependant une réussite. Certes il y eut beaucoup de monde aux cérémonies, des retours à Dieu visibles et surprenants, mais à la fin le supérieur de la mission me dit : « M. le Doyen, je vous plains : vous n'avez pas un militant à Bort. » Je reçus le coup, me disant : « Il n'a pas su les voir. Je les trouverai, ou j'en formerai. »

Pendant cette mission j'eus la douleur de perdre mon père. Épuisé par une vie de travail poussée trop loin en raison de la difficulté de vendre l'hôtel à cause de la période troublée de la guerre et de ses suites, il tomba brusquement. L'un des missionnaires lui donna le sacrement de pénitence, mais je me réservais de lui porter la communion et de lui administrer le sacrement des malades. Il s'éteignit doucement. La sympathie unanime des Bortois se manifesta en cette occasion de telle manière que je pus écrire dans l'*Echo des Orgues* qu'entre eux et moi « désormais des relations de famille » venaient de s'établir.

L' Écho des Orgues

Autrefois, dans les années 1924-25, un de mes prédécesseurs avait créé un petit bulletin paroissial, sous forme d'une revue. Lui qui était poète et musicien, jouant sur le nom de la ville, lui avait donné un titre gracieux, que je repris lorsque j'eus décidé de lancer un vrai journal paroissial, pour préparer la mission. Au format bulletin je préférais le format journal pour éviter de faire trop clérical et davantage journal local. Cet objectif, je l'ai poursuivi avec constance durant vingt-quatre ans. Tout de suite je puis affirmer que cet *Echo* qui m'a donné tant de travail a été mon grand moyen d'action dans chaque foyer de la paroisse.

Par lui, chaque mois – en réalité dix fois par an – j'avais la possibilité de parler à tous les Bortois, pratiquants ou non, car j'avais posé le principe suivant, dès sa parution : chaque foyer Bortois recevra l'*Écho*. Seuls ceux qui l'ont refusé deux fois de suite cesseront de le recevoir. Même ceux qui n'en acquittent pas l'abonnement n'en sont pas privés. J'ai constaté souvent que ceux-là mêmes qui ne le reçoivent pas – pour raison de parti – le lisent chez des voisins, ne serait-ce que pour me critiquer.

Jeune séminariste, j'avais été converti à la place de la presse dans la formation de l'opinion publique – et donc d'une mentalité paroissiale – par des causeries sur ce sujet faites par l'abbé Desgranges, connu par ses conférences contradictoires en face des anticléricaux de la période avant et après la Grande Guerre.

Mon expérience prouve que le prêtre-député avait raison.

L'*Écho des Orgues* fait partie du *Journal paroissial* de Limoges qui édite des centaines de titres divers utilisant le même fonds commun. La partie propre, c'est-à-dire rédigée pour Bort, est de deux pages au moins. Le reste est pris, au choix, dans la partie commune éditée par le *J.P.* de Limoges.

Sauf de rares exceptions et une certaine période où l'*Écho* était interparoissial pour le canton, je suis le seul rédacteur des pages propres à Bort. Certains, à la direction du *J.P.* en particulier, blâment cette manière de faire. Ils préféraient une rédaction à laquelle participeraient plusieurs paroissiens. Je suis bien de leur avis, mais je n'ai pas su trouver ces collaborateurs. D'autre part j'ai trouvé de grands avantages à une rédaction plus personnelle, du côté du curé qui peut ainsi mieux s'exprimer en s'adressant directement à tous ses paroissiens, du côté des lecteurs surtout, car j'ai constaté qu'ils ne lisent guère que les pages propres à Bort, bien que les pages communes, rédigées par des spécialistes, soient d'une qualité supérieure à celle qu'écrit leur curé : mais ils sont ainsi faits qu'ils le lisent et négligent ce que les journalistes de métier ont écrit.

L'*Écho* se présente toujours sous la même forme. En tête l'article signé J.E. Il traite de sujets variés mais souvent à thème religieux, voire apologétique, car s'il n'en reste qu'un à faire l'apologie de la religion du Christ, je serai celui-là !

D'une toute autre veine ont été les articles ayant pour but d'annoncer, d'expliquer, de faire admettre les grands travaux de restauration de l'église, les innovations liturgiques intervenues après le concile Vatican II, comme ceux qui lançaient les activités paroissiales extraordinaires : le Congrès eucharistique, les missions, les ordinations, etc.

Sur l'*Écho des Orgues*, je puis conclure mes informations en affirmant que si un curé dirige sa paroisse, j'ai dirigé la mienne pendant vingt-quatre ans par le moyen de ce journal paroissial.

Premiers contacts

Moyen de connaissance, moyen d'influence, l'*Écho* n'a pas supprimé les autres contacts, plus directs, avec les Bortois.

Au lieu de faire la visite systématique de chaque maison, comme les missionnaires, j'ai préféré prendre comme principe de saisir toutes les occasions offertes pour aller dans les familles, mais de m'interdire les visites sans objet précis. A tel point que lorsque je me présente à un foyer, on peut être sûr que j'ai un motif certain de le faire. Certains de mes prédécesseurs avaient des familles

« amies » où ils allaient régulièrement en visite, parfois chaque jour ou chaque semaine, pour le plaisir. J'ose affirmer que je n'ai adopté ce genre de relation avec aucune famille. Je vais partout où ma présence est utile. Pour le reste je m'abstiens. La formule de saint Paul : « Autant qu'il dépend de vous, soyez bien avec tous » a été la mienne. Bien avec tous, trop bien avec personne, ajouterai-je.

Cependant, pour un quartier éloigné, une cité ouvrière qu'on me représentait comme le « petit Moscou » de Bort, je résolus d'en faire la visite, foyer par foyer, avec le seul motif de me présenter aux habitants de cette cité et de prendre la température religieuse de chaque maison. Par l'*Écho* j'avais annoncé cette visite et son but religieux.

Dans les toutes premières visites, j'entre dans une petite maison où je sens de l'hostilité, dès la porte ouverte. La famille est à table. Je m'excuse d'arriver à un moment si mal choisi. Le chef de famille, sans me saluer, sans se lever de table, me dit : « Je n'aime pas être dérangé pendant que je mange. » Plus grave, la mère de famille et sa fille sortent et j'appris après coup qu'elles s'étaient réfugiées chez une voisine. Je devine à cette réception froide, à ce départ, que le mari a dû se vanter : « Si le curé vient chez moi, je ne le recevrai pas. » En un éclair, avec une pensée vers l'Esprit-Saint, je comprends que s'il parvient à ses fins, la nouvelle se répandra comme une traînée de poudre dans la cité et que ses camarades du même parti ne voudront pas se montrer moins durs que lui. Alors je me décide à faire face. Au lieu de sortir je me mets à lui parler, à lui dire pourquoi je viens, comment je ne peux trouver les travailleurs qu'après la sortie d'usine, qu'on dit que les curés vont chez les bourgeois et pas chez les ouvriers. Que ceux-ci ont intérêt à pouvoir parler avec leur curé, ne serait-ce que pour savoir ce qu'il pense, car souvent on lui prête des idées et des intentions qu'il n'a pas. Il garde toujours le silence et continue à manger... une salade de poireaux, pour être précis. « Si votre curé ne vous parle pas de la question religieuse, qui vous en parlera ? Or le problème religieux se pose quel que soit le régime social ou politique. L'homme ne vit pas seulement de pain. » Je lui raconte l'histoire du professeur athée en face de la mort, pour lui faire comprendre que l'opinion politique n'est pas le tout du choix de l'orientation de la vie. Il ne dit rien, mais il écoute. Il ne me fait pas signe de m'asseoir. Je reste donc debout et continue à parler, cette fois du Christ et des idées nouvelles et révolutionnaires qu'il est venu porter aux hommes de « bonne volonté. » Il finit par dire son accord avec certaines de mes propositions. Le temps passe, sa femme et sa fille inquiètes entrent peureusement, car il y a quarante-cinq minutes que je suis là... et elles n'ont rien mangé. Je continue en m'adressant aussi à elles, mais toujours sur le thème religieux. Après une heure de ce combat je prends congé : « Vous pouvez revenir quand vous voudrez », dit l'homme.

Je n'ai plus eu la moindre difficulté pour visiter les autres familles de la cité.

Au presbytère, ce soir-là, ma mère se demandait avec inquiétude, pourquoi j'étais si en retard au repas.

Mon organisation de travail prévoyait le temps pour les visites à faire aux paroissiens, mais aussi celui nécessaire pour les recevoir au presbytère. Celui-ci, situé dans la rue la plus commerçante de la ville (chaque maison y comporte un magasin, le presbytère occupant le sien pour la bibliothèque paroissiale), les Bortois ayant besoin de parler à leur curé ont pris l'habitude de sonner au presbytère en faisant leurs emplettes matinales. Pour être prêt à les accueillir, je me suis obligé à rester à domicile les matinées, sauf nécessité pour les offices et les catéchismes. Cela me permettait de faire mon travail de bureau : lettres, comptes, rédaction de l'*Écho*, des sermons, préparations des réunions, etc.

Les après-midi, par contre, ont toujours été réservés aux visites à domicile, en commençant par les malades, les personnes âgées, celles qui avaient besoin de mon aide, mais aussi celles à qui j'avais à demander des services. Bien que prolongeant volontiers chaque visite, j'ai toujours essayé de rentrer au presbytère peu après la sortie des usines, afin que ceux et celles qui y travaillent puissent me trouver, selon leur besoin. Les veillées, contrairement à beaucoup d'autres prêtres – mes vicaires en premier – je ne les passais pas chez les paroissiens, voulant leur laisser l'intimité du foyer après une rude journée. De plus, souvent, des réunions d'adultes ne pouvaient avoir lieu qu'après le repas du soir. A ces règles (en particulier les rencontres avec les fiancés pour leur préparations au mariage) une exception était toujours possible.

6

LES GRANDES HEURES DE LA VIE PAROISSIALE

La restauration de l'église

Ma première grande activité en arrivant dans la paroisse avait été la préparation de la mission, donnée dès novembre 1952, juste un an après mon installation. Je n'y reviendrai pas.

Tout de suite après, je sens qu'il faut s'occuper de la restauration de l'église, trouvée dans un piteux état.

Cette belle église, en partie romane du XIIe siècle, en partie ogivale du XVIe siècle, bâtie par les moines de Cluny, était défigurée par une vilaine peinture qui recouvrait toute la pierre, voûte comprise. De trop nombreuses statues en plâtre encombraient les piliers, même dans la grande nef. Des lustres ou appliques de mauvaise qualité éclairaient mal, avec l'inconvénient supplémentaire de tendre partout dans l'église des fils électriques trop visibles, auxquels les araignées avaient un vrai plaisir à tisser leurs toiles. Plus grave, le maître-autel se trouvait au fond de l'abside, à quinze mètres du premier rang des fidèles, coupé d'eux par un avant-chœur très sombre ; placé sous le clocher il n'avait aucune ouverture vers l'extérieur. Telle qu'elle était, l'église n'était ni belle ni commode pour le culte.

Avec des gens compétents, des professionnels, tels Dom Odilon, moine d'En Calcat et de plus architecte de métier, et M. Merpillat, architecte départemental, fut dressé un plan en neuf points qui devait donner à l'église une figure nouvelle, par retour à ce qu'elle était, sortie des mains des moines de Cluny en 1484.

Le plus difficile fut de convaincre les paroissiens tenant à tout prix au passé (récent, puisque du siècle dernier) du bien-fondé de cette restauration intérieure de leur église. L'un d'entre eux alla jusqu'à porter plainte à la mairie contre son curé qui voulait ôter l'énorme chaire à prêcher qui obstruait la grande nef, arguant que celle-ci étant scellée aux murs il n'avait pas le droit de l'enlever. M. le Maire, ne connaissant pas bien ses droits et devoirs à ce sujet, vint me trouver et décida d'en référer à M. le Préfet. La réponse de celui-ci, nettement inspirée par son conseiller technique – mon ami architecte coauteur du projet de restauration – fut lue, en chaire, le dimanche suivant : « Renseignements pris, non seulement M. le Doyen a le droit de procéder à l'enlèvement de la chaire, mais il mérite d'être encouragé dans l'œuvre de restauration de l'église qu'il vient d'entreprendre. »

L'assentiment des paroissiens était d'autant plus nécessaire que rien ne pouvait être fait sans engager de lourdes dépenses. Or, en arrivant dans la paroisse j'avais trouvé la caisse vide. Ouvrant un cahier de comptes neuf, j'avais dû repartir de zéro. Les pauvres recettes de la paroisse suffisaient à peine à couvrir les frais indispensables : électricité, cire, pain et vin d'autel, linges et vêtements pour le culte, service; pour la restauration il fallait donc trouver de l'argent auprès des Bortois, ouvrir une souscription.

La municipalité socialiste et radicale, alertée par mes soins, et consciente qu'elle n'avait rien fait pour ce bâtiment municipal qu'est l'église, ne fut pas longue à consentir une aide. M. le Maire me dit : « C'est vrai que nous n'avons rien fait, mais on ne nous a jamais rien demandé. » Le conseil unanime vota 500 000 F pour la restauration intérieure de l'église... alors qu'il n'est tenu, en tant que propriétaire, qu'aux travaux extérieurs. Sans ce geste généreux, je n'aurais pas eu le courage d'entreprendre.

Par le moyen de l'*Écho*, les travaux furent présentés, expliqués aux paroissiens, et la soucription fut lancée. Malgré les circonstances défavorables de cette époque « de la fin des travaux du barrage », plus de la moitié des familles contribuèrent à la souscription. Avec un peu moins de 2 millions, grâce à tout ce qui a été offert gratuitement, et sans aucun devis préalable, en faisant confiance aux entrepreneurs locaux, le décapage a pu être payé.

Pour les aménagements intérieurs, autel, croix et christ, vitraux, d'autres offrandes viendront s'ajouter avec le temps, mais jamais la paroisse n'a été endettée et tous les travaux ont été payés comptant. C'est dire la générosité des Bortois.

Du 2 janvier au dimanche des Rameaux, c'est-à-dire trois mois, l'église fut livrée aux ouvriers des différents corps de métier. Pendant ce temps les offices étaient célébrés dans les locaux et la chapelle de l'école St-Joseph.

Quand les fidèles entrèrent dans l'église, ils eurent un choc, que certain traduisit par ces mots : « Vous l'avez déshabillée ! » C'était vrai. L'église avait retrouvé la nudité de la pierre blonde dans sa pureté primitive. Elle était telle que les moines du XVe siècle l'avaient vue. On en disait aussi : « C'est une église monacale. » En 1954, cette sorte de restauration était beaucoup moins répandue que de nos jours, et ce ne fut que petit à petit que les paroissiens s'y habituèrent. Actuellement, et depuis des années, les plus réticents du début trouvent leur église fort belle et seraient les premiers à en avoir honte si elle était restée dans l'état où je l'ai trouvée.

La plus grande surprise ne venait pas de la suppression de la chaire, mais de la nouvelle place de l'autel.

La chance de cette restauration avait été la mise au jour par les ouvriers de deux anciennes fenêtres, à l'endroit le plus obscur, où il fallait nécessairement placer l'autel pour le rapprocher des fidèles. Certes ces fenêtres ne donnaient plus vers l'extérieur, obstruées qu'elles étaient par les chapelles extérieures ajoutées par les moines du XVe siècle, mais elles permirent de resituer l'autel à sa place normale, en l'éclairant par des réflecteurs cachés à la vue de l'assistance dans ces niches retrouvées. L'habileté de l'électricien fit que cet éclairage encastré donne l'impression que le soleil éclaire l'autel et le célébrant, mieux que le soleil même, puisque venant de droite et de gauche à la fois.

Le nouvel autel, table monolithe en pierre de Volvic, soutenu par deux consoles et quatre colonnettes, fut consacré le 19 juin. Cette fête fut la première de celles qui devaient suivre dans l'église restaurée. Mgr Chassaigne et ses vicaires généraux, Mgr Layotte et Mgr Monéger étaient entourés de vingt-cinq prêtres. Pour sceller la pierre du tombeau où sont enfermées les reliques des saints, Mgr l'Évêque était aidé par un ouvrier, et il n'était pas peu touchant de voir le pontife dans un des actes les plus solennels de la liturgie, unir son travail à celui de l'artisan qui avait taillé la pierre. Beau symbole du sacré ayant besoin du profane et du profane trouvant son achèvement dans le service du sacré.

J'eus la joie de dire la première messe sur cet autel, tout humide encore de l'huile de sa consécration. Dans l'*Écho* où je racontais cette cérémonie, je terminais ainsi : « A moins de catastrophe ou de crime, l'acte de consécration fait en ce jour vaut pour toujours. Imaginez donc toutes les messes qui seront célébrées là ! Dans la joie des communions ou des mariages, voire des premières messes ! Dans les larmes des prières pour les défunts. Pour ma part, en célébrant cette première messe sur le nouvel autel, je n'ai pu m'empêcher de penser qu'un jour un autre prêtre dirait à cette même place la messe des morts pour moi.

« Et vous, n'avez-vous pas eu un peu la même pensée ?

« Nous qui passons sommes toujours impressionnés par ce qui est posé pour demeurer, et cette pierre est dressée à jamais. »

Cette première phase de la restauration de l'église à peine achevée, celle-ci fut le lieu d'une ordination sacerdotale d'un enfant de Bort, M. l'abbé Maugue.

Après cette cérémonie à laquelle quinze prêtres avaient participé, Mgr l'Évêque me dit : « C'est la meilleure ambiance que j'ai trouvée pour une ordination, en dehors de la cathédrale. » Et il souligna que le cadre de notre église restaurée y était pour beaucoup grâce à l'autel plus près des fidèles, à la suppression de la barrière du chœur, à l'avantage de l'ambon et de la sonorisation, à la qualité de l'éclairage, ne laissant aucun coin d'ombre sans que les sources de lumière offusquent les yeux, par la place de choix laissée à la chorale dans l'abside.

Il restait pourtant encore beaucoup à faire.

Le christ qui dominait l'autel n'y était que provisoirement. A l'occasion du deuxième centenaire de l'arrivée à Bort, le 9 août 1755, d'une relique insigne de la Sainte Croix, qui était à l'origine de la fête patronale du même nom, toujours célébrée, j'avais prévu de doter l'église d'un christ de qualité, digne du chœur dépouillé et de l'autel de pierre.

Un docteur de la ville avait un frère sculpteur de talent. Par son entremise j'obtins de l'artiste la promesse d'un christ en bronze. A l'époque – celle du christ d'Assy – il pouvait passer pour audacieux, car il était comme sorti de l'argile, à peine esquissé « l'homme humilié sorti de Dachau » comme je me suis plu à le décrire, le « Christ inachevé » que chacun doit achever en soi, selon la formule de saint Paul.

Certain confrère qui n'était pas de cet avis, charitablement prévint l'évêque : « Savez-vous qu'à Bort vous allez avoir une affaire comme à Assy ? » Inquiet, l'évêque accourt. Il se plante devant le bronze et s'écrie : « Mais c'est un christ ! Il a des bras, des jambes, une tête ! Mais pourquoi l'artiste l'a-t-il fait si décharné ? Pourquoi cette tête cambrée et ce bras plus haut que l'autre ? – Le sculpteur a ses idées : il faut les accepter ou ne pas prendre son œuvre. Il m'a dit qu'il ne pouvait imaginer le Christ totalement vaincu et que même dans sa mort il voyait les signes de sa résurrection. C'est pour cette raison qu'il a voulu un christ à la tête fièrement relevée et un bras légèrement décalé par rapport à l'autre, comme pour prendre l'envol au sortir du tombeau. »

Ce bronze maintenant fort admiré et indiscuté est l'une des œuvres maîtresses de Louis Chavignier.

Cet artiste avait exigé, pour un minimum d'harmonie dans le chœur et pour donner un fond de couleur à l'autel et au christ, que soient changés les trois vitraux de l'abside qui, selon la fâcheuse habitude du XIXe siècle représentaient un immense Sacré-Cœur et deux grands évêques, patrons de paroisse.

Le vitrail central seul devait avoir un thème, à peine esquissé, celui du buisson ardent. En le proposant j'avais dans l'idée une belle flamme rouge et or sortant d'un buisson toujours vert. Le maître verrier, ami du sculpteur et en accord avec lui, me présenta une maquette où il y avait beaucoup de noir et où les flammes, de couleur feuille morte, étaient encore parsemées de noir. Ils m'expliquèrent que ce vitrail, dans l'axe médian de l'église, sur lequel se détachaient l'autel et le Christ, ne devait à aucun prix accaparer les regards des fidèles. « L'autel doit rester le centre. Le vitrail n'est qu'un accompagnement », dit le maître verrier.

Tel fut, en effet, le rôle de ce vitrail et des deux autres qui l'encadrèrent. Que de compliments n'ai-je pas entendu des visiteurs de l'église, heureusement surpris par l'harmonie parfaite entre les grosses pierres apparentes de l'église primitive et l'autel en pierre dominé par le christ de Chavignier, prolongé par les vitraux de Chapuis !

La solennité du centenaire de la Sainte Croix comporta non seulement la bénédiction du christ de Chavignier par Mgr l'Évêque, mais la restauration de tous les calvaires situés sur le territoire de la commune et la remise en place de la croix de la Bastide.

Depuis longtemps, une croix avait été dressée sur la colline portant ce nom, juste au-dessus de la ville et face à son centre, en signe de protection de la cité placée sous le patronage de la Sainte Croix. Elle avait été renversée plusieurs fois soit par les intempéries, soit aussi par la malice des hommes, en particulier à l'époque du maquis. A mon arrivée à Bort, la croix de la Bastide gisait brisée en mille éclats. Une autre croix, au Prémonjal, avait disparu aussi. Tandis que les croix en place étaient repeintes, les deux sinistrées furent rétablies, en fer, sur socle de pierre. Celle de la Bastide est visible de toute la ville.

Sa bénédiction solennelle, précédée d'une grande procession à travers la ville allant de croix en croix, avait été marquée par un prédicateur de grande renommée, Mgr Raffit, archiprêtre de Montpellier. Son discours fut si apprécié qu'il fit l'objet d'une publication en plaquette qui perpétue le souvenir de cette fête du deuxième centenaire de la Sainte Croix.

Peu de temps après, avec les camarades de la classe 26, nous avons organisé le banquet de la « cinquantaine. » Eh ! oui, déjà cinquante ans !

Restauration des bâtiments

L'enseignement du catéchisme, malgré son importance, n'était guère servi par les conditions matérielles dans lesquelles il était dispensé. On en était encore, au moins pour les petites filles, aux bancs de l'église, non chauffée même au plus fort de l'hiver.

Un premier effort avait été fait pour les garçons au Familial (ancienne école libre devenue cinéma paroissial) où une salle leur offrait des bancs, certes, mais aussi de petites tables et un peu de chauffage. Les petites filles, un peu jalouses, réclamaient une salle de catéchisme « comme les garçons » Leurs parents, les membres de l'Action catholique consultés, prirent ensemble la décision de répondre à leurs vœux légitimes. Et puisqu'elles étaient les dernières servies, elles furent les mieux logées. Le deuxième étage du Familial fut aménagé pour elles, avec tables et chaises confortables, tableau noir (en fait il était vert), volets pour permettre les projections lumineuses et donc écran approprié, tableaux d'affichage et surtout chauffage électrique efficace.

Une nouvelle souscription avait été lancée pour couvrir la dépense importante de cet aménagement. Chaque fois qu'il a fallu entreprendre des réalisations hors de la marche normale de la paroisse, j'ai dû faire appel à mes paroissiens. Je leur dois cette reconnaissance qu'ils ont, dans chaque cas, répondu à mes appels dans la mesure nécessaire. N'est-ce pas qu'ils ont compris que la vie en progrès de la paroisse tenait à des perfectionnements matériels ?

Dans un cas cependant, je n'ai pas voulu faire appel à la

générosité des fidèles. Le presbytère, vieille maison du début du XVIIIe siècle – et où, dit-on, Marmontel enfant serait allé à l'école... de jeunes filles – était dans un état lamentable. Les façades étaient lépreuses, des pierres s'en détachaient : une faillit tomber sur la tête de ma mère. Les volets, en lambeaux, ne fermaient plus. A l'intérieur tout était noir. Dans le bureau du curé, la pièce noble, le papier n'avait pas été changé depuis plus de cent ans ! et il est toujours là, digne à ce qu'on dit d'un musée des papiers peints ! Le plancher de la cuisine était tout vermoulu. Les portes, toutes d'origine, laissaient passer les courants d'air et le chauffage était assuré uniquement par des cheminées. De toute évidence, là aussi il fallait restaurer.

Hélas ! contrairement à la règle quasi générale, le presbytère n'appartenait pas à la commune, mais au diocèse. Celui-ci se déchargeait sur la paroisse pour son entretien, d'où son abandon. Après avoir tant demandé aux paroissiens pour l'église et le Familial, je ne voulais rien quêter pour le curé. Avec l'accord de mon évêque il fut décidé de vendre une partie de l'enclos du presbytère pour payer les travaux à faire. Par chance le jardin comportait un petit pavillon et un bout de terrain pouvant être détaché du reste sans grand inconvénient. Il restait un jardin assez vaste et surtout l'entrée pour les autos.

Cette vente permit, sans rien demander à la paroisse, de refaire la façade du midi et les travaux intérieurs indispensables, tout d'abord le chauffage central et l'installation d'une douche. D'autres travaux suivront : je n'en parlerai plus. Mais il reste encore beaucoup à faire. Si l'église n'attend pas, le presbytère peut attendre !

Notre-Dame de Bort et le Congrès Eucharistique

1958 ! Le centenaire des apparitions de la Vierge à Lourdes.

Les évêques de France font une année mariale. Ils conseillent de dresser des oratoires à la Vierge. Ici commence la belle histoire de Notre-Dame de Bort. Voici comment elle fut présentée aux Bortois par l'*Écho* :

VOULEZ-VOUS « ELIRE » NOTRE-DAME DE BORT ?

*Le projet de mettre notre cité sous la spéciale protection de la Sainte Vierge à qui serait donné le nom de Notre-Dame de Bort, a déjà été exposé dans l'*Écho*. L'heure vient de sa réalisation.*

Elle ne peut s'accomplir heureusement par un simple acte d'autorité : il y faut la coopération de tous les Bortois. A eux de dire s'ils veulent placer la Vierge comme protectrice au-dessus de leur riante cité.

« Mais c'est un véritable « référendum marial » que vous voulez organiser ? – Oui, ou une « élection » si vous préférez, en tout cas un libre choix. N'est-il pas normal que le titre de N.-D. de Bort soit effectivement donné par les Bortois ? Et comment savoir quel est leur désir si on ne pose pas la question ? L'occasion va donc vous être donnée de manifester votre confiance en la Vierge Marie. »

Voici le texte, très explicite, par lequel Bort peut se donner à Elle, et qui sera soumis à votre approbation par voie de référendum :

O Immaculée Vierge Marie, en ce centenaire de vos apparitions à Lourdes, nous Bortois et Bortoises soussignés déclarons placer nos personnes et nos familles, nos intérêts spirituels et matériels, notre ville et nos villages sous votre particulière protection.

En témoignage de ce libre choix, nous vous prions, O Vierge Immaculée, d'accepter ce titre de « Notre-Dame de Bort » que nous vous décernons et sous lequel nous aimerons à vous invoquer.

En hommage, nous vous élèverons un oratoire d'où votre image de bronze étendra haut et loin le signe protecteur de votre main maternelle ; et nous faisons le vœu collectif, tant pour nous que pour nos descendants ou successeurs, d'y aller en procession, chantant et priant, chaque année le trente et un mai.

Notre-Dame de Bort, nous sommes à vous, protégez-nous.

Ce texte peut se résumer en ce quatrain (il est aussi un jeu de mots inspiré du dicton de la marine) qui servira de refrain au cantique spécial de N.-D. de Bort :

« Après Dieu, capitaine
Est seul maître à son bord.
Qu'ainsi, chez nous, soit Reine
Notre-Dame de Bort. »

Que l'on dise mère, reine, protectrice... l'idée reste la même : on veut, qu'après son Fils, Marie soit la première à Bort, placée au-dessus de la cité entre Dieu et nous, pour notre avantage spirituel et matériel : c'est exactement ce que signifie le vocable traditionnel de « Notre-Dame. »

Le texte soumis au référendum ne contient rien que tout chrétien puisse hésiter à signer : le vœu de la procession est collectif et non personnel, et volontairement il est d'exécution facile : cette procession marquera la fin des exercices du mois de Marie.

Les fervents de la Vierge le signeront d'enthousiasme !

Les moins fervents saisiront cette chance qui leur est offerte d'un recours facile, général, mais cependant valable pour toutes les conditions, à celle que N.S.-P. le pape Pie XII nomme la « blanche vision du paradis », et qui reste pour nous tous, pécheurs que nous sommes, le grand espoir, maintenant et à l'heure de la mort.

Pratiquement, voici comment se déroulera le référendum marial : le texte ci-dessus sera imprimé sur des feuilles où tous ceux qui veulent donner à la Sainte Vierge le titre et les prérogatives de N.-D. de Bort n'auront qu'à inscrire leur nom, prénom et adresse. Toutes ces listes (elles ne seront pas publiées) seront placées dans les fondations de l'oratoire que nous offrirons à Marie ; les signataires seront ainsi désignés aux faveurs que N.-D. de Bort ne manquera pas de réserver à tous ceux qui l'auront honorée de ce titre.

Qui pourra s'inscrire ? Tous les Bortois et Bortoises de naissance, de résidence ou de cœur, mais uniquement eux. Les parents inscriront leurs enfants en bas âge, mais pour les autres, dès qu'ils savent écrire, même maladroitement, qu'on les laisse marquer eux-mêmes leur nom : ce sera un précieux souvenir.

Les absents, les militaires plus que les autres, peuvent s'inscrire par correspondance. Les personnes trop âgées pour écrire (ou ne sachant pas) peuvent demander qu'on les inscrive.

Les textes du référendum seront multipliés et seront laissés à domicile assez longtemps pour que chaque membre de la famille puisse signer. Certes je tiens à un très grand nombre de signatures (qui ne comprend qu'il y va de l'honneur de la Vierge ?) mais je tiens autant à n'obtenir aucun suffrage par surprise ou de mauvais gré : nul ne doit inscrire un adulte qui ne serait pas consentant. Il s'agit d'un acte religieux et d'un libre choix.

D'autre part, pour ne pas mêler les questions, aucune offrande pour l'oratoire ne sera acceptée par les personnes qui passeront à domicile présenter les feuilles à signer. On reparlera de cela (hélas !) mais plus tard. Pour l'instant l'essentiel et de faire un acte de piété mariale, de le faire avec élan, avec unanimité.

Il faudrait d'autant plus réussir ce référendum qu'à ma connaissance rien de semblable n'a jamais été fait, ni ici ni ailleurs. C'est dire que nous prenons une lourde responsabilité à l'égard de la Vierge, mais qui ajoutera à notre mérite en cas de réussite.

N'est-il pas exaltant de savoir que notre jolie petite ville, aux confins du Limousin et de l'Auvergne, risque d'être la première à « élire » en bonne forme et triomphalement la Vierge comme « sa Dame », sa Reine ?

Le titre de N.-D. de Bort, dans les siècles à venir, n'aura rien de mystérieux, mais sera précis dans le temps et dans les intentions, et aura valeur exemplaire.

Que tous les Bortois et Bortoises se fassent donc une voix unanime pour élire Celle qui sera leur protectrice très spéciale, puisque grâce à eux Elle sera, désormais et pour toujours Notre-Dame de Bort.

J.E.

Le référendum marial n'était pas achevé, mais l'élection triomphale de Marie était assurée le 8 décembre, fête de l'Immaculée Conception. Ce jour-là devait être prononcée par Mgr l'Évêque de Tulle le texte de la consécration de Bort à Marie tel qu'il avait été déjà signé par des milliers de fidèles. Ce grand événement avait été préparé par le R.P. Bansard, enfant du pays devenu servite de Marie. Dès cet instant la Vierge Immaculée était devenue N.-D. de Bort.

Restait à réaliser le double vœu de l'oratoire et de la statue en bronze. Bien entendu j'eus recours une nouvelle fois au sculpteur Chavignier. Comme il avait représenté le Fils je lui proposai de nous donner une image de l'Immaculée qui fasse penser à Notre-Dame de Lourdes, mais avec une main levée en signe de protection sur la ville. Il devait être assez inspiré pour réussir une représentation très évocatrice de la Nouvelle Eve, tirée de l'argile originelle, aux traits à peine esquissés, mais d'une rare distinction, peut-être son chef-d'œuvre !

Cette fois, son œuvre ne fut pas discutée, même par les plus hautes autorités artistiques d'Église auxquelles elle fut soumise pour examen.

La statue ne devait être prête et l'oratoire élevé qu'au mois de mai suivant. Mais voici qu'à la cérémonie du 8 décembre Mgr l'Évêque, après la consécration à N.-D. de Bort, annonça une grande nouvelle à l'assistance : il choisissait notre ville pour être le lieu du prochain congrès eucharistique diocésain et même, étant donné la situation géographique de Bort, interdiocésain. L'inauguration de l'oratoire et la bénédiction de la statue de N.-D. de Bort auraient lieu pendant ce congrès, en présence de nombreux évêques. Réjouissante perspective d'un côté, mais source de nombreux problèmes d'autre part !

Un congrès eucharistique voulait une octave de prières, un grand rassemblement de peuple, avec une journée spéciale pour les enfants et une journée de clôture avec procession à travers les rues de la ville pavoisée.

En cinq mois, il fallait remuer toute une population, l'intéresser à cette fête régionale, la faire participer aux travaux de préparation, obtenir les concours et les autorisations nécessaires.

Par l'*Écho* d'abord, puis par des visites individuelles aux principaux responsables de la cité, maire en tête, j'allais solliciter permissions et aides. Car il s'agissait d'utiliser les rues et les places de la ville, de les décorer d'arcs de triomphe et de banderoles. Ensuite, par des réunions de commerçants et par des réunions dans les différents quartiers, je tâchais de convaincre les Bortois de l'importance du rassemblement prévu et de la chance que ce congrès représentait pour la ville.

L'accord fut cette fois encore unanime. La municipalité donna toutes les autorisations nécessaires. Un plan général de décoration de la ville fut établi et dans chaque quartier les ateliers s'organisèrent, durant tout l'hiver, pour confectionner les milliers et milliers de fleurs artificielles en papier crépon destinées à orner les arcs de triomphe et à former les guirlandes qui sillonneraient toutes les rues. A chaque quartier avaient été attribuées des fleurs et des couleurs différentes. Ainsi il y eut le quartier des roses, des glycines, des glaïeuls et des couleurs rouge et or, bleu et blanc, violet et rose. Plus d'un million de francs furent dépensés uniquement pour l'achat du papier crépon !

D'autres préparaient les grosses pièces de la décoration : une douzaine d'arcs de triomphe, tous différents ; l'immense ciboire d'or, haut de 4 m, qui servirait de rond-point au carrefour du faubourg : les cerfs, grandeur nature, qui à la fontaine de la place de la Nation illustreraient la parole « Comme le cerf après l'eau vive... » ; la couronne de 3 m de diamètre qui ferait honneur au Christ dans l'Eucharistie, en dominant de haut l'autel et le tabernacle dans l'église ; le grand reliquaire qu'allait devenir le monument de la place de la Mairie – ancienne halle au blé – orné de grands anges formant cariatides à chaque colonne et de vitraux utilisant les fenêtres, mais gratifiées de papiers métallisés de toutes les couleurs, et surmonté d'un grand ostensoir.

Cette pièce monumentale à elle seule mettait la décoration de la ville hors concours, pour tous les congrès du même genre déjà vus. Et que dire du grand pont sur la Dordogne transformé en pont suspendu par d'énormes guirlandes ? Que dire de la place Marmontel – la grand-place de la ville – transformée en vaste lieu de culte, ceinturée de guirlandes, d'écussons, avec au centre un podium couvert, dominé par une croix prenant appui sur le monument de Marmontel, lequel disparaissait complètement, tandis que la croix dépassait les arbres de la place ?

Pour cette décoration de la ville, chaque quartier rivalisait d'imagination, de travail, de générosité. Jamais, je pense, depuis le temps de la construction des églises aux siècles de foi, autant de personnes, de tous milieux et de tous âges, ne s'étaient réunies, dans la bonne humeur, pour offrir leur travail pour une œuvre de beauté sous le signe de Jésus-Hostie. La longue préparation de ce congrès fut son véritable et durable succès, en rapprochant les gens, en les faisant travailler ensemble, gratuitement et pour l'intérêt général.

Au jour fixé, tout était prêt : le *Manuel du congrès,* imprimé à des milliers d'exemplaires, avec un cantique populaire composé pour la circonstance ; l'insigne du congrès en métal doré frappé aux armes de la ville et aussi à des milliers d'exemplaires ; le service d'accueil et le service d'ordre, mis en place par les jeunes ; toutes les rues et places de la ville ornées, fleuries... une vraie cité de rêve !

La partie religieuse des premiers jours de la semaine se déroula à l'église, avec un prédicateur dominicain en renom. Mais le premier déploiement extérieur fut, le jeudi, celui des enfants, venus de toute la Corrèze et des cantons voisins d'Auvergne.

La partie mariale du congrès comportait la procession de la statue de N.-D. de Bort – toute nouvelle apparue – à travers plusieurs quartiers de la ville et, le samedi, son installation à l'oratoire par une longue procession de la foule des Bortois. Sur le rocher dominant la ville, entre celle-ci et le barrage, se déroula la cérémonie de la bénédiction du bronze de Chavignier par Mgr l'Évêque de Tulle, préparée par une allocution de Mgr Gouyon, alors évêque de Bayonne, en présence de trois autres évêques dont Mgr Marty, alors évêque de Saint-Flour.

Détail curieux, le jour même où je recevais les premières médailles frappées à l'effigie de N.-D. de Bort, quelques années plus tard, la radio annonçait la nomination au cardinalat des deux évêques présents à la « naissance » de N.-D. de Bort. De là à dire qu'elle y est pour quelque chose, il n'y a qu'un pas! Que j'ai fait en envoyant aux deux nouveaux cardinaux la médaille de N.-D. de Bort.

La journée principale devait être le dimanche, triomphe de l'eucharistie. Hélas! elle fut gâchée par une fine pluie persistante. Malgré elle, le programme fut exécuté comme si de rien n'était. Grand-messe sur la place Marmontel, immense procession de la gare à la place de l'église, et dernière messe dans l'église même. Mais ce n'était pas la foule des grands jours attendue, et il était triste de voir comment l'effort de décoration de la ville fut réduit à néant en quelques heures.

Cet échec matériel de dernière heure, voulu pour éprouver notre foi et briser notre orgueil possible, laissa un trou dans le budget paroissial, mais ne diminua en rien le profit spirituel du congrès.

Il reste de magnifiques photos en couleur de la ville prête pour le congrès, prises avant la pluie. Elles permettent de juger que les confrères n'avaient pas tort de me dire : « Nul n'osera passer après Bort pour tenir un congrès eucharistique. »

Ce fut vrai, il a été le dernier organisé dans le diocèse de Tulle.

Pour me changer les idées, après le congrès, Mgr Moneger, directeur diocésain des pèlerinages, prétendant que « Notre-Dame de Bort devait bien ça à Notre-Dame de Lourdes », demanda au curé de Bort, son initiateur, d'assurer les prédications du pèlerinage de Tulle à Lourdes.

Malgré le surcroît de travail, en un temps où il ne me manquait pas, j'avais accepté, séduit que j'étais par cette idée choc : « N.-D. de Lourdes est la messagère d'Évangile dont notre monde a besoin. » J'avais été frappé, pendant l'année mariale, par le rapprochement à faire entre ce qui s'est passé et a été dit à la grotte de Lourdes et les actes et les paroles de l'Évangile.

En y regardant de plus près j'en étais arrivé à cette conclusion : la Vierge, en apparaissant et en parlant (fort peu d'ailleurs), a donné à Bernadette un résumé de l'Évangile simple et lisible par ceux qui ont tant besoin d'entendre « ce que Jésus a dit. »

Cette prédication à Lourdes m'a valu un très rare encouragement.

A une messe matinale j'assiste au trône Mgr l'Évêque. Juste au moment où je le quitte pour monter en chaire et donner l'instruction prévue et préparée par écrit, il me dit : « Surtout, soyez bref. »

Troublé par cette nécessité de modifier mon texte, encore que je n'en sois pas esclave, devant un auditoire aussi nombreux que celui réuni dans la basilique, je décide cependant d'obéir. Je condense donc de mon mieux mon sujet qui traitait des gestes accomplis à la grotte, si semblables à ceux que l'on trouve dans l'Évangile.

A la descente de chaire un prêtre, qu'à sa soutane spéciale je reconnais pour un jésuite, m'attend et me glisse à l'oreille : « C'était très bon. » Je reçois ce petit compliment en me disant : « S'il savait à quel point j'ai estropié mon texte ! » et je n'y pense plus.

Au repas de midi à la résidence où se rassemblent les évêques, les directeurs de pèlerinages et les prédicateurs, le secrétaire de l'archevêque de Bourges, que je connais, s'approche de moi et me dit : « Savez-vous qu'à la messe solennelle commune à tous les pèlerinages, le prédicateur a parlé de vous ? – Non, pris par ma mise au point des instructions qui me restent à donner, je n'ai pas assisté à cet office. Qu'a pu dire de moi ce prédicateur ? – Il a expliqué qu'après sa messe en la basilique de l'Immaculée, il pensait à ce qu'il pourrait dire à tous les pèlerins réunis à Saint-Pie X, quand vous avez pris la parole. Il vous a écouté. Ce que vous avez dit l'a inspiré au point qu'il a commencé son discours en ces termes : « Peut-être n'avez-vous pas eu la chance d'écouter comme moi ce matin le prédicateur du diocèse de Tulle présentant à ses pèlerins les gestes accomplis à la grotte soit par l'apparition, soit par Bernadette, gestes si évocateurs de ceux que l'on trouve dans l'Évangile. Ce qu'il a dit je vais essayer de vous le transmettre. »

Le même ami, quelques instants plus tard me présente au R.P. Toulemonde, provincial des jésuites à Strasbourg, qui était le prédicateur en question. Pendant qu'il me félicite encore, mon évêque arrive, se mêle à la conversation et questionne : « Mais enfin, mon Père, qu'avez-vous trouvé de si remarquable dans l'instruction de M. le Doyen ? »

J'eus droit alors à la critique complète de ma manière de parler, du contenu du discours, comme le faisait jadis notre supérieur de séminaire après nos exercices oratoires de débutants. L'éminent jésuite loua le ton, l'élocution, la netteté de la pensée, la force d'évocation de l'Évangile à travers les gestes si simples de Lourdes, la qualité éducative de ce discours si bref. J'avais eu au moins un bon auditeur !

Après le départ de l'évêque, il ajouta : « Vous n'avez pas fini de monter, vous ferez encore mieux, mais vous pouvez prêcher devant n'importe quel auditoire. »

Comment n'être pas encouragé... sous le regard de N.-D. de Lourdes ?

Utilisant ce que j'avais prêché à Lourdes, je fis une série d'articles dans l'*Écho*, pour faire passer à mes Bortois cet évangile populaire, imagé, à la portée de tous. Je n'estime pas en avoir publié de plus utiles à mes paroissiens.

Les cloches

Les mille soucis de la préparation du congrès et du pèlerinage à Lourdes m'avaient fait laisser de côté les suites à donner à l'accident arrivé au clocher.

Depuis la Libération, la grosse cloche, mise en mouvement trop longtemps pour fêter l'événement, était fêlée, hors d'usage et d'ailleurs trop lourde pour le clocher antique et fragile. Juste quelques jours avant l'ouverture du congrès, la deuxième cloche à son tour se fêla. Il ne restait que la toute petite. Redonner voix à nos cloches, tel allait être mon nouveau souci.

Le problème se posait non seulement à la paroisse mais à la municipalité, car les cloches lui appartiennent. J'avais à peine entrepris les premières démarches auprès de M. le Maire que survint la catastrophe de Fréjus-Malpasset. Les Bortois furent d'autant plus affectés que l'ingénieur qui avait dressé les plans du barrage de Malpasset était le même qui avait réalisé ceux du barrage de Bort.

Les rédacteurs des grands journaux à sensation avaient trouvé bon de venir à Bort pour un reportage dramatique sur les sentiments de ses habitants mis en face du danger, après tout possible, de la rupture de leur barrage. « La vallée de la peur », tel était le titre d'un de ces journaux.

En réaction et pour soutenir le moral des Bortois, je publiai un article énergique contre les semeurs de panique et où était mise en lumière la confiance des Bortois en N.-D. de Bort, eux qui dans leur cantique lui disaient déjà :

Que l'eau du barrage
Qui menace Bort
Soit pour bon usage
Et non pour la mort.

Et l'*Écho* ajoutait :

> Le grand reporter parisien, trop pressé, n'est pas monté jusqu'à l'oratoire de N.-D. de Bort. Dommage !
>
> Il fait partie du cadre de notre vallée, il fait aussi partie de notre système de sécurité. Il n'a pas été pourtant élevé sous le coup de la peur : il est dressé en signe de confiance réfléchie en Celle qu'ils ont élue reine et protectrice de la cité. L'oratoire n'est qu'une colonne effilée, la statue de la Vierge, malgré le bronze, ne donne nullement l'impression de force.
>
> Là est cependant un point d'appui solide de la sécurité bortoise, en face du barrage. Ce n'est pas un appui matériel (on sait qu'ils peuvent tous craquer) mais un rempart surnaturel contre tous les dangers qui peuvent menacer la vallée.

Le silence du clocher ajoutait à la tristesse tombée sur la ville. Redonner voix aux cloches serait signe de foi et d'espoir. Aussi la décision fut vite prise, en parfait accord avec M. le Maire, de faire une refonte complète des cloches, non seulement des deux fêlées mais de la petite et de celle, fixe, de l'horloge. Pour parfaire le tout, la municipalité prit la décision de remplacer la vieille horloge mécanique par une horloge électrique. Gros et longs travaux.

Le baptême des quatre nouvelles cloches donna lieu à une fête populaire, joyeuse et tonique. Les parrains et marraines, judicieusement choisis, avaient bien fait les choses : quatre-vingts kilos de dragées furent distribuées et cent bouteilles de champagne vidées au buffet ouvert à tous les adultes auprès de l'église.

La cérémonie religieuse avait été grandiose. Elle s'acheva dans un mouvement de foule jamais vu, car chaque assistant était autorisé à passer près des cloches et à les faire tinter en agitant le battant. Ce défilé dura des heures dans une cohue telle que j'eus le plus grand mal à m'extraire de l'église. Dans cette joie, il n'était plus question de la « Vallée de la peur » !

Sur les quatre notes (*mi, la, si, do* dièse) avait été composé un cantique si populaire que toute la foule le chanta, soutenue non seulement par l'orgue mais par le son des cloches, frappées, selon la musique, à tour de rôle par les enfants armés de maillets en bois. C'était du délire. Jamais je n'ai vu ni entendu rien d'aussi fort et populaire dans une église.

Restait la note à payer. Malgré l'aide de la municipalité (le Maire était M. Joseph Lachaze) qui prenait à sa charge tout ce qui touchait à l'horloge nouvelle, le plus gros restait à la charge de la paroisse. Au lieu de lancer une autre souscription, j'eus l'idée d'organiser une « kermesse du carillon », agrémentée d'une très importante tombola. Pour la doter de lots de valeur on n'hésita pas à faire appel à toute la France. Une lettre expliquant les malheurs de Bort, « vallée de la peur », avait été rédigée et signée non seulement par M. le Doyen, mais par M. le Maire, M. le Conseiller Général, M. le Président du Syndicat d'initiative, M. le Président des Anciens Combattants... pour montrer l'unanimité des Bortois. Expédiées, à des centaines d'exemplaires, à toutes les grandes marques de France, mais avec un mot manuscrit ajouté par chaque commerçant Bortois en relation d'affaires avec cette marque, elles obtinrent un tel afflux de lots de valeur que jamais l'on n'avait vu ça... et qu'on ne le reverra jamais.

Sans qu'il en coûte rien aux Bortois – tellement ils furent bénéficiaire de la tombola – la paroisse put non seulement payer sa part dans la mise en place du nouveau et complet carillon, mais faire sur cette opération un substantiel profit... qui permit de combler le déficit du congrès eucharistique.

Le doyenné

Je n'ai guère parlé jusqu'ici de mes fonctions de doyen : c'est qu'il n'y a pas grand-chose à en dire.

Cependant, fin 1959, j'eus à intervenir comme responsable du doyenné (ou canton) pour sa restructuration. De concert avec l'abbé Naudet, qui venait d'être installé curé de St-Joseph de Vau, avait été décidé le regroupement de toutes les paroisses rurales du canton à lui confiées autour du clocher de Vau, après le départ de tous les autres prêtres résidents. Le nouveau curé, aidé d'un vicaire, se fixait à Vau, centre géographique et routier de tout le secteur, qui avait de plus l'avantage de n'être qu'un tout petit village situé hors des bourgs du canton. Ainsi, chacun de ces bourgs, qui tous auraient voulu garder le curé résident, était également traité et aucun d'eux ne pouvait se plaindre d'être abandonné au profit d'un voisin plus heureux. Vau devenait le « centre interparoissial St-Joseph » qui consistait uniquement en une église et un presbytère, en pleine campagne.

La solution rendue nécessaire par la diminution de la population des paroisses rattachées au centre, malgré sa logique, ne plut pas à tous.

Elle avait pourtant les avantages suivants : il n'y aurait plus de prêtre isolé dans son presbytère. A Vau, le curé et son vicaire mèneraient la vie commune, avec le secours de la mère de M. le Curé qui tiendrait la maison et la garderait en l'absence des prêtres, toujours disposée au surplus à recevoir ceux ou celles qui viendraient frapper à la porte.

L'unité de la pastorale serait assurée sur tout un secteur.

La présence de deux prêtres, lors des cérémonies importantes, leur donnerait une qualité et une valeur éducatrice de la foi qu'elles ne pouvaient avoir lorsque le prêtre était seul à l'autel... et en tournant le dos aux fidèles.

Au lieu d'assistances réduites dans chaque église, des communautés importantes et vivantes pourraient être réunies, au moins en de grandes circonstances, à St-Joseph.

Après quelques oppositions, le bien-fondé de la nouvelle organisation, menée de main de maître par l'abbé Naudet, ne devait pas tarder à être reconnu par tous et à tenir dans le diocèse un rôle d'exemple à imiter.

Mais il avait fallu prendre le risque de forcer un peu la main de l'évêché et de changer les mentalités et les habitudes ancestrales des populations. J'en pris ma large part.

Quelque temps après, en 1961, j'en pris bien plus à Bort même, pour la fermeture de l'école St-Joseph et sa transformation en « maison paroissiale ».

En prenant la décision de fermeture, contre l'avis de mon évêque et de son conseil je dois l'avouer, j'allais soulever l'hostilité de beaucoup de familles attachées depuis toujours à l'école libre et qui pour sa vie et sa défense avaient acquis de grands mérites aux yeux de l'Église et de leur curé. Malgré les souffrances qui devaient naître de cette fermeture, j'en pris la responsabilité, aidé il est vrai par les religieuses enseignantes de St-Joseph qui furent les premières à souhaiter l'évolution de leur maison vers plus d'ouverture à tous et vers un souci apostolique.

J'étais allé soutenir cette mutation devant le conseil de la supérieure générale de nos religieuses. Cette congrégation, fondée au XVIIIe siècle, sut apprécier nos motifs et donner le feu vert.

Les raisons de notre choix avaient été expliquées ainsi par l'*Écho* :

> Les religieuses de St-Joseph sont décidées à ne plus faire la classe. Elles souffraient de ne pas employer tout leur temps à

ce qui est leur vocation : l'enseignement religieux proprement dit.

N'est-ce pas dans la ligne actuelle de l'Église (le Concile allait s'ouvrir) de laisser aux laïcs les tâches qu'ils peuvent accomplir et qu'ils accomplissent avec compétence et conscience ? N'est-ce pas le propre de l'esprit missionnaire de ne plus regarder le « petit troupeau » mais d'aller vers les autres « qui ne sont pas de cette bergerie » ?

Il est facile de reconnaître dans cette prise de position pastorale mon vieux souci de ne pas consacrer ma vie à l'enseignement scolaire, mais à l'évangélisation. Mes idées, j'avais su les faire partager aux religieuses qui travaillaient avec moi.

L'enseignement libre dans la région n'en fut pas affecté, bien au contraire, car notre fermeture permit à Ussel de conserver ses deux écoles libres, qui peu après durent s'associer pour grouper le nombre suffisant d'élèves pour exister. Si nous ne nous étions pas sabordés en 1961, on nous aurait demandé de le faire l'année suivante et à ce moment nous n'aurions pas conservé les religieuses, devenues à plein temps « paroissiales ».

La transformation de l'école en centre paroissial destiné surtout aux jeunes nécessitait l'adaptation des locaux. Ils furent l'occasion d'une découverte interprétée comme un signe encourageant.

Le lieu idéal pour implanter le foyer-club dans la maison paroissiale était la partie centrale de ce beau bâtiment, vieux château du XVIe siècle. Malheureusement, au siècle dernier, cette immense pièce avait été divisée en deux et on y avait tracé un couloir dont un côté était occupé par de vastes placards. Après consultations des experts, il fut évident qu'il fallait faire tomber toutes ces cloisons et refaire la grande pièce du vieux temps.

Les vieilles maisons ont des secrets !

On découvrit d'abord, derrière les placards, l'immense fenêtre d'origine qui avait été murée : puis, dans le couloir, toujours à la place des placards, la grande cheminée en pierre de taille, vrai cantu fort bien conservé. Sous les plâtres du plafond apparurent les poutres et poutrelles du XVIe siècle, certaines portant encore leur peinture noire et verte avec motifs d'or d'époque.

Tout cela était fort beau, mais allait nous entraîner à des dépenses importantes. Les religieuses et moi-même sentions qu'il serait difficile d'obtenir des fidèles l'argent nécessaire à ces travaux qui consacraient la disparition de « leur école ».

Nous étions presque découragés, lorsqu'un visiteur ami, fin connaisseur des choses du passé et de l'histoire de Bort, nous fit remarquer qu'une poutre, dans un coin sombre, portait dans un cartouche une inscription. Vite une échelle, une lampe électrique et nous déchiffrons une sentence latine dont la traduction est : « A qui aime, rien n'est difficile. »

De cette découverte je fis le commentaire suivant : « Ah ! que béni soit l'érudit inconnu du XVIe siècle qui a fait peindre cette sentence dans la principale pièce de sa maison. La sagesse de tous les temps s'y exprime, mais encore plus la sagesse chrétienne. Elle évoque le titre du film récent sur Bernadette : *Il suffit d'aimer.*

Quel encouragement pour les sœurs paroissiales et pour moi dans la fondation de cette maison pour la formation et l'instruction chrétienne des jeunes filles. Oui, elle était difficile, et certains qui en étaient persuadés n'ont rien fait pour nous rendre la tâche facile : nous avons connu la tentation de tout abandonner.

Si nous sommes allés de l'avant, la seule raison doit être cherchée dans notre amour pour cette jeunesse féminine que nous voulons aider en sa réussite par une vie chrétienne.

Les obstacles, comme les cloisons et les affreux placards, sont tombés les uns après les autres, et c'est la lumière qui éclate, et le secret de notre action qui est rendu manifeste :

« A qui aime, rien n'est difficile. »

J'entends le matérialiste ricaner : « Il leur faut bien peu pour les encourager : une parole peinte sur une vieille poutre ! Mieux vaudrait un gros chèque ! » Eh oui, nous sommes ainsi faits : nous croyons plus à la force de l'esprit qu'à celle de l'argent. De plus il n'est pas impossible que cet amour, à qui rien n'est difficile, trouve aussi celui ou ceux qui signeront le chèque...

La présentation de la sentence fut à ce point efficace que non seulement les frais d'adaptation de l'école en maison paroissiale furent couverts, mais que la vie matérielle des religieuses fut prise en charge et assurée par des générosités régulières.

L'après-Concile

Pendant que ces problèmes semblent m'accaparer – vous verrez qu'il n'en est rien – se déroule le Concile Vatican II. Plus loin je dirai quelle y fut ma participation. Ici je dois dire ses répercussions sur la vie paroissiale et donc dans ma vie de curé.

« PRINTEMPS D'ÉGLISE. LA LITURGIE BOUGE. »

Je titrais ainsi l'exposition aux Bortois des premières modifications apportées à la liturgie, entrant en vigueur le 16 février 1964. Elles portaient sur la place plus grande faite à la langue de chaque pays pour la messe et les sacrements, sur la possibilité de dire la messe de mariage l'après-midi. J'ajoutais : « Toutes ces modifications constituent le premier et très modeste train de réformes. D'autres vont suivre. La liturgie, après un temps très long de presque complète fixité, entre dans une période de mouvement qui durera plusieurs années. A la fin tout sera rénové. Ce qui ne veut pas dire que chacun agira à sa guise. Il est demandé au contraire que prêtres et fidèles s'en tiennent strictement à ce qui est autorisé : il s'agit de refaire de l'unité grâce au renouveau. »

Ces paroles de sagesse furent entendues des Bortois, et il n'y eut aucune histoire d'intégristes ou de progressistes chez eux. Ah! si partout on avait agi de même que de difficultés auraient été évitées à l'Église de France!

Tandis que je faisais mon possible pour faire passer dans la pratique de la vie paroissoiale les décisions du Concile par des explications dans l'*Écho*, dans les prédications et dans les différentes réunions des groupements, d'autres soucis orientaient mes activités.

Par exemple, l'ouverture d'une maison des jeunes dans l'ancienne villa de Madame Guillard.

Alors que j'avais fait le pas d'ouvrir à tous les enfants de Bort la maison paroissiale, en fermant une école libre, voilà que certains voulaient accaparer la maison des jeunes en l'affiliant à une association laïque... au sens ancien du mot, c'est-à-dire fermée à tout ce qui est chrétien, ce qui mettait une gêne évidente pour la participation des jeunes de chez nous aux activités destinées à tous. Dans une réunion à la mairie je dus revendiquer le respect de la vraie laïcité, en demandant que la maison soit placée uniquement sous dépendance municipale, c'est-à-dire ouverte à tous, sans aucun engagement obligatoire à une fédération laïque dépendant de l'Instruction publique. Cette position expliquée au grand public par un article très net de l'*Écho* reçut l'assentiment du plus grand nombre et la municipalité décida de rester seule maîtresse de l'organisation. Petite victoire de la liberté de choix!

L'Entraide bortoise, par contre, qui était l'activité au plan charitable de l'action catholique, sur mon initiative, cessait d'être une œuvre paroissiale pour passer, avec des statuts laïques, aux mains des adhérents, sans monopole de qui que ce soit. N'était-ce pas aller dans le sens du concile ? Ce qui ne veut pas dire que les chrétiens n'étaient plus actifs au sein de l'Entraide car, malheureusement, les dévouements gratuits restent rares.

La mise sur pied d'un comité de presse, pour la meilleure diffusion des journaux et revues d'inspiration chrétienne, devenait de plus en plus utile pour faire pénétrer les décisions du Concile et les expliquer à un grand nombre de lecteurs. Il tint jusqu'à ce que la Maison de la presse locale se charge de cette diffusion.

Deux lieux de culte, à cette époque, furent l'objet de mes soins.

Dans la cité de la Plantade, l'E.D.F. avait mis une salle à la disposition de la paroisse pour le catéchisme des nombreux enfants de la cité et pour le culte du dimanche. L'E.D.F., abandonnant ces locaux, les donnait – ou presque – à la ville. Mais il fallait assurer la permanence de la chapelle. Tractations difficiles, car le local se trouvait dans un bâtiment de l'école ! Sainte laïcité, voile-toi la face ! Enfin tout fut arrangé : la paroisse obtenait non plus une seule salle, mais deux et surtout, dans le contrat de vente, l'E.D.F. stipulait que la commune devait laisser, au même titre que l'église, ce local gratuitement à la disposition du culte.

Résultat obtenu non sans un peu de diplomatie.

De la diplomatie, il m'en fallut davantage pour la création d'une chapelle à l'hôpital rural.

Le directeur de cet établissement, bon socialiste et laïque mais objectif, constatant que les résidents de cet hôpital – à vrai dire surtout maison de retraite – désiraient en très grand nombre un service religieux, accepta de faire figurer dans les projets d'agrandissement en cours un lieu pour le culte. La chapelle fut refusée, les règlements étant formels : pas d'ouverture de chapelle dans les hôpitaux, seules celles qui existent dans les anciens établissements peuvent être maintenues.

Alors intervint la diplomatie !

La chapelle ne fut pas construite, et les règlements étaient saufs. Mais dans le sous-sol un « local de réunion » fut aménagé à côté de la morgue, pouvant servir aux enterrements... et donc au culte.

Ce local ressemble étrangement à une chapelle, avec vitraux

sur tout un côté, éclairés par réflecteurs posés derrière, pour donner l'impression que l'on n'est pas dans une cave mais au niveau du sol : bel autel en pierre du pays; dallage en pierre d'Allassac; bancs d'église du plus beau style, confessionnal mobile et statue de bois de la Vierge offerte par un bienfaiteur.

Pour l'inauguration de cette chapelle qui n'en est pas une, j'avais invité tous les responsables de cette réalisation : sous-préfet, maire, conseil d'administration, directeur de l'Action sanitaire et sociale, inspecteur de la Santé, etc, pour leur dire :

« Je ne sais si je puis dire merci pour quelque chose qui n'existe pas légalement ? » Et de remercier, avec un mot spécial pour chacun d'eux, « tous ceux qui auraient pu mettre les bâtons dans les roues, et nous savons tous combien c'est facile dans vos grandes administrations !

« Pour finir, voulez-vous que je vous dise ce que je pense de votre chapelle ?

« Au point de vue artistique ? C'est une réussite.

« Au point de vue religieux ? Elle correspond très bien à ce que doit être un lieu de culte pour l'Église d'après le Concile. Une Église qui ne se veut pas dominatrice, mais servante. La chapelle souterraine répond à ce désir, non pour se cacher (nous n'en sommes plus au temps des catacombes... et nous n'avons rien à cacher), mais pour ne pas gêner les autres : ne s'imposant pas à la vue, mais présente au cœur de la maison, la chapelle est là pour aider quand ils le veulent ceux qui s'acheminent vers la fin de leur vie... »

Terre Sainte et mission

Toutes ces occupations ne m'empêchèrent pas de prendre huit jours pour un pèlerinage éclair en Terre Sainte.

J'y avais été mis en goût par le voyage du pape Paul VI, qui venait de s'achever avec des fruits si évidents que ce « retour aux sources » me parut nécessaire. Profitant des premiers voyages organisés en hiver (exactement en février) pour une meilleure utilisation des avions, avec des tarifs très réduits (moins de 1 000 F tout compris), je pris le départ en Caravelle à Orly. C'était la première fois que j'empruntais ce moyen de transport. Curiosité de ce voyage : dans la Caravelle avaient pris place les cardinaux Garonne et Veuillot, jusqu'à Rome où nous faisions escale, et Raymond Devos qu'alors je ne connaissais pas, mais qui se signala à notre attention par ses facéties.

Après survol, pour moi passionnant, du sud de la Grèce et de l'île de Chypre, nous arrivons à Beyrouth où nous changeons d'avion pour atteindre Amman. Là nous prenons un vieil autocar qui nous conduit à Jérusalem, vers minuit.

Des richesses historiques, géographiques, spirituelles accumulées en huit jours vécus intensément, je fis part aux Bortois dans une série d'articles de l'*Écho* orientés vers la préparation d'une activité paroissiale, autrefois fréquente mais devenue rare : une mission.

« Bort en mission », disais-je au lieu de « mission à Bort » comme on aurait dit autrefois, voulant par là exprimer la nouvelle méthode d'évangélisation d'une population mise au point par les missionnaires.

La mission ne durera pas seulement quelques semaines. Elle comportera un travail réparti sur plusieurs années. Elle utilisera des prêtres spécialisés dans l'apostolat des missions et le clergé local (ce qui était une nouveauté), mais elle ne sera pas uniquement leur affaire. Les laïcs chrétiens eux aussi, eux surtout, feront partie de la mission. Ils sont mieux placés que quiconque pour dire où sont les besoins religieux à satisfaire, les ignorances à combler, les espoirs à faire revivre. Tout commencera par une réunion autour des premiers missionnaires où chaque participant pourra donner ses idées pour la rédaction des questionnaires qui, par les réponses obtenues, permettraient d'orienter les activités de la mission en partant du réel : elle sera réponse à des questions précises, pour un milieu précis.

Ce « sondage d'opinion », dont la mode commençait à faire fureur, fut préparé avec soin dès janvier 1967 et présenté à chaque foyer, d'abord par l'*Echo des Orgues*, puis par une distribution massive des questionnaires auxquels il suffisait de répondre par oui ou par non, soit encore en faisant une croix dans telle ou telle case selon le choix de l'opinion que chacun voulait exprimer.

Malgré le grand effort de diffusion de ce sondage d'opinion, dès le mois de septembre je dus avouer l'échec de ce moyen d'approche fait « avec des papiers ». Sans doute aurait-il fallu que chaque questionnaire soit présenté dans les foyers et discuté de vive voix par un enquêteur habile. Ce manque de contact humain explique sans doute le petit nombre de réponses reçues : quelques centaines à peine. Déception pour les missionnaires, déception plus grande encore pour le curé. Dès cet instant il ne crut plus au succès de la mission.

Celui qui en avait la responsabilité, le père Couturon, montfortain, eut beau chaque mois écrire pour l'*Écho* un article de préparation à la mission; un autre missionnaire spécialisé dans les milieux ouvriers eut beau faire des visites à de nombreux foyers au temps de Noël 1967 et pendant l'année 1968, à plusieurs reprises; le nombre des missionnaires eut beau être porté à quatre pendant le temps fort, c'est-à-dire tout le carême 1969, rien n'y fit.

La mission 1967-68-69 fut un échec complet. Aucune des réunions organisées par les pères, que ce soit à l'église, dans notre salle paroissiale, au cinéma Familial ou même dans certains cafés de la ville, ne put atteindre cent participants à la fois, c'est-à-dire même pas le tiers des fidèles venant à l'église le dimanche. Pire encore : malgré tous les contacts pris avec des foyers d'ouvriers, pas un ne s'ouvrit pour une réunion même minime organisée entre voisins.

A s'en tenir aux apparences, du temps, de la peine et beaucoup d'argent gaspillés. Il ne faut pas perdre de vue qu'en cette même période s'étaient déroulés les événements de mai 1968. Qui peut dire qu'ils ne sont pour rien dans l'attitude des Bortois en face de la mission ? Elle aurait pu être cependant une forme de la mise en question de la vie religieuse à Bort. Non, pas même cela. J'ai pu conclure, toujours dans l'*Écho* : « Les Bortois n'aiment pas être dérangés. »

Fin de règne

L'insuccès de la mission à Bort, qui faisait suite à une presque aussi mauvaise mission dans la zone frontalière côté Cantal, fut pour quelque chose dans la mise en train d'une zone apostolique, groupant par-dessus les frontières des deux diocèses, la paroisse de Bort et celles des cantons de Champs et de Saignes, du diocèse de Saint-Flour.

Cette union commandée par la géographie tout court, comme par la géographie humaine, économique et sociale (à la suite d'enquêtes sociologiques menées non seulement par le clergé, mais par les autorités civiles, au point qu'un des premiers « contrats de pays » a été celui de Bort-Artense) avait été décidée au cours d'une rencontre entre évêques et clergés concernés. Cette solution si raisonnable, hélas! ne fut que théorique et n'eut jamais de bases concrètes.

Des tentatives d'action commune furent tentées, mais par faute de responsable nommé pour cette zone et en raison de la double appartenance — sans limites bien précises — à la zone Bort-Artense et Ussel, rien de stable ne fut organisé.

Dans la perspective de la zone interdiocésaine, non seulement le diocèse de Saint-Flour avait accepté de donner un prêtre à Bort, mais Mgr Brunon y avait ajouté un membre de sa société sulpicienne : nous étions donc trois prêtres au service de Bort et de sa zone. Cet état de choses ne devait durer qu'un an. Ce sulpicien étant ancien professeur d'Ecriture sainte, on profita de sa présence pour organiser quelques leçons bibliques au cours de l'hiver, avec profit pour les nombreux auditeurs et d'autant plus nécessaires qu'en cette période la propagande des témoins de Jéhovah se faisait pressante dans la paroisse et ses alentours. Je me vis obligé de mettre mes paroissiens en garde contre cette secte, et à plusieurs reprises.

A dater de 1971 fut organisée la « retraite à domicile » à la place des réunions de carême, bien mieux adaptée aux conditions de vie trépidante des foyers. Une simple réunion de lancement, une autre de mise en commun des résultats. Pour le reste chacun fait à domicile son temps de réflexion et de prière, selon l'horaire le plus favorable, à l'aide d'une brochure qui donne pour chaque jour un thème de méditation et d'étude. Cette retraite à domicile fut une des réalisations les plus heureuses de la collaboration de la zone Bort-Artense.

Pour prolonger les bons effets de ce temps fort du carême j'essayais d'intéresser les plus ouverts, et certains jeunes foyers, à des échanges d'idées sur les plus actuels sujets religieux, par petits groupes. Là encore peu de résultats, et surtout peu durables. Si l'inconstance est humaine, les Bortois sont très humains !

En novembre se fit le changement dans la liturgie des défunts, souhaité par Vatican II et mis au point par l'épiscopat de langue française. Sur ce point, sensible en raison des habitudes anciennes, vénérables et traditionnelles, les modifications ne pouvaient être envisagées sans risques. Présentées assez tôt, avec soin, en évitant toute critique inutile, les nouvelles règles liturgiques entrèrent en vigueur sans heurts. Il est vrai que n'avait été modifié que ce que les évêques avaient demandé et que nulle fantaisie ne trouvait place dans la nouvelle manière de faire. Au bout de quelques mois la cause était gagnée : toutes les familles touchées trouvaient que la liturgie modifiée valait bien l'ancienne et qu'elle était plus accessible à tous.

Sentant venir ma fin prochaine... au moins en tant que responsable de ma paroisse, il me tardait d'achever la restauration de l'église. Avec l'aide d'un grand bienfaiteur de la paroisse, mon ami

M. Jean Aubier, l'église avait été dotée d'orgues électrostatiques de trente jeux avec deux claviers manuels et un pédalier. Il avait pensé qu'en une ville portant le nom de Bort-les-Orgues l'église ne devait pas être sans orgues.

Restait à régler la question des vitraux. Les trois de l'abside avaient été placés dès la première tranche de la restauration et ils donnaient le ton pour toute l'église. Les quatorze restants, en comparaison surtout, étaient affreux et de plus pour la plupart en mauvais état. Dès janvier 1972, je lançai une offensive pour trouver donateurs ou souscripteurs pour un vitrail ou une partie de vitrail. En juillet 1973, Maître Dorchies achève les seize vitraux (car on y a ajouté les deux de l'entrée) et leur bénédiction peut être fixée au 5 août. Mgr Brunon, de Tulle, et Mgr Georges Rol, d'Angoulême, – dont j'ai déjà dit les liens qui m'unissent à lui – sont présents pour donner plus d'éclat à cette cérémonie.

D'autre part, mais par les soins de la municipalité, avait été entrepris le délicat travail de la réfection complète de la flèche du clocher, y compris le coq planté, en guise de girouette, au sommet de la croix. Les journaux purent raconter qu'on avait vu le coq du clocher descendre la rue de Paris pour se rendre chez le photographe. Il en valait la peine, car il portait sur son cuivre oxydé la date de sa naissance : 1587, et celles de ses précédentes restaurations : 1646, 1742 et 1887, c'est-à-dire une fois par siècle. Il porte désormais sur sa queue – qu'il avait perdue à la bataille et qui lui a été refaite – la date de 1973 et les noms des ouvriers qui ont travaillé à la réfection du clocher.

La municipalité avait aidé la paroisse, celle-ci à son tour devait la soutenir pour l'organisation d'une « année Marmontel » qui sauverait l'année touristique compromise par la vidange du lac du barrage (pour vérifications et travaux), qui allait priver la région de son si beau plan d'eau autour du château de Val. Par des articles successifs dans l'*Écho,* la vie de leur plus illustre compatriote, secrétaire perpétuel de l'Académie française à la veille et au début de la Révolution de 1789, fut présentée aux Bortois, et à travers eux à tous les estivants. Aussi les uns et les autres prirent-ils part en foule à l'exposition de ses œuvres, souvenirs ou tableaux, au château de Val, et aux conférences sur sa vie et son influence données par deux Corréziens, MM. Passien et Dautrement, et par un Anglais, John Renwick, professeur à Cambridge, devenu le spécialiste de Marmontel dont il a publié la correspondance. Le clou de cette commémoration étant l'éloge de J. François Marmontel par

Jean Guitton, de l'Académie française, délégué par elle pour ce faire.

Le 250e anniversaire de Marmontel ne me détourna pas de célébrer en même temps le centenaire de sainte Thérèse de l'Enfant-Jésus, et même d'unir les deux célébrations. Un pèlerinage paroissial, en car, fut organisé vers Lisieux. Il fut plein de piété et de joie. Au retour, grâce à l'invitation et à la générosité de M. Gouéry, un Bortois devenu maire de Breuilpont dans l'Eure, restaurateur de la tombe de Marmontel, nous pûmes visiter l'humble village où l'illustre académicien avait trouvé refuge pour fuir la Terreur, et prier sur sa tombe à Saint-Aubin. A la suite de ce double pèlerinage et toujours grâce à M. Gouéry, la première pierre tombale de Marmontel, dans son jardin, fut portée à Bort et placée au château de Val.

Au plan religieux, une messe fut dite pour le repos de l'âme de l'illustre enfant de Bort qui, un peu comme son ami Voltaire, malgré tout, avait gardé la foi. A cette messe, Jean Guitton prit la parole pour un bref commentaire de saint Paul. En 1789 Marmontel ne pouvait prévoir qu'un de ses lointains collègues de l'Académie marquerait ainsi, dans l'église de son baptême, son anniversaire !

A Noël 1973 le pape ouvrait l'Année sainte. Elle mobilise nos efforts sur le thème de la réconciliation, avec la nouvelle présentation du sacrement de pénitence devenant sacrement de la réconciliation. Sur ce sujet beaucoup d'explications à donner pour faire sortir des routines et créer de nouvelles habitudes, en particulier pour faire comprendre les cérémonies pénitentielles pour une assemblée : de là des occupations nouvelles pour le clergé se voulant docile aux récentes orientations. Toute mon action pastorale en 1974 fut donc centrée sur la réconciliation, s'étendant d'ailleurs, selon les vœux du pape à la réanimation du culte marial, dans l'esprit de Vatican II, par une remise en pratique du chapelet et de l'angélus.

Pour coller à l'actualité, dans le même temps, je dus mettre en garde mes paroissiens contre certains théologiens qui semblaient remettre en cause la résurrection du Christ. En partant de là j'osai élever le débat jusqu'à traiter du sens de la vie présentée comme une montée, jusqu'à la vie de Dieu. Toute la spiritualité de « la vie montante ».

Pour prendre part à la clôture de l'Année sainte et répondre à l'invitation du pape, le diocèse organisa un pèlerinage à Rome, à la fin du carême. Ayant réussi à constituer un groupe bortois d'une vingtaine de personnes, je pris avec lui la route de Rome ; c'était pour la troisième fois. Au retour, de bien des manières, je ne manquai pas de faire partager à tous les paroissiens les motifs, l'intérêt et les bienfaits d'un tel déplacement.

Peu après, mon action allait prendre une autre orientation en raison de la préparation matérielle et spirituelle d'une ordination sacerdotale qui devait se dérouler dans l'église de Bort. Le candidat au sacerdoce était un jeune homme, non originaire de chez nous, mais que notre paroisse avait adopté et en quelque sorte sauvé. L'histoire de ce prêtre est si étrange que j'en parlerai plus loin. Son ordination fut une grande fête et donna aux fidèles la joie de pouvoir faire quelque chose pour ce valeureux jeune homme qui acceptait le beau risque du sacerdoce, en un temps où les vocations se font si rares.

Belle occasion pour moi de dire ce qu'est le prêtre et son absolue nécessité, en partant de la parole de Pascal : « Je te suis présent... par ma puissance dans le prêtre », commentée par François Mauriac, pour arriver à cette citation de Vatican II : « ... aux prêtres qui en raison de leur charge sacrée tiennent la place du Christ. » Pour arriver à conclure : « Ne croit-on pas entendre l'écho de la parole traditionnelle – pas si usée que ça – qui désignait le prêtre comme un « autre Christ » : « *Sacerdos, alter Christus* » ? Car j'avais sur le cœur un exposé épiscopal qui précisément démolissait cette formule dans cette période postconciliaire où pour exposer le « sacerdoce des laïcs » il était de bon ton de saper la définition traditionnelle du prêtre... non sans tarir, ou presque, du même coup le recrutement sacerdotal.

Cette question du sacerdoce si discutée, si mal présentée après le Concile, m'avait amené à exprimer à mon évêque, au cours d'une réunion de prêtres, une pensée qui m'est chère : « Si l'on n'est pas assez sûr que le prêtre soit revêtu de pouvoirs qui le distinguent des autres membres du peuple de Dieu, comme les apôtres (les évêques) le sont de manière indiscutable, pourquoi ne pas faire de tous les prêtres des apôtres à part entière, puisqu'ils en accomplissent les tâches ?

« Dans le collège apostolique tous avaient les mêmes pouvoirs, et cependant l'un d'entre eux avait la primauté du commandement. Dans un diocèse, même si tous les ministres du Seigneur recevaient la plénitude du sacerdoce, cela n'empêcherait pas que l'un d'entre eux soit élevé à la responsabilité d'évêque (surveillant) pour la juridiction.

« Et comme la plénitude de l'apostolat est une grâce pour le peuple de Dieu, celle-ci serait plus largement efficace à son service, comme il en était au tout début de l'Église.

« L'unité du sacrement de l'ordre serait totale et toutes les question épineuses à son sujet écartées. Et quelle joie pour les ministres du Seigneur, du plus humble curé de village jusqu'au chef du plus grand diocèse, de se savoir également apôtres à part entière pour les tâches d'Église ! »

La réponse de mon évêque fut très simple : « Le Concile n'a rien prévu dans ce sens. »

Je mourrai donc avec le regret, non de ne pas être évêque au sens honorifique du mot, mais de n'avoir pas reçu la plénitude du sacerdoce dont j'ai pourtant accompli les tâches sur le terrain, plus qu'un évêque dans son bureau, occupé aux travaux administratifs.

En passant par Assise, au cours du pèlerinage à Rome, une discussion avait été organisée sur « Le chrétien et l'argent ». Commencée dans la cité du Poverello elle avait laissé plusieurs sur leur faim. Il fallait répondre à leurs questions qui sont celles, pratiques, auxquelles le chrétien doit avoir réponse pour savoir comment juger et agir dans sa vie réelle. Tour à tour furent traités les sujets suivants : « Jésus et les riches », « Jésus est-il un réformateur social ? », « Évangile et libération », « Pauvreté et vie religieuse », qui donnèrent lumière, et pas seulement aux pèlerins d'Assise.

Pendant que je mettais tous mes efforts à adapter l'évangélisation de ma paroisse aux directives du Concile, mon évêque pensait déjà à me mettre à la retraite.

Le plus simple, pour dire dans quel esprit j'ai accepté qu'un prêtre plus jeune soit donné à Bort, est de citer mon article d'adieu à mes paroissiens :

UN POINT... C'EST TOUT

Au temps où à l'école vous écriviez des dictées, si longues soient-elles, la fin en était marquée par cette phrase rituelle : « Un point, c'est tout. »

Je veux la reprendre pour dédramatiser mon départ.

Mon temps de pastorat s'achève.

Les raisons de mon départ, sans y être contraint, après quarante-sept ans de ministère, dont vingt-cinq ici, et à soixante-dix ans d'âge, je tiens à vous les donner. J'aurais pu, si Dieu avait voulu, « tenir » encore quelques années, mais en vieillissant. La vie de la paroisse n'y aurait rien gagné et j'aurais d'autant ajouté à l'âge de mon successeur. Lui et vous avez avantage à un départ qui permet de mettre plus de jeunesse et de vigueur à la tête de la paroisse. C'est donc en pensant à votre intérêt que j'ai accepté de partir.

Je dois à la vérité d'ajouter que j'ai pensé aussi à ma mère qui, en servant vingt-cinq ans au presbytère, a tant rendu service à la paroisse. A quatre-vingt-douze ans accomplis, elle a bien droit de retourner finir ses jours à Tulle, son pays natal, où tant de ses enfants et petits-enfants attendent son retour, et elle ne voulait pas y revenir sans moi.

En vous quittant, je suis perdant. Vous, vous aurez toujours un curé; moi, je n'aurai plus Bort, cette paroisse vivante et sympathique, ni cette résidence dans ce lieu privilégié qu'est notre ville. Mais c'est bien ainsi. Il faut que les dernières années d'un prêtre se passent dans l'humilité, le recueillement et la prière. Telle sera ma vie désormais.

Comment vous dire adieu sans jeter un coup d'œil en arrière, sur ces vingt-cinq ans – le premier quart de la deuxième moitié du siècle – que nous avons vécu ensemble ?

Je tiens à affirmer que mon rôle – qui est d'ailleurs celui de tous les chefs de communauté – a été de faire des projets, d'avoir des initiatives, mais que rien n'a été fait sans vous. L'œuvre est commune et, après tout, nous n'avons réalisé que ce que d'autres, en leur temps, avaient fait aux époques précédentes. Qu'il s'agisse du matériel (restauration de l'église, cloches, chauffage, salles de catéchisme, vitraux, sonorisation, maison paroissiale, familiale, etc.), comme du spirituel (Congrès eucharistique, missions, Notre-Dame de Bort, « Écho des Orgues », mouvements d'Action catholique, Vie montante, Fraternité des malades...), comme encore au plan liturgique (évolution sans heurts inutiles dans l'orientation de Vatican II), il me semble que nous avons fait avancer la paroisse vers ce qu'elle devait être pour « être de son temps ». Elle n'est pas en avance; elle n'est pas en retard; elle est apte à évoluer encore, car telle est la vie.

Sans vains regrets, tournez-vous donc vers ce qui vient, sous la forte direction de votre nouveau pasteur. A lui je fais pleine confiance; c'est avec plaisir que je remets entre ses mains ma charge de curé de Bort.

Avant de vous quitter, chers Bortois, je veux vous remercier pour m'avoir supporté, suivi, aidé, sans me créer jamais de vraies difficultés. Grâce à vous, j'ai été un heureux curé... que mes confrères n'ont jamais cessé d'envier. Je tiens à vous remercier aussi pour votre gentillesse à l'égard de ma mère qui est tout émue de vous quitter.

Ma pensée va vers ceux qui furent mes collaborateurs. J'ai eu grande chance d'avoir des vicaires tels que les abbés Briois, Verlhac, Delbosc et Desvergées. L'entente entre eux et moi fut parfaite, la vie commune toujours agréable; ils restent mes amis.

L'équipe des trois sacristains (unique en Corrèze) a tenu, sans faille durant ces vingt-cinq ans; et les enfants de chœur, toujours nombreux, n'ont jamais manqué de servir avec grâce.

Les religieuses paroissiales ou gardes-malades m'ont été d'un secours quotidien, très spécialisé mais toujours dans un esprit de communauté d'action. Avec elles, l'entente a toujours été parfaite.

Je dois également un grand merci à tous ceux et toutes celles qui ont été les animateurs des mouvements d'action catholique ou des mouvements de spiritualité, ainsi qu'aux dévouements obscurs de celles qui entretiennent les chapelles de l'église.

Je manquerais à la plus élémentaire justice si je n'adressais un public merci à tous ces bienfaiteurs et bienfaitrices de la paroisse, sans lesquels je n'aurais jamais pu mener à bien toutes les améliorations paroissiales.

Ma pensée va vers les défunts si nombreux (plus de mille!) que j'ai aidés en leur passage vers l'éternité; vers ces jeunes foyers que j'ai préparés avec tant de plaisir et de soins à vivre en Dieu leur grand amour; vers ces enfants que j'ai baptisés, préparés par le catéchisme – fait inlassablement et avec une adaptation sans cesse mise au point – à une vie chrétienne personnelle... plusieurs milliers!

Je pense aussi, avec regrets, à tous ceux que j'aurais dû visiter ou aider plus; à tous ceux à qui j'ai pu faire de la peine, qu'ils me pardonnent!

Je tiens à faire une déclaration : je n'ai pas fait fortune sur votre dos. Je pars – et c'est une des fiertés de ma vie – pas plus riche qu'à mon arrivée à Bort. Mais je reconnais avec gratitude que vous ne m'avez laissé manquer de rien pendant mon séjour parmi vous. De cela aussi je vous dis merci.

Même si je ne reviens pas souvent à Bort, il ne faudra pas m'en tenir rigueur, ni croire que je vous oublie : je dois laisser le champ libre à mon successeur.

Je ne vous oublierai pas dans mes prières.

Je serai heureux de recevoir les Bortois de passage à Tulle. Mon domicile sera facile à trouver, juste au pied du clocher de la cathédrale (8 place Emile-Zola), mais difficile d'accès, étant au troisième !

Je vous laisse à la garde de celle qu'ensemble nous avons établie Reine et Protectrice de la ville : Notre-Dame de Bort.

A vous tous, Bortois, adieu !

Un point, c'est tout !

La dictée achcvéc, il fallait ajouter le nom de l'auteur. C'est pourquoi – au lieu de l'habituel J.E. – je signe, et pour la dernière fois :

Jean ESPINASSE,
curé de Bort, 1951-1976.

7

DES FAITS, DES CAS PRÉCIS

Tout ce que j'ai raconté jusqu'ici, malgré les détails fournis, ne dit pas assez ce que fait le prêtre, ce qui lui arrive dans l'imprévu de la vie.

Sortant des généralités, je vais raconter des cas précis, en ouvrant davantage l'armoire aux souvenirs.

Pour brouiller un peu les pistes, au lieu de suivre la chronologie, je grouperai les histoires par catégories, traitant des jeunes, des candidats au mariage, des adultes – en parlant séparément des hommes et des femmes – des confrères, et enfin, des malades et des mourants.

Les jeunes

Pour commencer, un cas dramatique.

Un soir, un jeune garçon sonne à la porte du presbytère et demande à me voir.

La porte ouverte, il me jette à la figure : « Je viens de tuer Paul. » Je le fais entrer et, devant son trouble qui est visible je lui dis : « Explique-toi. » Il faut savoir que Paul est un garçon qui venait d'être admis à la communion solennelle, à laquelle je l'avais préparé par des cours particuliers de catéchisme, car il était aveugle. J'étais pour lui « son abbé ». Celui que j'appellerai Pierre, à travers ses sanglots, me mit au courant du drame : « Mes parents étaient absents pour la journée; je suis allé passer l'après-midi chez mon ami

Paul. J'ai trouvé une carabine derrière la porte de sa maison et ne la sachant pas chargée, par jeu, j'ai mis mon camarade en joue en lui criant : « Dis chiche ! » Lui, ignorant de quoi il s'agissait, crie « Chiche ! » J'appuie sur la gâchette, le coup part. Paul crie en portant la main à son cou d'où le sang coule à flots. J'ai eu si peur que j'ai jeté la carabine et me suis sauvé en courant. Je suis sûr d'avoir tué Paul. Fuyant dans la campagne, je suis arrivé à la voie du chemin de fer. Je suis allé me coucher sur les rails pour me faire écraser par le train. A son approche, le bruit était tellement effrayant, le sol tremblait tant, j'avais si peur que je me suis jeté de côté. Je veux me confesser, j'ai tué mon copain. »

Je me mis à lui parler tout doucement pour calmer sa peur. « Il n'est pas sûr que Paul soit mort. De toute manière tu n'es pas un assassin puisque tu n'avais pas l'intention de lui donner la mort. Ton plus grand péché, c'est ton désespoir, ta fuite devant tes responsabilités. Pour te rassurer je veux bien te donner l'absolution, mais ce qui presse le plus est d'aller aux nouvelles, de prévenir tes parents et la gendarmerie. Je me charge de tout. » Je le laisse sous bonne garde et vais à la gendarmerie qui me confirme la mort de Paul : il avait eu la carotide sectionnée et, faute d'intervention rapide, avait perdu tout son sang. Après quoi je vais attendre les parents à la gare, leur apprendre le drame et leur remettre leur fils. Ensemble nous allons encore à la gendarmerie pour une première déposition, et je cours chez Paul soutenir les parents et le frère de la pauvre petite victime. Je revois mon petit communiant d'il y a quelques jours à peine, devenu un gisant au visage de cire.

Ce drame me fit prendre conscience de la place que « l'abbé » avait tenu dans la vie de ces deux enfants : l'un était prêt à paraître devant Dieu, l'autre avait été sauvé en se réfugiant auprès de celui qui pouvait ôter son péché et lui rendre espoir.

Pour finir sur un autre ton cette sombre histoire, je peux dire que Pierre est devenu un clown célèbre !

Un exemple mineur, pour dire comment j'ai senti et peut-être orienté la sensibilité d'un enfant.

J'avais l'habitude, lorsqu'un élève était un peu bruyant et trop inattentif pendant le catéchisme, de passer à côté de lui et, pour le calmer, de lui donner une petite gifle. Procédé jugé de nos jours fort rétrograde, mais dont je ne suis toujours pas persuadé de la nocivité. En tout cas les enfants préféraient ma manière de faire à toute autre punition.

Photo prise en 1900, au Cloucheyrou, pour la fête de saint Fiacre, patron des cultivateurs. Le vieillard tête nue est mon arrière-grand-père maternel. Son fils se voit tout au fond, en casquette. Le jeune garçon qui tient le drapeau deviendra l'archiprêtre Jean Bouillac, mon oncle prêtre.

Ma mère, l'humble servante du presbytère de Bort pendant vingt-cinq ans.

Mon père dans la cuisine du restaurant familial, en 1948.

Après le baccalauréat et avant l'entrée au grand séminaire. Je suis à gauche, au premier rang.

Le centre de Tulle avec la cathédrale, dans les années 30. La propriété du Cloucheyrou est à droite (dans le cercle); plus haut, le grand séminaire; le restaurant de mes parents est en bas à gauche, au-dessus de la caserne du Champ de Mars. *(Ph. Ray-Delvert - Agen-Villeneuve-sur-Lot.)*

Le petit séminaire d'Ussel. Le troisième étage du bâtiment central a été ajouté après mon séjour.

L'église fortifiée d'Allassac (XIIe siècle) et la tour César (XIIIe siècle).
(Ph. Éditions Modernes « Théojac » - Limoges.)

1936, aumônier de l'école Saint-Joseph, à Brive, à côté de Mgr Castel, qui m'a ordonné. *(Ph. G. Larivière - Brive.)*

Avec mon oncle, l'archiprêtre Bouillac, en 1949.

Le lieu des pendaisons vu par un témoin allemand. Au centre, dans l'ombre, le tragique balcon supportant quatorze pendus. *(Doc. F.N.D.R.P.)*

Citoyens de Tulle !

Quarante soldats allemands ont été assassinés de la façon la plus abominable par les bandes communistes. La population paisible a subi la terreur. Les autorités militaires ne désirent que l'ordre et la tranquillité. La population loyale de la ville le désire également. La façon affreuse et lâche avec laquelle les soldats allemands ont été tués, prouve que les éléments du communisme destructeur sont à l'œuvre. Il est fort regrettable qu'il y ait eu aussi des agents de police ou des gendarmes français qui, en abandonnant leur poste, n'ont pas suivi la consigne donnée et ont fait cause commune avec les communistes.

Pour les maquis et ceux qui les aident, il n'y a qu'une peine, le supplice de la pendaison. Ils ne connaissent pas le combat ouvert, ils n'ont pas le sentiment de l'honneur. 40 soldats allemands ont été assassinés par le maquis. 120 maquis ou leurs complices seront pendus. Leurs corps seront jetés dans le fleuve.

A l'avenir, pour chaque soldat allemand qui sera blessé, trois maquis seront pendus : pour chaque soldat allemand qui sera assassiné, dix maquis ou un nombre égal de leurs complices seront pendus également.

J'exige la collaboration loyale de la population civile pour combattre efficacement l'ennemi commun, les bandes communistes.

Tulle, le 9 Juin 1944.

Le Général
commandant les Troupes allemandes.

L'affiche portant l'ordre d'exécution de cent vingt otages, 9 juin 1944. *(Coll. Part. - D.R.)*

L'aumônier des pendus (février 1945).

L'équipe qui travaillait avec moi à l'identification des corps des pendus, devant la baraque où nous opérions en octobre 1944.

Bort-les-Orgues. Le centre de la ville et les rives de la Dordogne, au pied des orgues. *(Ciné et Photo Sully - Bort-les-Orgues.)*

A l'oratoire de N.-D. de Bort avec Mgr Chassaigne, évêque de Tulle, et Mgr Gouyon, alors évêque de Bayonne.

Intérieur de l'église de Bort, le jour de l'orc nation de Michel. Au fond le christ de Chav gnier et le vitrail du Buisson ardent, de Chapu *(Ciné et Photo Sully - Bort-les-Orgues.)*

Avec Edmond Michelet, alors Ministre d'État.

« Au nom du Président de la République... »
Avec M. Chirac et Mgr Brunon, actuel évêque de Tulle (à droite).

La cathédrale de Tulle, au chapitre de laquelle j'achève ma vie de « prêtre en Corrèze ». Elle fut mutilée pendant la Révolution. Ses trois nefs, seules conservées avec son fin clocher, sont barrées par un mur, « provisoire » depuis deux cents ans. Au milieu d'un cadre de vieilles maisons qu'il dépare, sans compter la vue intérieure de l'église qu'il brise, ce mur crie par sa platitude que la cathédrale de Tulle est la seule de France dans cet état... Mon vœu final ? Voir son harmonieux achèvement. *(Ph. Éts L. Chatagneau - Bordeaux.)*

Les photos non signées relèvent de la collection de l'auteur.
Tous droits réservés par S.P.A.D.E.M. ou A.D.A.G.P.

Le curé doyen de Bort à son bureau. 1956.

Un garçon ayant été giflé de la sorte se rebiffe (eh ! oui, la contestation était déjà connue.) : « Vous n'avez pas le droit de me battre. Je le dirai à mes parents. – Bon. Puisque tu parles de me dénoncer à tes parents, je vois bien que je me suis trompé sur toi; je ne peux plus te faire confiance. Je ne te toucherai plus, mais si tu es trop insupportable je n'aurai qu'une chose à faire : te mettre à la porte. »

Aux cours suivants il se tint tranquille, mais le temps passant le naturel reprit le dessus et de nouveau il me gênait fort. Je dus le menacer de le mettre à la porte. Il attendait sans doute ma menace pour me dire : « Vous pouvez me corriger comme les autres. – Non, je n'ai plus confiance en toi. » Mais quelques jours plus tard, profitant d'une de ses petites incartades, devant toute la classe surprise, je lui donne une bonne gifle. « Cette fois-ci vous avez donc confiance en moi ? – Oui, je te traiterai comme les autres, car je pense que tu as compris, comme eux, que ces petites corrections sont des signes d'amitié. Le prêtre, comme vos parents, peut agir ainsi avec vous, car il vous aime. »

Pour rassurer mes lecteurs, je précise que les distributions de gifles n'étaient pas pain quotidien et que jamais mes élèves n'ont vu en moi un bourreau d'enfants ! Quand j'arrivais dans la cour du lycée, les enfants couraient vers moi comme une volée de moineaux, au point que les professeurs, nécessairement plus distants, m'en exprimaient leur étonnement, eux qui ne giflaient pas leurs élèves !

En paroisse, avant que ne soit admise la sélection des enfants par classe et donc par niveau scolaire, longtemps les cours de catéchisme étaient composés en tenant uniquement compte du critère de l'âge; on arrivait ainsi à voir des différences très accusées entre les meilleurs et les plus faibles dans le même cours. Pour aider ces derniers je les confiais par petits groupes à des catéchistes capables de s'adapter à leur niveau intellectuel. Il arrivait que ces retardés deviennent des chrétiens aussi bons que les premiers de cours.

Je me souviens de l'un d'eux – affublé en plus d'un nom ridicule – dont nous pensions : « Avec lui, nous n'arriverons à rien. »

Quelque temps après sa communion, en hiver, pendant le black-out de 1939, je suis réveillé par la sonnette de nuit, vers 4 h du matin. « Qui est là ? – C'est moi... » et le nom ridicule. « Mon père va mourir, je viens vous chercher. » Pendant que nous cheminions dans les rues sans lumière, j'essayais de savoir qui avait eu l'idée de m'appeler, le malade, sa femme ou sa grande fille. « Non, dit le garçon, c'est moi qui sans rien dire à personne me suis sauvé de la maison où tout le monde pleure, car papa va mourir, pour aller vous chercher. Je me suis souvenu de ce que vous avez dit un jour au catéchisme : « Quand vous verrez vos parents en danger de mort vous devrez appeler le prêtre pour les aider. »

Bien des premiers de cours n'ont pas eu cette initiative, ce courage, cette foi.

Préoccupé des connaissances religieuses de mes petits élèves, je l'étais plus encore de leur loyauté ou sincérité dans la foi. Les cas d'incroyance de nos jeunes étaient heureusement plus rares qu'en nos jours : ils n'étaient que plus difficiles à déceler. Celui qui ne croyait pas n'osait guère le dire ouvertement.

Pendant les trois jours de retraite préparatoire à la communion solennelle, je remarquai un enfant qui, visiblement, attirait à lui un petit groupe de camarades et leur tenait des discours qu'au visage de l'enfant je jugeais sarcastiques à l'égard de la religion, car depuis quelque temps j'avais des doutes sur sa foi. Je le prends à l'écart et, pour le libérer, affirme : « N'est-ce pas qu'avec tes camarades tu as parlé de la communion pour t'en moquer ? Tu n'y crois pas ? – Qui vous l'a dit ? – Aucun de tes camarades ne t'a vendu. J'ai compris à ton visage, sans entendre un seul mot de tes paroles, que tu disais : Tout ça, c'est de la blague ! Me suis-je trompé ? - Non – Alors il faut agir en homme. Tu dois avoir le courage de ton choix. Plus tard, devenu adulte, tu t'en voudrais d'avoir été déloyal et tu m'en voudrais de t'avoir fait faire des actes auxquels tu ne crois pas, de t'avoir fait dire en public des paroles qui sonnent faux. Je vais t'aider à dire à tes parents que tu ne veux pas "faire du cinéma" demain. »

On était exactement à la veille du grand jour. Circonstance aggravante, ce garçon avait un frère jumeau qui devait faire la communion avec lui. Imaginez la surprise des parents, leur colère contre moi : « Vous n'avez pas le droit de refuser notre fils puisqu'il a fait son temps de catéchisme. Tout est prêt pour la fête. Que vont dire les parents invités si l'un des deux frères ne fait pas la communion ? – Voulez-vous, en le sachant, pousser votre fils à un acte déloyal ? Quel bien en attendez-vous, pour lui ou pour vous ? Par ailleurs, nous faisons seulement ce soir la découverte du manque de foi de votre enfant; peut-être aurions-nous dû en parler plus tôt, car je m'étonnerais qu'il n'ait rien laissé paraître de son état d'esprit en parlant du catéchisme. » La mère eut alors le courage d'avouer : « Il m'en avait parlé. – Alors, ni lui, ni vous, ni nous – car mon vicaire m'avait suivi – ne pouvons accepter que la profession de de cet enfant soit une mauvaise action, tandis que de sa courageuse prise de position, de sa loyauté envers nous il restera fier toute sa vie, et il gardera toute mon estime. – Mais son frère ? dit le père. – Pour lui le cas est différent, dit la mère, il croit et il prie. – Ainsi le pire sera écarté : votre fête familiale, vous l'aurez, vos invités ne seront pas déçus, vous fêterez le communiant avec sa foi et son frère pour sa bonne foi. Et les deux garderont un bon souvenir de cette étape sur leur route d'hommes. »

Ainsi fut fait, et depuis j'ai toujours revu avec plaisir, sans gêne aucune, celui à qui j'ai évité un acte dont il aurait honte aujourd'hui.

Autre exemple de mon intention de respecter la liberté religieuse chez les jeunes à moi confiés : il doit être obligatoirement localisé, car il se passe en internat, au petit séminaire d'Ussel, avec épilogue dans la paroisse de St-Sernin de Brive.

Dans la surveillance que j'exerçais, je fus attiré par l'attitude d'un élève de 3e qui ne me semblait pas bien dans sa peau : il faisait ce que l'on appelait du « mauvais esprit ». N'oublions pas que tous les jeunes réunis là y étaient théoriquement conduits par la vocation sacerdotale. A mon jugement, Louis ne marquait aucun signe de cet appel.

Un jour, je le pris en train d'écrire un billet doux à intentions très peu ecclésiastiques. J'en fis part au supérieur en lui demandant que cet élève soit interrrogé sur ses intentions vraies et, sans doute, remis à sa famille. Le conseil de discipline de la maison, sans me consulter, sans interroger le garçon, me fit connaître qu'il serait gardé, après une punition, car son curé, très important prêtre du diocèse, n'accepterait pas la mise à la porte de ce garçon, fils de sa servante, qu'il avait fait inscrire au petit séminaire où il payait sa pension. « C'est bien ce que je dis : ce garçon est ici non par vocation mais par force, il faut lui rendre sa liberté. » J'étais tout jeune et tout le conseil était contre moi. Plein de zèle et fort de la cause que je défendais, j'en vins à cette extrémité : « C'est lui ou moi. S'il rentre en étude, j'en sors et vous ne me reverrez plus. » Comme on me savait capable de tenir parole, Louis fut renvoyé.

L'histoire n'est pas finie. Trois ans plus tard, nommé vicaire à St-Sernin, je me vois confier la charge du Cercle des jeunes. Un peu terrifié par cette responsabilité, j'arrive, tout ému, dans la grande salle où pour la première fois je vais me trouver en face d'une cinquantaine de garçons, dont certains étaient aussi âgés que moi ! Je me demande si je vais « faire le poids » devant cette meute. Dans le couloir d'entrée je me heurte à un premier garçon. Avec terreur je reconnais Louis. « Mauvais début, pensai-je. Ça va mal se passer. » Mais le garçon, que je n'avais jamais revu depuis son renvoi du petit séminaire, vient vers moi la main tendue : « Je suis content de vous revoir, M. l'abbé, et de vous remercier. Vous seul avez vu clair dans mon cas. J'étais au petit séminaire par force. Ma mère et moi n'aurions jamais osé dire à M. le Curé que je n'avais aucune envie d'être prêtre. Je voulais travailler et me marier. Ici, avec les copains, je suis à mon aise. »

Du coup, moi aussi je fus à mon aise pour commencer la première réunion du Cercle.

Au petit séminaire encore, autre décision grave à prendre. J'étais chargé de conduire les élèves, à la rentrée des vacances de Noël, de la gare à l'école, mais à pied, tandis qu'un petit car était mis à leur disposition pour porter leurs bagages. Une bonne couche de neige couvrait le sol et la tentation était grande d'emprunter le car pour éviter les 2 ou 3 km de marche pénible. Les enfants sont trop nombreux, le car est tout petit et la consigne est nette : seulement les bagages dans le car, tous en rangs et en avant marche !

L'un des plus grands garçons, d'un air entêté dit : « Moi, je prends le car », et il s'y installe. Je lui répète la consigne, lui signale le mauvais exemple qu'il donne aux plus jeunes. Rien n'y fait. Voulant éviter une épreuve de force, je laisse partir le car. Selon les mœurs du temps, une désobéissance si publique ne pouvait passer sans punition. Faisant preuve d'une prudence qui m'était peu habituelle, je soumets le cas au supérieur et ensemble nous fixons la punition à imposer au délinquant. A l'annonce que je lui fais de cette sanction, il se révolte, ou plutôt il éclate en sanglots : « Non je ne ferai pas cette punition. Je ne la mérite pas. J'ai pris le car parce que j'étais trop fatigué pour faire la route à pied. Mon père, qui ne voit pas avec plaisir mon désir d'être prêtre, m'a obligé à un travail dur toute la journée pour décharger un camion de bois. Je n'en pouvais plus. Si je suis puni, je rentre chez moi, et mon père aura gagné. – Il fallait le dire à la gare. Vos camarades ne savaient pas vos raisons. Je suis prêt à retirer la punition, mais c'est à M. le Supérieur de juger si, pour l'exemple, il ne faudra pas en accepter une légère. Votre vocation si méritoire vaut ce sacrifice. » M. le

Supérieur lui fit accepter une punition de principe, et ce garçon ne fut pas arrêté dans sa marche vers l'autel. Il est curé dans le diocèse.

J'avais connu Daniel enfant. J'étais auprès de lui le jour de sa communion solennelle. Cet enfant délicat, intelligent, scrupuleux aussi, était troublé par le divorce de ses parents. Il avait été élevé par une grand-mère, d'où peut-être une sensibilité très vive et une allure un peu efféminée. Devenu grand et beau garçon, je le retrouve au lycée. Depuis son arrivée dans cet établissement il écrit un journal intime. Il vient souvent me voir, me lire son journal : il m'est très attaché. Son professeur de philosophie l'intéresse aussi beaucoup. Le cours qu'il donne à ses élèves, tout imprégné de Gide, ouvre à Daniel des cieux nouveaux, y compris ceux de l'homosexualité, car le professeur n'hésite pas à dire à ses élèves : « Il faut faire toutes les expériences : celle-là aussi. »

Comme nous parlons de son journal que je trouve très intéressant, je le taquine : « Un jour, étant donné ton talent d'écrivain, tu t'en serviras, comme tant d'autres auteurs, pour y puiser le meilleur de tes romans. »

Échangeant aussi sur l'écho que les théories de son professeur peuvent avoir en sa sensibilité, et sur les dangers de sa situation d'interne, étant donné son physique attirant et efféminé, il me dit : « J'y pense souvent. Je n'ai pas fait d'expérience. Je ne crois pas en avoir avec mes copains du lycée; cependant, si quelqu'un auquel je pense me le demandait, je dirais oui tout de suite. » Ce disant, Daniel, près de moi, me regarde fixement. Je fais semblant de ne pas comprendre et parle d'autre chose.

Monté à Paris pour la vie d'étudiant en faculté, au lieu de la belle carrière littéraire que je voyais pour lui, pour les raisons conjuguées de l'érotisme sous toutes ses formes, de l'alcool et de la drogue, il a fini au plus bas de la déchéance. Je n'ai jamais pu le revoir et je le pleure. Il me semble que si j'avais pu le suivre, ne serait-ce que par lettre, j'aurai pu le sauver.

A propos des jeunes, un sujet me tient beaucoup à cœur : leur initiation sexuelle chrétienne.

Dès 1957, pour traiter ce sujet avec mes paroissiens, j'avais intitulé un article de l'*Écho* : « Silence d'or ou silence de plomb ? » pour faire comprendre que le silence de la famille, de l'école, de l'Église sur ce chapitre pesait lourdement sur la psychologie et la foi de celui qui est en train de devenir un adulte.

Je repris le même thème en 1973, en raison de la décision de l'État de mettre l'éducation sexuelle au programme scolaire, espérant que cette option obligerait la famille et l'Église à tenir leur rôle éducateur indispensable en telle matière.

Pour me connaître et savoir dans quels sens allait mon action auprès des jeunes, il n'est pas sans importance de reproduire ici ce que je disais alors aux Bortois... et à mon Église :

Comme prêtre et éducateur de la foi chez les jeunes, j'ai toujours regretté le silence sur ce sujet que nous imposait l'Église. J'ai toujours vu dans ce manque de courage la cause profonde et générale de la crise de la foi chez les adolescents. Il est clair, en effet, que lorsque l'enfant grandit et se trouve exposé à découvrir seul (j'entends sans le concours des parents et des éducateurs) les réalités brûlantes de la vie sexuelle, il a l'impression qu'il échappe aux constructions factices de son enfance pour entrer dans la vraie vie. Comment sa psychologie profonde n'en serait-elle pas marquée ? Comment n'en arriverait-il pas à cette conclusion : « Ce qu'on m'a demandé de croire quand j'étais petit n'a pas la même importance, n'est pas aussi vrai que ce que j'ai découvert moi-même – ou avec les copains – preuve que Famille, École ou Église ne sont pas dans le coup *! »*

A cette découverte, qui ouvre la porte à toutes les contestations, les trois grandes cellules sociales sont perdantes : l'Église plus que les deux autres.

En effet, non seulement le lien ne se fait pas entre les choses du sexe et le plan de Dieu, mais il semble aux jeunes que leur découverte faite sans l'Église – et même, pensent-ils, contre elle – s'oppose à la vie chrétienne.

Le drame de notre vie chrétienne émasculée commence ainsi : on présente un Dieu pour enfants considérés comme asexués ou pour vieilles personnes que le sexe n'intéresse plus guère !

Où est passé le Dieu qui a créé le couple humain ? Qui a voulu le plaisir charnel, même s'il y a mis une mesure et des limites ? Qui a voulu un monde grouillant de vie et de plaisir ?

Par contre, qui a permis aux adolescents d'admirer le plan de Dieu, pour que les hommes vivent la loi d'amour et y soient portés aussi par l'harmonie charnelle ? Pourtant, à n'en pas douter, tel est bien le rôle de l'Église enseignante. Son silence est donc une grave erreur de psychologie.

Son erreur est aggravée encore par le peu (le négatif) qu'elle a dit : donnant l'impression que les choses du sexe sont surtout source de péché ! La conséquence étant, d'une manière en apparence contradictoire, que même sur ce point son silence s'est alourdi, de telle manière que les chrétiens en arrivent à croire que la sexualité et tous ses débordements échappent à la loi divine et qu'il n'y a plus de péché sur ce point... et que « ça » ne regarde plus la confession !

Là aussi le manque d'information est évident et lourd de conséquences pour ceux qui sont restés fidèles à l'Église.

Je souhaite donc que les décisions de l'Instruction publique, en mettant les adolescents en face d'une réflexion sérieuse mais incomplète sur les vrais problèmes de la vie, obligent les familles et aussi l'Église, à se mêler activement à cette éducation complète des jeunes qui, dans notre perspective, ne peut être telle que si la dimension religieuse, biblique et évangélique vient la couronner.

Alors, au lieu de dire aux parents ce qu'ils doivent faire, aux enseignants ce qu'ils doivent dire ou ne pas dire, l'Église donnera enfin la parole à ses prêtres pour qu'ils puissent expliquer aux jeunes les intentions de Dieu qui passent par les réalités de la vie sexuelle.

Comme le catéchisme doit tenir compte du programme scolaire, il faut espérer que l'Église de France va mettre vite au point quelques leçons de formation chrétienne à partir des réalités sexuelles, compléments indispensables de ce que l'école neutre ne peut dire.

L'initiation sexuelle chrétienne ne sera plus un sujet interdit, mais recommandé !

Si je vois cet enseignement entrer en pratique avant la fin de mon long ministère auprès des jeunes, il me sera donné de vivre le plus grand progrès fait par l'Église depuis des siècles, car au contraire de tant d'autres réformes, ce sont tous *les catéchisés qui seront aidés sur un sujet vital. Du même coup l'Église ne perdra plus autant leur confiance le jour où les êtres sexués que sont ses enfants sauront par Elle qu'ils n'en sont que davantage des fils de Dieu.*

Sur le même sujet, la provocation d'un jeune qui m'adresse une carte anonyme représentant un tableau où l'artiste, se fiant sans doute au « proverbe de l'enfer » de W. Blake : « La nudité de la femme est le chef-d'œuvre de Dieu », avait voulu lui aussi faire un chef-d'œuvre.

Au verso de la carte, cette question : « Mon père, y croyez-vous ? »

Impossible de ne pas la comprendre.

Je ne me dérobai pas à la réponse.

Si « y croire » veut dire « se fier, se confier », je dis tout de suite qu'il « faut se méfier ! »

Mon expérience me dit que beaucoup cherchent de ce côté le bonheur, qu'ils se sont lancés dans cette poursuite sans se poser de question. Moi, sur la touche, j'essaye d'y voir clair.

Pendant mes études classiques, j'avais déjà lu les aveux des poètes ayant échoué dans cette quête :

Au fond des vains plaisirs que j'appelle à mon aide
Je sens un tel dégoût que je me sens mourir.

MUSSET

La chair est triste, hélas ! et j'ai lu tous les livres

MALLARMÉ

Dis, qu'as-tu fait, toi que voilà
De ta jeunesse ?

VERLAINE

Plus près de moi, je vois dans les journaux les excès auxquels mène la chair désirée sans mesure : ballets roses, attentats contre les femmes, viols. Je sais aussi ce que sont les maisons de rééducation, toujours pleines, et ce qu'elles évoquent de souffrances pour toute une jeunesse dévoyée.

Je suis resté aumônier de prison assez longtemps pour être convaincu de la déchéance où tombent les corps livrés à certains milieux, et de l'esclavage sans joie auquel sont réduites les victimes, sans espoir d'y échapper jamais.

Je suis trop souvent le témoin du désarroi d'enfants dont les parents sont désunis (et on sait bien pourquoi !) et en viennent à abandonner précisément leur propre chair, leurs enfants.

J'ai reçu tant de confidences de jeunes filles qui croyaient à l'amour et qui ont constaté – mais à quel prix – qu'on n'en voulait qu'à leur corps.

Par ailleurs, j'ai trop vu de corps malades, de chair morte et en décomposition, pour oublier le « Toute chair passe comme l'herbe » de la Bible.

Qu'est devenu le modèle tentant du tableau que vous m'avez

envoyé, peint au début du siècle ? Où est sa beauté ? On ne vous présente dans les magazines, les films, les affiches, que de jeunes beautés... à vous faire croire que leur chair est toujours jeune et belle, et disponible ! Il faut ne pas réfléchir pour croire qu'il y a identité entre ce que l'on vous montre – l'image, donc l'irréel – et ce que donne la vie.

Enfin, j'ai beau chercher, je ne trouve aucun exemple de belle vie (savants, héros, saints, champions, bienfaiteurs de l'humanité) qui ait fait son idéal de la recherche de la chair.

A l'évidence, la vie réussie ne repose pas uniquement sur elle. Il ne faut pas trop y croire.

Et cependant, dans un autre sens, j'y crois à la chair ! Dieu l'a voulue pour l'homme : elle a sa beauté, reflet de la beauté divine.

Qui n'admire, avec moi, la souplesse, la force, la grâce d'une danseuse ou d'une trapéziste ? Comment ne pas se fier à ce corps robuste du guide de montagne ?

La chair et ses attraits sont des points de départ de l'amour qui fonde les foyers. Elle est l'aliment qui nourrit les futurs hommes : elle est alors la chair sacrée des mamans.

Je me fie donc à ce corps que Dieu ne méprise pas, mais qu'il destine au bonheur aussi bien que l'âme, car je crois à la « résurrection de la chair ». Avec saint Paul toutefois je pense qu'au lieu de donner à mon corps la première place, « il faut le réduire en servitude ».

Je suis prêt à exposer ma foi en la chair et en l'esprit, en la chair soumise à l'esprit, à qui voudra, car là est une des données essentielles de notre foi, religion de l'Incarnation, ce qui veut dire justement « dans la chair ».

Et si la question posée n'était qu'une plaisanterie, pour vous faire marcher ? m'objectera-t-on.

Ce serait la punition de son auteur de voir qu'il a posé sans le vouloir la question brûlante pour tant de jeunes, et qu'il m'a donné l'occasion d'y répondre, incomplètement certes, mais d'y répondre.

Et je souhaite, sans rancune, qu'il en profite : ça pourrait lui éviter bien des souffrances et des échecs.

Il m'aura permis aussi de faire savoir à tous, ici, que je suis toujours prêt à « rendre raison de ma foi ».

Pendant la guerre et la persécution contre les juifs, parmi mes élèves du lycée j'avais une jeune fille et son petit frère, de nationalité polonaise, mais d'origine juive. L'un et l'autre suivaient les cours de religion, afin de passer pour catholiques. Malgré cette précaution, toute la famille est arrêtée par la Gestapo. Réaction vive chez les lycéens, explications à donner à ce sujet, prise de position très nette contre ces persécutions – les chrétiens savent ce que le mot veut dire – et demande de prendre en charge Stanislas et les siens dans nos prières.

Bien sûr aucune nouvelle de Stanislas ni de sa sœur, mais très vite nous apprenons que leurs parents, accusés d'espionnage – ce devait être vrai car ils étaient des résistants – avaient été fusillés.

A la Libération, quand commençait le rapatriement des survivants des camps d'extermination, je donnais un cours au lycée quand M. le Proviseur, faisant irruption dans ma classe, me dit : « M. l'Aumônier, venez vite au téléphone, on vous demande du ministère des Rapatriés. » La voix lointaine m'annonce : « J'ai à côté de moi Stanislas, rapatrié de Dachau. Il me dit qu'il n'a plus de parents, qu'il ne connaît personne d'autre que vous. Accepteriez-vous le recevoir ? – Mais avec plaisir. Dites-lui que nous l'attendons demain au train. »

De retour en classe j'annonce la bonne et incroyable nouvelle : « Stanislas est vivant, il sera là demain. » Une réception triomphale est organisée. Malgré son teint terreux et son amaigrissement, Stanislas est encore reconnaissable. Après l'avoir réconforté, grâce à l'hôtel paternel, il peut nous conter son histoire. En arrivant à Dachau, il avait eu la chance d'être tout de suite mis en contact avec Edmond Michelet, arrivé au camp bien avant lui et y assumant une sorte d'autorité reconnue par les autres internés. Il donna à Stanislas plusieurs conseils utiles : d'abord changer de nom (car il n'avait aucun papier), ne jamais avouer sa qualité de juif, affirmer qu'il avait quinze ans (il n'en avait que douze) pour éviter la chambre à gaz par laquelle passaient tous les enfants, et surtout répéter qu'il ne savait pas pourquoi il avait été déporté.

Pour que Stanislas puisse échapper aux corvées de travail auxquelles il n'aurait pas pu résister, car si par sa taille il pouvait faire illusion sur son âge il n'avait que la force d'un enfant, Michelet réussit à le planquer à la garde et à la distribution des outils. C'est ainsi qu'il fut sauvé par le grand cœur du chrétien Michelet.

Quelques jours après son arrivée à Tulle, Stanislas apprit que sa sœur miraculeusement échappée aux camps de la mort, était de retour à Paris où elle avait retrouvé son fiancé. Entre-temps nous avions pu contacter un oncle de Stanislas, installé comme commerçant à Hollywood, qui acceptait de se charger de son neveu, en commençant par lui payer le voyage Paris-New York-Californie.

De là-bas il m'écrivit quelque temps. Il gagnait beaucoup d'argent, avait déjà sa voiture. Les occupations et les plaisirs de celui qui doit être un bon Américain ont étouffé sa voix, qui ne m'arrive plus.

Ainsi pour tant de jeunes, aidés un temps et éloignés par la vie.

J'ai toujours su que mon rôle de prêtre n'est pas de garder pour lui « ceux qui font un bout du chemin » avec lui, mais de les lancer vers une autre étape.

Avec les jeunes, il faut s'attendre à tout. Il y a cependant de quoi être désarçonné quand une de vos élèves, âgée d'à peine plus de quinze ans, vient vous demander conseil en déclarant d'emblée : « Je viens vous trouver pour que vous me disiez ce que je dois faire : je viens d'être violée. – Que dites-vous là, Suzanne ? En êtes-vous sûre ? » Elle me raconte sa triste aventure : profitant de la camionnette d'un parent assez éloigné, elle était allée dans un village voisin pour une visite de famille. Au retour, l'homme lui dit : « Comme tu as une belle poitrine ! » Or ce n'était justement pas vrai, me fit remarquer Suzanne. Mais l'homme arrête la voiture dans un chemin isolé, fait des propositions à la jeune fille et des paroles passe aux actes. La chaste Suzanne – car c'était bien le cas – résiste de son mieux, mais, troublée et très émotive, perd conscience, ce qui n'arrête pas le sadique, comme devait le prouver la visite passée à l'hôpital. Les parents ne voulaient pas porter plainte pour éviter le scandale pour leur fille, mais aussi par crainte du puissant commerçant qu'était le fautif.

Restait le choc psychologique reçu par Suzanne et le risque de se trouver enceinte, ce qui lui faisait horreur et la mettait dans un état de nervosité extrême. Pour faire diversion et la rassurer au niveau de sa conscience de jeune chrétienne délicate, je lui démontre facilement qu'elle n'a commis aucun péché : « Par la suite, quand vous serez fixée sur les suites de ce viol, nous reparlerons du comment réagir, pour la conduite de votre vie, après un accident, et afin qu'il ne vous empêche pas de croire à l'amour, qui est bien autre chose que cet acte d'une brute. »

L'éventualité de la grossesse ne se réalisant pas, le calme revint et l'affaire ne fut pas ébruitée. Le coupable ne fut pas puni, et c'est dommage, mais Suzanne s'en tira mieux que si publicité avait été donnée à son drame, aujourd'hui bien oublié.

Agathe faisait partie d'un petit groupe de jeunes filles qui se réunissaient, en tant que jécistes, dans mon appartement. Elle m'agaçait, car elle trouvait moyen d'arriver avant ses compagnes ou d'être là le jour où les autres étaient absentes. Elle semblait aimer ces tête-à-tête. Visiblement, elle jouait de ses charmes de belle blonde bien en chair. Toujours court vêtue, elle me gênait beaucoup en s'asseyant en face de moi.

Ce jour-là Agathe avait été particulièrement osée, aussi l'avais-je gentiment mise à la porte. J'allai faire mes cours au lycée. Au retour, on sonne à ma porte. J'ouvre. C'est la mère d'Agathe qui est là, toute troublée. « Qu'y a-t-il, Madame, je vous vois toute bouleversée ? » J'avoue qu'à ce moment je crains une manœuvre calomnieuse d'Agathe à mon égard.

« Une chose terrible, M. l'aumônier, les gendarmes sortent de chez moi. Ils viennent d'interroger Agathe. Elle a avoué avoir volé. » Pourquoi ne pas le dire ? à cette annonce je fus comme soulagé ! La mère m'explique : « Agathe, avant de venir chez vous... car elle est bien venue chez vous, n'est-ce pas ? – Oui, elle a passé un moment avant de partir au lycée. – Juste auparavant elle est passée aussi chez notre couturière pour un essayage. Pendant que cette dame, une étrangère, allait dans sa cuisine pour chercher des ciseaux, elle a laissé son sac ouvert sur la table; un billet de dix francs en sortait presque. Agathe l'a pris. A peine était-elle sortie que la dame, constatait la disparition du billet et étant sûre qu'Agathe en était la voleuse, au lieu de venir me le dire, est allée au commissariat pour dénoncer ma fille. Ne pourriez-vous pas voir M. le Procureur pour arrêter cette plainte, car la couturière regrette de l'avoir déposée sans en mesurer les conséquences, et ma fille a rendu le billet ? »

En cette occasion j'ai pu constater combien la justice des hommes diffère de celle de Dieu ! Malgré le repentir de la jeune fille et la restitution, malgré la légèreté de la faute, malgré la volonté de la victime de retirer sa plainte, malgré ma prière, M. le Procureur décida de poursuivre Agathe, dont l'air un peu effronté l'avait mal disposé, et elle fut condamnée avec sursis, mais condamnée, ce qui a dû lui interdire d'arriver au poste de fonctionnaire auquel elle prétendait.

Quand un prêtre voit chez un enfant des signes de « vocation » sa joie est grande. J'ai toujours pensé que la plénitude que j'ai trouvée dans ma vie sacerdotale, je devait l'offrir ou au moins la présenter en toute simplicité à ceux qui m'apparaissaient disposés à entendre cet appel.

A cette époque, les enfants qui se disaient intéressés par le sacerdoce étaient regroupés au petit séminaire d'Ussel.

Souvent, j'ai posé à des adolescents cette question : « As-tu pensé qu'un jour tu pourrais être prêtre ? » Plusieurs ont répondu affirmativement et sont aujourd'hui dans le ministère.

Je pense aux deux premiers.

L'un, Paul, décide de partir tout de suite pour le petit séminaire. Ses parents furent assez généreux, bien que Paul soit le seul garçon au milieu de trois filles, pour accepter ce sacrifice. Étant doué de beaucoup de caractère et d'un grain d'originalité, il donna beaucoup de soucis à ses professeurs; sans mon amitié avec le supérieur (nous étions camarades de cours), il aurait été au moins deux fois mis à la porte. C'eût été dommage, car après de bonnes études il est maintenant chargé de la formation permanente du clergé à l'échelon régional et même national.

L'autre, très réservé, mais ayant déjà des idées très précises sur sa formation à la vie sacerdotale, me dit : « Oui, je pense à être prêtre, mais je ne veux pas aller au petit séminaire. Je ne veux pas me séparer de mes camarades, je veux entrer au lycée. » Avec l'idéal qu'il avait au cœur, Georges, tout au long de ses années de lycéen fut un apôtre. La J.E.C. était en plein essor. Il en fut l'un des artisans les plus actifs. Sa gentillesse lui gagnait tous les cœurs. Georges me suivait très régulièrement dans les camps que j'organisais avec mes lycéens (aussi bien au camp des jeunes filles qu'à celui des garçons), où il était un animateur et un exemple.

Après de fortes études, il tint dans le diocèse des postes importants, avant de devenir évêque d'Angoulême.

Tous les cas ne furent pas aussi heureux.

Un grand lycéen avait découvert sa vocation sacerdotale avec moi, vers la fin de ses études secondaires. Son père, médecin-colonel, voyait le choix de son fils avec irritation. Il lui refusa l'autorisation d'entrer au séminaire et l'obligea à commencer des études médicales. Gonzague, ayant accompli le service militaire et devenu majeur, se fit inscrire au séminaire St-Sulpice à Paris. Son père, ne désarmant pas, lui coupa les vivres et lui ferma la porte de sa maison. Dans cette rude épreuve Gonzague fut soutenu par l'affection de ses grands frères, qui non seulement lui gardèrent ouverte la porte de leurs foyers, mais prirent en charge ses frais d'études. Gonzague avait toujours mené une vie austère, éloignée des attraits mondains. Il allait avec force, et même avec une certaine raideur, vers un sacerdoce exigeant, qu'il réalisa pendant plusieurs années. Sa vertu reconnue devait être, hélas ! cause de sa perte.

Une jeune fille de la paroisse où il était vicaire était très attirée – ce qui arrive – vers les jeunes prêtres, au point que ses parents, inquiets, consultèrent un médecin, persuadés qu'il s'agissait là d'un cas pathologique. Ce docteur, outre un traitement médical, conseilla de confier la « direction spirituelle » de la jeune malade à l'abbé Gonzague dont il connaissait la solidité.

La jeune fille accepta la décision, sans renoncer pour autant à essayer d'ébranler la vertu de l'abbé. La lutte fut longue, mais l'abbé n'ayant – il faut le reconnaître – aucune expérience des dangers féminins, fut submergé par la passion de sa dirigée, qui ne tarda pas à renverser les rôles et à mener le jeu. Vaincu par la passion et la ruse de celle qui pour lui avait incarné la tentation, Gonzague s'est marié avec elle.

Lui que j'avais aidé en son orientation, assisté en sa première messe, il ne m'a pas appelé à son secours alors qu'il était en danger. Je le regrette.

Je fus aussi mêlé à quelques cas de vocations religieuses chez des jeunes filles. Le départ « pour le couvent », comme on dit, était toujours plus difficile à accepter par les parents que les entrées au séminaire.

Dans le premier cas, l'appel ne fut entendu d'Augustine qu'au cours de ses études en faculté. Je n'étais pas le directeur d'âme en contact direct avec elle; seulement son « ancien aumônier », celui de son adolescence... et des camps de vacances. S'il y eut une vocation contrariée, ce fut la sienne. D'abord hostilité des parents, surtout du père, incroyant, d'où exclusion de la famille. Difficultés pour le choix de la congrégation religieuse, avec plusieurs essais malheureux. Beaucoup de temps perdu en vaines recherches. Enfin, choix pour l'une des formes les plus dures de vie religieuse : les dominicaines des prisons. Noviciat éprouvant, difficultés de tempéraments, de caractères, épreuves de santé, aboutirent à un retour dans le monde, d'abord à titre temporaire, puis définitif. Malgré cela relations suivies avec différentes maisons religieuses ou groupes paroissiaux, puis hors des paroisses. Devenant de plus en plus marginale, Augustine n'en suit pas moins une vocation à l'état de perfection, dans le célibat, dans la quête aussi de la science (car elle est une scientifique hantée par les rapports science-religion) : dans la quête encore de l'écologie, car elle est passionnée des randonnées pédestres et du contact avec la nature.

Ame curieuse, tourmentée et sereine, instable et volontaire, en révolte contre la vie religieuse, la recherchant sous une autre forme, et ayant tout sacrifié pour elle.

Dans toutes ses recherches, Augustine a changé souvent de directeur spirituel et je ne le suis jamais devenu. Je crois savoir que c'est avec son ancien aumônier qu'elle a – malgré de sérieuses divergences d'options – toujours entretenu la correspondance la plus fidèle.

N'est-ce pas parce qu'elle a trouvé en lui le prêtre, non le plus éclairé, mais le plus capable de l'écouter, de la suivre avec optimisme dans les zigzags de sa route ?

Avec Paulette, le problème à résoudre fut d'abord celui de la mère.

Le ménage vivait séparé. J'ai toujours pensé que l'échec du foyer de ses parents, par l'exemple vécu de l'insuccès de l'amour humain, avait été pour beaucoup dans la vocation religieuse de Paulette. L'hostilité déclarée de la mère venait peut-être aussi de ce sentiment de culpabilité qu'elle se sentait d'avoir orienté, par son échec, sa fille vers le célibat. Toujours est-il que cette mère, forte et autoritaire, n'accepta pas le départ « en religion » de sa fille.

Comme j'étais le directeur de conscience de Paulette, sa mère me fit porter la responsabilité de son choix. Paulette était institutrice laïque, et majeure quand elle décida de tout brusquer. A la fin des vacances de Toussaint, si je me souviens bien, au lieu de reprendre le chemin de son école publique, elle prit la route du noviciat.

L'épreuve commençait pour elle, soutenue heureusement par une supérieure intelligente et énergique. Au grand désespoir de Paulette, sa mère ne répondait pas à ses lettres. Pis encore, elle les renvoyait à l'expéditrice sans les ouvrir !

Ce tourment ajouté à la dure réalité des débuts dans la vie communautaire et à la séparation des anciennes habitudes – car Paulette était une jeune fille enjouée, sportive, aimant les jeux et la danse, boute-en-train du collège où elle avait fait ses études – provoqua une crise qui lui fit douter de sa vocation. Un jour de cafard, elle décida de partir du noviciat. On la laisse faire. Mais sa supérieure, sachant qu'en cette heure de désarroi Paulette avait besoin de s'appuyer sur plus forte qu'elle, eut l'idée de la rejoindre à la gare où elle devait changer de train. Elles se retrouvent sur le quai, déjà loin du noviciat. Pas besoin de paroles. Paulette s'appuie sur l'épaule de celle qu'elle considérera toujours comme sa seconde mère et, la crise passée, retourne à ce qui est chez elle sérieuse vocation.

Paulette est devenue une excellente religieuse. Après des études brillantes d'infirmière mais aussi de théologie, elle est dans sa famille religieuse chargée de la formation des jeunes, et déjà, malgré son jeune âge, l'une des responsables de sa congrégation. Malgré cette belle carrière, même du point de vue humain, car la mère peut être fière de sa fille, cette dame n'a cessé de m'en vouloir, au point que jamais, malgré mes relations suivies avec Paulette – qui revoit sa mère – je n'ai pu dire un mot à cette paroissienne. D'aussi loin qu'elle me voit, elle change de trottoir pour n'avoir pas à me rencontrer.

Quelle erreur pourtant de s'imaginer que je puisse être pour quelque chose dans le choix de vie fait par sa fille. Une telle vocation, si nette, si forte, bien que contrariée, ne vient pas des hommes. Paulette, elle au moins, le sait.

Beaucoup de jeunes s'ouvraient à leur abbé au moment de choisir leur voie.

A certaine époque les conseils que je pouvais donner n'étaient pas sans dangers ni pour eux ni pour moi.

Fallait-il franchir la frontière d'Espagne pour aller rejoindre de Gaulle ? Fallait-il partir au S.T.O. en Allemagne ? Fallait-il prendre le maquis en Corrèze ou ailleurs ? Fallait-il partir en croisade contre le bolchevisme en s'engageant dans la L.V.F. ? Les avis que je donnais n'étaient jamais dictés par mes propres sentiments. J'aidais seulement les jeunes à voir les motifs profonds de leur engagement, et aussi, car ils étaient tous mineurs, à tenir compte des vues de leurs parents.

Dans un seul cas, malgré une opinion très nette que pour une fois je n'avais pas hésité à mettre en jeu, je n'ai pu empêcher un jeune fanatique, qui croyait de son devoir de sauver la chrétienté en combattant le communisme athée, de partir sur le front de Russie au sein de la L.V.F Sous ce triste uniforme il fut tué. Ses intentions étaient nobles et désintéressées. Pauvre gosse, pris trop jeune par des problèmes qui le dépassaient.

Même en s'occupant de jeunes, un jour ou l'autre on rencontre la mort.

Dans le groupe d'enfants du patronage, Robert émergeait par sa gentillesse et par sa belle voix. Au cours des séances théâtrales où les enfants de son âge jouaient une petite opérette, il avait souvent le rôle principal et y chantait les plus beaux morceaux. Il connaissait un très grand succès auprès du public, mais aussi auprès de ses camarades, car, loin de jouer les vedettes, Robert restait avec eux d'une grande simplicité. Il avait tout pour plaire et réussir dans la vie, doué qu'il était aussi pour les études.

A l'âge de la croissance il eut besoin d'une intervention chirurgicale; au lieu de l'opération bénigne que l'on escomptait, ce fut le drame. Robert prit froid au cours d'une opération plus longue que prévue, car la salle d'opération n'était pas suffisamment chauffée. Une congestion pulmonaire mit vite ses jours en danger.

Sa mère n'eut d'autre recours que de faire appel à l'ancien abbé de son fils. Je devais préparer Robert à mourir, sans le dire bien sûr ! Comme il était pieux, je n'eus pas de difficulté à le confesser et à le communier « pour que le Seigneur vienne à ton secours ». Robert, très lucide, non seulement du regard mais de la voix m'interroge : « Dites, M. l'Abbé, je ne vais pas mourir ? – Si je suis venu à toi avec le Seigneur, c'est pour demander ta guérison. Comme nous tous et à chaque instant tu es entre ses mains. Sois confiant, à ton âge on est fait pour vivre. On ne meurt pas si facilement ! Il peut y avoir quelques heures difficiles à passer, mais dors en paix. Tu chanteras encore. »

Tout doucement il est parti chanter avec les anges.

Au lycée j'ai dû assister en semblables circonstances un élève de 3e. Louis avait une infirmité de naissance : les os du thorax, soudés trop tôt, ne se développaient pas. « Avec la croissance, avaient dit les docteurs à la mère, les organes comprimés ne pourront se développer normalement : il faut alors s'attendre au pire. » Cette mère, veuve et n'ayant que ce fils, vivait avec au cœur ce terrible secret : Louis mourra à l'âge de la croissance.

Quand les premiers symptômes graves se firent connaître, elle n'hésita pas à me mettre dans la confidence. Responsabilité accrue par rapport à ce garçon, qui suivait les cours de religion mais aussi les réunions de la J.E.C. Je lui parlais simplement, comme à tous les autres, mais en ayant toujours soin de l'orienter vers l'essentiel chrétien. Aussi, quand il fut alité, il me fut facile de continuer avec lui le dialogue, sans jamais évoquer l'éventualité de la mort prochaine. Déjà j'avais pris l'habitude de parler de la « Vie qui ne finit pas. »

Louis s'éteignit en paix. Ses camarades, plus troublés que lui, m'imposèrent aux cours suivants de traiter ouvertement du problème de la mort.

Une vraie leçon de choses, à partir d'un cas connu.

Je connais bien Paul, il appartient au groupe de jeunes du Cercle. Il a vingt ans. Sa mère est morte du mal qui le menace : la tuberculose, contre laquelle l'on ne dispose pas encore de remèdes. Paul est un chrétien sincère, il communie souvent. Son père, chrétien éminent, m'accueille par ces mots : « Paul est condamné. Il faut le lui dire et le préparer à la mort. – Il n'en est pas question. Paul étant ce qu'il est au plan religieux, il n'y a pas à l'inquiéter par une telle perspective, avec tous les risques – même religieux – que cela suppose. Il suffit de l'aider à continuer sa vie d'union à Dieu dans la maladie. »

Le père baisse la tête, réfléchit, puis soudain dit : « Oui, ce n'est pas à vous de parler. Ce devoir est le mien. Attendez-moi là. » Ne pouvant arrêter son élan, devant sa décision que je trouve courageuse, pleine de foi, mais si imprudente, seul dans la salle à manger, je ne puis que prier l'Esprit pour le père et pour le fils. Après quelques minutes qui me paraissent longues, le père revient. « Vous pouvez y aller, M. l'abbé, Paul sait tout. »

Le jeune malade me reçoit comme d'habitude avec un sourire fatigué, et de sa voix éteinte : « L'abbé, vous pouvez y aller carrément, mon père m'a tout dit. – Que t'a-t-il dit ? – Il m'a dit que je n'avais plus longtemps à vivre. Il m'a expliqué son amour pour moi, la mort de ma mère, son expérience de la vie, ses épreuves, pour conclure : "Tu sais, la vie est une épreuve plus qu'un plaisir. C'est une grâce que le Seigneur te fait, après vingt ans de vie heureuse, de t'appeler à Lui, en t'évitant les souffrances du reste de la vie." Alors, l'abbé, il faut me préparer. »

Dans un tel climat de foi, mon ministère, s'il restait délicat, put s'exercer au plus haut niveau. A partir de cet instant et à longueur de rencontres, sans dramatiser, nous fîmes l'approche de la grande inconnue.

Nous eûmes le temps d'utiliser les pages célèbres de Bossuet pour la « préparation à la mort », dont la lecture n'est faite, en général, que par des personnes bien portantes et pour qui l'heure de la mort n'est qu'une hypothèse.

Paul reçut les sacrements de pénitence et d'extrême-onction – comme l'on disait alors – en pleine lucidité, et il communiait souvent, car la mort tardait à venir, et nous n'en parlions plus. Par contre, le printemps approchait. Par la fenêtre on voyait dans le jardin les lilas prêts à fleurir. Vers dix-huit heures, à la fin d'une visite, Paul me dit : « Quand les lilas refleuriront... j'espère pouvoir descendre au jardin. – Tu vois, il ne faut jamais désespérer. »

Une demi-heure plus tard, on vient me prévenir : « Paul vient de mourir subitement en prenant son bouillon. » Mort prévue, préparée s'il en fut : mort surprise comme toujours, malgré tout.

La plus belle histoire de rencontre entre un enfant et la mort à laquelle je fus mêlé tient peut-être du miracle.

Monique est toute jeune, moins de quatre ans. Elle est atteinte de leucémie. On sait qu'elle va mourir. Les parents et les médecins tentent l'impossible. Elle est soumise à tous les nouveaux traitements que la science commence à découvrir. Pour cela on la conduit dans les grands hôpitaux parisiens. Monique possède une toute petite statue de la Sainte Vierge qu'elle emporte toujours avec elle et qu'elle place sur sa table de nuit à l'hôpital. Sa mère lui a appris le « Je vous salue Marie », mais sa science religieuse s'arrête là.

Son état empirant, je me décide, en profitant d'une récente décision de Rome, à lui donner le sacrement de la confirmation. Je prépare Monique en lui parlant de Jésus (en partant de la Vierge), de son Père, de son Esprit, comme on peut en parler à un enfant de cet âge. Elle reçoit le sacrement, écoute les prières avec grande attention et d'un œil bien éveillé.

Elle meurt le lendemain. Voici comment sa mère m'a raconté ses derniers instants : « Monique m'appelle. Je m'approche. Elle a les yeux grands ouverts : "Vois, maman, comme c'est drôle, je m'endors et je ne me réveille plus." Puis quelques instants après : "Bonjour, Madame", et dans un beau sourire, avec un visage émerveillé : "Regarde, Maman, comme c'est beau !" Ce disant elle expire. »

La maman, ses proches, ses voisins plus ou moins témoins de cette scène, furent tous persuadés que la Vierge était venue chercher Monique et lui ouvrir le ciel.

Je partage cette consolante persuasion, car je sais que la piété mariale – j'en ai déjà donné d'autres preuves – est payante.

Les candidats au mariage, les couples

Pour beaucoup de jeunes, mes rencontres avec eux étaient à

l'occasion de leur mariage. Sagement, l'Église a prévu que ceux qui choisissent cet état de vie soient aidés à en voir les avantages mais aussi les risques, tant au plan du couple, des enfants, de la famille, qu'au plan du sacrement, c'est-à-dire de l'orientation vers Dieu de leur nouvelle vie.

Parmi toutes les occasions d'aider les jeunes tout au long de mon action sacerdotale, je n'en ai pas trouvé de meilleure, pour évangéliser, que la préparation au mariage faite avec eux. Si évangéliser est porter aux autres la bonne nouvelle que Dieu aime et veut l'amour, que tout vient et va vers l'amour et la vie, comment ne pas admettre que jamais les esprits et les cœurs ne sont autant ouverts et sensibles à ces vérités qu'au moment où ils découvrent l'amour humain ? Ce Dieu de l'Évangile leur parle.

Même les plus irréligieux, même ceux qui jusque-là disaient facilement : « Moi, je m'en fous ! » à cette heure de leur vie ne sont pas complètement fermés à ce Dieu d'amour et de vie.

Je ne compte pas les couples se préparant au mariage qui ont reconnu, après des heures d'échange avec le prêtre, que leurs vues sur l'état de vie où ils allaient entrer avaient été élargies, et qu'en définitive ils étaient heureux de cette préparation vers laquelle ils s'étaient pourtant acheminés avec quelque crainte.

Pour cette aide à porter aux couples, j'ai dû tout apprendre, presque seul. Du mariage, au séminaire, on en parlait peu et d'une manière si rigide que c'était à en détourner les candidats. De l'amour humain, de la vie du couple, pas question autrement que sous l'angle du péché !

Par la lecture de livres, de revues, par les confidences reçues de gens mariés aussi, petit à petit mes yeux s'ouvrirent. Ce qui revient à dire que ce n'est qu'à partir d'un certain âge, de la maturité, que j'ai pu accomplir convenablement cette partie de ma tâche sacerdotale. Jeune prêtre, j'étais bien incapable d'aider les futurs époux.

Comment je m'y suis pris ? D'abord je me suis imposé comme règle absolue de recevoir les couples un par un malgré la multiplication des heures à leur consacrer. Ce que l'on à dire aux uns ne regarde pas les autres, et seul un climat de confiance permet de dépasser les mots habituels pour arriver à exprimer les sentiments profonds et vrais. En dehors de la vérité de l'échange tout ce qu'on peut faire est vain.

D'entrée de jeu j'explique aux jeunes pourquoi le prêtre se permet d'intervenir dans leur histoire : non pour accomplir des formalités, des papiers, mais parce que leur vie, leur amour, leur réussite intéressent Dieu.

Dès que le mot est lâché, on examine où en sont les interlocuteurs en face de Lui. Les réponses sont souvent embarrassées, et variées. Il y a ceux qui simplement se disent chrétiens, ceux qui se disent croyants, ceux qui hésitent à se situer en face de ce problème, ceux qui se disent incroyants et ceux qui le sont.

Commençons par ces derniers. Je n'ai jamais trouvé de couple où les deux affirmaient leur incrédulité. Dans ce cas-là, que viendraient-ils faire chez un prêtre ?

Puisque l'un des deux a la foi, il faut expliquer à l'autre ce qu'est le mariage chrétien. Je le fais en parlant de Dieu qui veut l'amour et la vie, qui crée le couple humain pour être le lieu et l'école de l'amour, l'attrait et le plaisir physiques étant un des moyens d'expression de cet amour mais non sa définition. Arrivé là je prends toujours référence à la parole du Christ pour faire comprendre ce qu'est l'amour : « Etre prêt à donner sa vie pour celui qu'on aime. » Aimer n'est réalisé que lorsque l'autre compte plus que soi; le contraire même de l'égoïsme. Si cet amour est réciproque, le bonheur est assuré car chacun des deux veut la réussite, l'épanouissement de son conjoint. Qui ne voit que le contraire, l'« amour de soi », est à la base de tant d'échecs dans les mariages ?

Des exemples vécus viennent à l'esprit et animent la conversation, ce qui permet aux fiancés de poser des questions et de trouver eux-mêmes les bonnes réponses.

En parlant de notre Dieu, le Dieu de Jésus-Christ, de ce Dieu dont saint Jean dit qu'il est Amour, j'ai l'occasion de répondre à bien des objections de ceux qui hésitent en leur foi. Le Dieu qu'ils refusent est celui que nous chrétiens refusons aussi. En fait ils ne connaissent pas le Dieu révélé par Jésus-Christ. Il m'est arrivé souvent devant cette constatation de refaire à longueur de soirées les cours d'apologétique présentés jadis à mes lycéens, en y ajoutant des exemples que mon ministère m'a enseignés.

Même s'ils n'arrivent pas tous à la foi chrétienne, certains doivent penser comme cet incroyant – qui l'est resté : « Votre affaire, c'est si beau qu'on aurait bien envie d'y croire. » Ma réponse dans ce cas ou d'autres semblables était : « C'est ça ou rien. Dieu ou rien. »

La comparaison évangélique entre la maison bâtie sur le sable, détruite par les grandes eaux et le vent, et la maison bâtie sur le rocher, qui résiste au double assaut, me servait souvent pour montrer la faiblesse des arguments et des espoirs qui décident de l'édification d'un foyer hors de ce roc qu'est la foi.

Il m'est facile de faire dire aux fiancés que le motif de leur décision de se marier se trouve dans l'amour. Mais presque jamais ils ne trouvent d'eux-mêmes que tout entre eux a commencé par un acte de foi, pour arriver, après un temps d'espoir, à pouvoir dire « Je t'aime ». La déclaration complète pourrait être : « Je crois en toi, je me fie à toi pour tout, j'espère qu'avec toi nous allons faire une belle vie, je veux vivre tous mes actes avec toi et pour toi, je t'aime. » Avec quelque surprise les jeunes découvrent ainsi que les trois vertus chrétiennes (foi, espérance, charité) – au moins dans leur aspect humain – sont le fondement de leur union. Du coup, la perspective de placer leur mariage dans le sens chrétien leur paraît presque naturelle.

Pour dire la qualité, la durée de la fusion de deux êtres en un seul – en quoi consiste le mariage – j'interroge les candidats : « Que penseriez-vous de parents qui abandonneraient leur enfant ? » La réponse ne tarde pas : « C'est mal. Si l'on doit abandonner un enfant, mieux vaut ne pas en avoir. – Mais cependant Dieu a dit : « L'homme (l'enfant devenu adulte) quittera son père et sa mère pour fonder son foyer. » C'est la loi de la vie. L'oiseau doit quitter le nid. Cependant le lien qui unit l'enfant à ses parents ne peut être rompu. Le fils, même abandonné par eux, ne restera-t-il pas leur fils ? Il fera souvent beaucoup d'efforts pour les retrouver et savoir qui ils sont. Au risque de vous surprendre, le lien qui unit le mari à son épouse est du même ordre et aussi irréversible que celui qui unit un enfant à son père et à sa mère. Les époux peuvent dire « mon mari, ma femme », comme l'enfant peut dire « ma mère, mon père. » Le lien est peut-être moins visible, il n'en est pas moins réel : « Que personne ne sépare ce que moi j'ai rendu un », dit Dieu. Lui seul, c'est bien évident, peut créer un lien si nouveau, mais il le fait. C'est en cela que consiste le mariage, qu'on pourrait définir : l'intervention divine qui, à l'appel du désir exprimé par ceux qui s'aiment et veulent vivre une vie commune, crée une nouvelle unité, le couple, que lui seul peut défaire.

Les enfants doivent quitter leurs parents : c'est la vie. Les époux doivent rester unis jusqu'à la mort : tel est le plan, la volonté de Dieu, pour le bonheur de ses fils.

Ces affirmations et les réactions qu'elles soulèvent permettent de préciser « qu'il ne faut pas déranger Dieu » si l'on n'est pas d'accord avec son plan, si l'on veut rester libre de défaire ce qui a été fait au jour du mariage. Ici se place le conseil, donné parfois, de ne pas envisager le mariage religieux qui, c'est sûr, est renoncement à la liberté.

Alors on peut parler des difficultés de l'union. Les deux êtres qui veulent se fondre en un n'en sont pas moins des individus avec des origines, des dons naturels, des éducations, des qualités ou des défauts acquis, tous fort différents. L'égoïsme, nécessaire à l'âge de la formation pour acquérir sa personnalité, aura de la peine à s'effacer devant l'autre, assez pour arriver à l'harmonie. En partant de faits précis — toujours pris dans la vie des couples — les jeunes peuvent déjà prévoir où seront les problèmes. N'est-il pas bon qu'ils soient avertis ?

Arrive le sujet des sujets pour ceux qui veulent fonder une famille : l'enfant. La « Déclaration d'intention », résumé des positions prises par les candidats au mariage, fait dire à chacun d'eux : « J'accepte les enfants qui pourront naître de notre union. » Phrase qui amène des réactions diverses.

Plusieurs, le sourire aux lèvres, ou la mine un peu confuse, déclarent : « D'accord. C'est parce que nous attendons un enfant que nous sommes là. »

Mais un soir, un jeune homme après avoir lu la phrase déclare : « Non, je ne suis pas d'accord. » Inquiet d'avoir à lui dire que l'Église ne peut accepter de considérer comme valable un consentement au mariage qui exclurait totalement l'acceptation d'être père ou mère, je demande à ce grand garçon de préciser sa pensée. « Je trouve que le verbe accepter semble dire que l'enfant est une contrainte que l'on doit subir. Pour moi, pour nous, si nous nous marions, c'est que nous voulons des enfants. » Sur la déclaration d'intention les deux rayèrent j'accepte et écrivirent « je veux. »

On bute sur la contraception et l'avortement. Ce n'est évidemment pas mon rôle de parler des moyens d'avoir des enfants en temps et nombre désirés. J'envoie les fiancés poser leurs questions à un médecin, père de famille et chrétien ou participer à des échanges organisés par des foyers, eux aussi chrétiens, qui acceptent de mettre leur expérience au service des fiancés.

Sur la doctrine chrétienne, je m'en tiens à un principe très éclairant : on ne doit avoir d'enfants que si l'on est capables de les aimer. La vie est sacrée. Le péché (égoïsme, lâcheté...) trouve, hélas place dans la vie conjugale.

Et l'infidélité ? Notre point de départ étant la foi nécessaire à toute décision de mariage, il m'est facile de faire comprendre que le danger suprême de l'union reste l'infidélité : détruire la foi que l'autre peut mettre en vous, et celle que chacun peut mettre en lui-même, c'est faire sauter la maison du bonheur.

« L'enfant a plus besoin de l'affection de son père et de sa mère que de lait », répétais-je, après bien d'autres, aux futurs parents. Ainsi était abordé le rôle éducateur des parents. Vaste sujet, à peine effleuré, mais où l'important était de donner l'orientation chrétienne : « L'enfant ne vous appartient pas. Il n'est pas uniquement à lui. Il appartient à Dieu, de qui il vient (grâce à votre amour) et vers qui il va. On n'élève pas un enfant pour soi, mais pour Lui, afin qu'un jour il soit capable de quitter père et mère pour fonder son propre foyer, faire sa route. »

Imaginez les conversations animées sur de telles ouvertures !

Peut intervenir à ce moment la question du baptême des enfants. Étant donné ce qui a été dit de la paternité de Dieu, il est aisé de faire admettre que le baptême des enfants s'impose pour qu'ils entrent le plus tôt possible dans la famille de Dieu. Ce baptême obligera seulement les parents à avertir leurs enfants, dès l'éveil de leur conscience, qu'ils ne sont pas seulement leurs enfants mais qu'ils sont surtout ceux de Dieu. De même que l'on naît dans une famille, et c'est un avantage, de même le baptême fait arriver dans une famille divine. L'enfant devenu grand devra comprendre que l'individu n'existe jamais seul, qu'il fait partie d'une société visible, la famille, et d'une autre par son baptême, la société des saints. Le choix qu'il pourra faire plus tard ne changera rien aux liens d'amour tissés par le fait même de sa naissance. Liens qu'il pourra, hélas ! briser en faisant usage de sa volonté libre, mais qui en soi sont un avantage pour bien prendre la route de la vie.

Toutes ces réflexions sur le mariage et quelques-uns de ses à-côtés n'ont pas encore abordé le fond du plan chrétien.

Si l'on veut bien admettre qu'il n'y a pas de naissance sans intervention de Dieu (même s'il n'y a pas mariage), de même si l'on est chrétien on est bien obligé de reconnaître qu'il n'y a pas de vrai mariage sans Lui. Il y a donc beaucoup de mariages valides avant le Christ, et depuis, pour ceux qui ne sont pas chrétiens. L'Église reconnaît qu'un non-baptisé, marié selon les lois de sa religion ou de son pays, n'est plus « libre ». Dès l'origine du monde, c'est Dieu qui seul rend un le couple.

Pour les chrétiens, par contre, le lien matrimonial n'est établi par Dieu que s'ils reçoivent le sacrement du mariage ou, pour mieux dire, leur mariage n'est contracté par eux que s'il devient en même temps sacrement.

DES FAITS, DES CAS PRÉCIS

Arrivé à ce point, les fiancés ont bien besoin, quelle qu'ait été leur formation chrétienne, qu'on leur explique ce qu'est, ce que fait le sacrement de mariage.

Je ne l'ai pas assez souligné, mais au cours de nos conversations les rappels d'Évangile sont fréquents. Le Christ tient une grande place en tout ce qui touche à la vie et à l'amour. Jusqu'à parler de la communion avec Lui.

Des fiancés m'arrivent d'une grande ville avec un dossier de mariage bien complet. J'y vois avec surprise, car la jeune fille avait été une de mes bonnes catéchisées, que le mariage était prévu sans messe et sans communion. J'en exprime mon étonnement. « On ne nous a jamais parlé de la messe ni de la communion. » Je reprends la question religieuse à zéro et arrive à constater que, si la pratique a cessé, la foi reste vive.

Je leur explique alors, comme à tous les autres fiancés, pourquoi la communion trouve mieux place au jour du mariage qu'en tant d'autres jours, à la seule condition d'y croire. Qu'est la communion sinon l'union complète avec Jésus ? Chacun de ceux qui le reçoivent peut dire : « Je vis en Lui, Lui vit en moi. Nous ne faisons qu'un. » Si les deux mariés qui veulent atteindre l'unité communient, le Christ devient leur dénominateur commun. Ce qui les unit ce n'est pas une loi, un contrat, mais une personne vivante et aimante, celui qui peut tant pour assurer la réussite de leur vie commune.

Le partage du pain et du vin consacrés est un signe du partage total de leurs deux vies unies.

Certes, ces perspectives de foi, détachées de leur contexte chaleureux, peuvent paraître froides. Je puis affirmer qu'elles sont reçues avec ferveur par ceux qui s'aiment, au point que je crois qu'une grâce d'état est donnée, en cette période de préparation au mariage, à ceux qui acceptent d'être aidés par un prêtre en recevant les secours du Christ.

Pour agrémenter et aussi pour donner du poids à mes affirmations, je n'hésite pas à conter aux jeunes des « histoires vraies et vécues ».

Parlant de la nécessité de la sincérité pour fonder la « foi » réciproque, il m'arrive de dire : « Si vous faites bien de vous confesser au prêtre avant de vous marier, je crois que dans des cas graves qui marquent une vie, il serait bon de vous confesser aussi l'un à l'autre. Ne faites pas comme la jeune fille dont voici la triste histoire. »

Adolescente, très involontairement et en grande ignorance de ce qui lui arrivait, elle avait été rendue enceinte des œuvres d'un jeune domestique de ses parents.

Ceux-ci, ne pouvant supporter ce qu'ils considéraient comme une honte familiale, décidèrent sans l'avis de l'intéressée de l'envoyer se faire avorter en Suisse, comme cela se passait alors dans les milieux bourgeois. Bien que très traumatisée par ce qu'elle considérait comme une mauvaise action – j'en étais le confident – cette jeune fille se marie quelque temps après, sans rien dire à son fiancé. Des années passent dans le bonheur, mais, poussé par l'envie de se venger d'avoir été chassé, le jeune domestique s'arrange pour faire savoir au mari l'aventure de la jeune épouse et ses suites. Celui-ci, furieux et croyant à la déloyauté de sa femme, lui fait sentir durement combien son amour pour elle en est atteint. Si le ménage n'est pas brisé, il est blessé et douloureux. « Pourquoi n'avez-vous pas confié à votre fiancé votre drame ? » ai-je demandé à la victime. « Je croyais que mes parents ou la rumeur publique l'en avaient averti, car dans le pays tout le monde savait, et que c'était par délicatesse qu'il n'y faisait pas allusion. »

Dans de telles occasions, le silence n'est pas d'or, n'est-ce pas ?

Le mensonge est pire que le silence.

Un jeune homme de famille très chrétienne avait fait connaissance pendant son service militaire d'une belle métisse venue d'une île lointaine. Il comptait bien l'épouser car il était sérieux. Sa mère, voyant mal l'insertion de cette fille des îles dans notre Corrèze et dans un milieu social et familial si différent du sien, me demande de prendre des renseignements sur la famille et les dires de la belle métisse, car « a beau mentir qui vient de loin », dit la sagesse terrienne. J'adresse ma requête, avec prudence et en latin, à l'évêque de cette île du Pacifique. Il me répond en anglais, contredisant point par point les affirmations avantageuses de celle qui croyait pouvoir mentir impunément. Le jeune militaire savait assez d'anglais pour lire la lettre : « Je ne puis plus lui faire confiance. Malgré mon amour pour elle, je comprends que je ne peux pas faire ma vie avec elle. » Il écrivit une lettre de rupture.

Rendue furieuse la belle métisse vint me faire une scène, me menaçant de me faire descendre par son frère : « Mademoiselle, asseyez-vous et écoutez-moi bien. Votre amant tenait beaucoup à vous. Il était prêt à vous imposer à sa famille, pourtant plus que réticente. Si vous lui aviez dit la vérité : votre pauvreté, votre arrivée au port et ses tristes nécessités, il aurait eu le cœur assez grand pour vouloir vous sortir de ce milieu dont vous êtes, car, sûr de votre loyauté, il aurait été désireux de faire de vous une épouse honorée. Vous avez tout détruit en ne lui faisant pas assez confiance et en ne vous rendant pas digne de confiance par votre sincérité. Si par chance vous trouvez un autre jeune homme séduit par vos charmes, qui sont grands, ne lui jetez pas de la poudre aux yeux, sachez être vraie. On ne bâtit le bonheur que sur la vérité. »

Fut-elle convaincue ? Je l'ignore, mais elle me laissa en paix.

Pour souligner la nécessité de la liberté et du consentement réel pour qu'il y ait mariage, je citais un exemple de mariage sous la menace. Il se passe à la Libération. Cette précision est utile pour exprimer l'ambiance dans laquelle cela a pu se produire.

Le jeune homme revient du maquis. Mal habillé, la barbe et les cheveux longs et mal tenus, vigoureux, il donne un peu l'impression de l'homme des bois, bien qu'il soit de famille très bourgeoise. Elle, toute jeune fille blonde et douce, est d'un milieu aisé. Le jeune maquisard s'éprend de la jeune fille blonde. La réciproque n'est pas vraie, car elle a peur de lui. Devant le rejet de ses avances, ayant appris au maquis la manière forte, il brusque les choses : « Si tu ne m'épouses pas, je te tue. » Toute tremblante, elle n'ose rien dire ni à ses parents ni à M. le Curé. Le mariage a lieu.

Personne n'aurait rien su de ce mariage forcé si, quelques années plus tard, la jeune épouse devenue mère et disant son bonheur n'avait avoué : « Et dire que Xavier m'a épousée par force. » Elle raconta alors ce qui aurait pu être un drame et qui finissait bien, puisque l'amour avait pu naître en ce foyer mal parti.

« Remarquez, disais-je aux jeunes fiancés, que pendant les premiers temps de sa vie commune la jeune épousée aurait pu faire reconnaître par l'Église la nullité de son mariage, inscrit certes sur les registres, mais auquel Dieu n'avait pu donner son aval en raison d'un « oui » sorti des lèvres mais pas du cœur. Son mariage n'a été réel que par la rencontre simultanée et sincère du consentement matrimonial des deux conjoints. »

J'ai rencontré des cas où j'avais la quasi-certitude que l'un ou l'autre des candidats au mariage n'était pas très sincère ou décidé. Dans deux cas auxquels je pense, je n'ai pas réussi à faire dire le sentiment profond qui, la suite l'a prouvé, était négatif. Je reste persuadé que ces couples ne sont pas unis par Dieu bien que les registres de l'Église disent le contraire.

Parfois les jeunes fiancés me sont présentés par leurs parents en ces termes : « On vous les amène. Ils ont fait une bêtise, il faut les marier. – Un enfant n'est pas une bêtise, mais ce qu'il y a de plus beau au monde. La bêtise – hélas ! fréquente de nos jours – aurait été de le supprimer. Les jeunes et vous leurs parents avez bien fait de le laisser vivre. Par contre je n'accepte pas votre décision, à vous leurs parents, de vouloir marier ces deux jeunes. Ce n'est pas à vous d'en décider, mais à eux. Vous voudrez bien les laisser seuls avec moi. C'est au cours de rencontres, de conversations, d'explications que nous aurons ensemble qu'une décision pourra être prise. Ce sont vos enfants qui vous diront si le mariage doit ou non avoir lieu. »

Quand les jeunes sont seuls avec moi, je leur précise : « Il n'y a pas d'amour forcé. Ce n'est pas parce que vous attendez un enfant que vous êtes obligés de contracter une union indissoluble. »

Voici deux cas : dans une surprise-partie, une jeune fille et son partenaire, un peu éméchés, ont des relations telles qu'elle se trouve enceinte. Les parents mis au courant pressent les deux jeunes gens de se marier, sans leur poser la question de l'amour et de la volonté réelle de mener une vie commune. Or la jeune fille était irritée du comportement du jeune homme, qu'elle méprisait. Le mariage fut célébré à une époque où la préparation au mariage était mal faite, même par l'Église. La jeune femme, peu après, fit une fausse-couche. Rien ne la retenait plus auprès de son mari (?) : elle obtient le divorce, mais l'un et l'autre se trouvent handicapés pour refaire, chacun de son côté, un vrai mariage.

L'autre cas finit mieux. Même situation au départ, même attitude des parents. Mais le garçon, chrétien assez averti, dit à sa mère : « Je veux bien épouser Sylvie, car l'enfant qu'elle porte est de moi et je reconnais mes devoirs envers elle et lui, mais je ne veux pas me marier religieusement. Je veux rester libre, tout en assumant mes responsabilités civiles, de faire plus tard un mariage selon mon cœur. Je ne crois pas être capable de passer toute ma vie avec Sylvie. » La mère scandalisée vint me conter les positions de son fils. Elle fut encore plus scandalisée quand elle m'entendit dire : « Votre fils a raison. Il ne faut pas le pousser à faire plus que sa conscience n'exige. » Le mariage civil eut lieu. Je baptisai l'enfant. L'année suivante le jeune papa vient me dire : « Cette fois je veux me marier religieusement. – Avec qui ? – Mais avec ma femme. En vivant avec elle, je me suis mis à l'aimer. Je comprends que c'est avec elle que je veux faire ma vie. »

Le même résultat aurait-il été atteint si ce garçon avait vu dans sa femme une épouse imposée ?

Malgré mes prises de position très nettes, malgré les exemples cités, je ne crois pas avoir réussi à décider au mariage purement civil des jeunes que je voyais mal disposés à un mariage chrétien. Et pourtant, combien de mariages religieux sont des erreurs !

Une jeune femme, divorcée par nécessité, car son mari s'est révélé un homosexuel irrécupérable, retrouve un ami de jeunesse devenu veuf avec des enfants tout jeunes. Autrefois ils avaient entrevu la possibilité de se marier, puis la vie les avait séparés et chacun avait fait sa vie de son côté. Le jeune veuf avoue à son amie divorcée : « Dès que j'ai compris que ma femme était perdue, j'ai repensé à toi. Il n'y a que toi pour me prendre en charge ainsi que les enfants. » Elle se sent attirée vers lui et désireuse de se faire un foyer avec des enfants charmants qu'elle aime déjà. Mais, voilà ! l'un et l'autre sont des chrétiens convaincus. Lui ne se pose pas trop de questions, car il est libre. Elle s'inquiète des réactions de ses parents, du milieu bien-pensant. Elle ne trouve pas d'opposition irréductible. Reste l'essentiel, sa conscience.

Elle s'ouvre à moi de son problème. Que va dire le prêtre, ami certes, celui cependant qui l'a jadis préparée à la communion ? Elle est très surprise de l'entendre tenir à peu près ce raisonnement : « L'union entre un homme et une femme, mariés devant Dieu, est plus étroite et indissoluble que celle mise par Lui entre un enfant et l'un ou l'autre de ses parents. Donc, de ce côté, aucune solution possible. Mais il est des enfants abandonnés qui trouvent un autre foyer pour les aimer. Vous êtes, dans un sens, une abandonnée et vous devez avoir quelque droit je pense, aux yeux de Dieu, de trouver – en dehors du foyer régulier qui est le votre – un foyer de secours. Et comme il s'agit d'amour vrai – c'est-à-dire de don à l'autre si désemparé, et aux autres, ces enfants sans maman – je crois que le Seigneur qui jugera le monde sur l'amour sera plein d'indulgence pour vous. »

Comme elle n'osait y croire, je continue : « C'est si vrai que l'Église, autrefois si dure pour les divorcés remariés, tempère un peu sa rigueur et s'ouvre davantage à la psychologie des êtres bousculés par la vie. Elle ne pourra jamais dire que vous êtes dans une situation normale, mais elle s'efforcera de vous aider. Pour moi, non seulement je ne vous condamne pas, mais je vous souhaite de trouver le bonheur dans ce foyer de secours. Pour que votre conscience soit autant que faire se peut, pacifiée je vais vous aider à mettre au point une déclaration d'intention qui vous permettra de dire votre attachement à la loi chrétienne et votre désir de régulariser votre situation dès que possible. »

Cette déclaration d'intention que j'ai fait signer à de nombreux couples de remariés – pour les mettre un peu plus à l'aise dans leur nouveau foyer – je l'avais soumise au vicaire général chargé de l'officialité, mais longtemps avant le Concile. « Tout y est, me dit-il, sauf la renonciation à la vie commune. – S'il n'y avait pas vie commune, le papier serait inutile. Il est utile seulement pour permettre la réconciliation avec Dieu et l'Église, par la réception des sacrements au moins à l'article de la mort. La profession de foi d'une part, l'aveu d'autre part de n'être pas en règle « avec la loi de Dieu et ma conscience », n'est-ce pas tout ce que nous pouvons obtenir des divorcés remariés ? La loi ne peut être changée, et ils le savent, mais ils affirment leur foi chrétienne « dans laquelle ils sont nés et veulent mourir ». Dieu fera le reste. »

J'espère n'avoir jamais sacrifié les principes, mais avoir été accueillant aux pécheurs par une attitude empreinte de compréhension, suivant en cela l'exemple du Maître.

Je n'ai pas agi autrement avec les homosexuels, quand j'ai trouvé chez eux – loin du débordement charnel ou de l'égoïsme jouisseur que l'on imagine – un certain aveu de la faute, et une découverte de l'autre accompagnée de dévouement et de tous les tourments de ceux qui aiment vraiment. J'en ai connu pour qui l'aspect charnel était presque dépassé, sublimé même, jusqu'à laisser place à une réelle vie chrétienne. Pourquoi les désespérer ? Jésus n'a-t-il pas dit, à propos de Madeleine : « Il lui sera beaucoup pardonné, parce qu'elle a beaucoup aimé. »

Je dois avouer que de tels cas sont rares, mais ils existent. Plus nombreux ceux où je n'ai pu faire reconnaître « qu'il peut y avoir faute, à un moment ou à un autre ». Dans ces cas-là, ne pouvant faire avancer sur la route de pardon par le Christ, je n'ai pu obtenir aucun progrès moral ni religieux.

Malgré tout, et avant tout, je n'ai jamais condamné. J'ai répété : « Dieu seul connaît les données de chaque être humain. Il jugera avec exactitude, mais avec amour. »

Espoir pour tous les pécheurs, et aussi pour ceux qui ne se croient pas pécheurs !

Avec un tel comportement avec les fiancés et auprès des divorcés, on doit s'attendre à ce que j'aie une action éducative auprès des foyers chrétiens.

Eh bien, non. Il n'a été que rarement question pour moi d'être aumônier dans les rencontres de jeunes foyers. Cela n'aurait guère pu m'arriver qu'à Bort. Or mes paroissiens n'exprimaient pas le désir de ces réunions où quelques foyers se rencontrent pour étudier les problèmes des couples. Les seules tentatives couronnées d'un peu de succès furent celles où ne participaient, pratiquement, que des foyers non originaires du pays. Ils n'étaient là qu'en passant; les équipes successives, en raison des départs multipliés, ne tinrent qu'un temps.

Les foyers ayant besoin d'aide savaient à quelle porte frapper. J'ai passé des heures à calmer un mari coléreux et injustement jaloux. J'ai reçu, séparément, des maris et des épouses dans des cas dramatiques.

Un jour se présente à moi un homme jeune et plein de force, un costaud dirait-on. A peine suis-je assis en face de lui qu'il sort un revolver de sa poche, en déclarant : « Je veux me suicider, mais auparavant je veux tuer ma femme. – Vous faites bien de venir me trouver avant. Rien ne presse, on a toujours de temps de faire ces coups-là. Parlons tranquillement. D'abord, qu'est-ce qui vous porte à vous tuer ? – Voilà. Je veux me descendre, car ma vie devient impossible. Après quelques années de mariage, malgré bien des essais et des traitements, je dois reconnaître la triste vérité : je suis impuissant. Ma femme, au lieu de m'aider, se moque de moi, me dit qu'elle veut un homme et des enfants. – Il est vrai que votre situation n'est guère enviable, mais elle n'est pas désespérée. Il faut voir si, médicalement, il n'y a rien à faire. Mais envisageons le pire : cette infirmité est définitive. La vie vaut malgré tout la peine d'être vécue. Si votre femme veut reprendre sa liberté, si elle n'est pas capable de vous aimer tel que vous êtes, le mieux est de la laisser partir. Vous pourrez obtenir une annulation de mariage et redevenir libre. Alors, deux hypothèses : ou vous acceptez de vivre seul – combien d'infirmes portent une croix plus lourde que la vôtre ? – ou vous trouvez une femme assez aimante pour vous prendre, mais en toute connaissance de cause, tel que vous êtes. D'autre part, car je devine que les moqueries des camarades doivent peser dans votre funeste détermination, votre profession vous permet de changer facilement de résidence et d'aller vivre là où personne ne connaîtra votre état. Tout sera sauf, même l'honneur... si honneur il y a. »

Ces idées exposées, reprises, pendant des heures calmèrent notre homme. Il ne s'est pas tué. Il n'a pas tué sa femme. Il vit ailleurs et nul ne connaît son drame : il y a tant de foyers sans enfants.

Une très heureuse intervention dans la vie d'un foyer a débuté par la demande d'une fiche de baptême par une jeune maman. Je ne la connais pas, car elle vient d'arriver d'un autre diocèse. Dans la conversation qui s'engage pour voir où en est ce foyer au sujet de la foi, et dans quel esprit il demande le baptême pour son enfant, j'apprends qu'ils ne sont pas mariés religieusement. J'ai besoin d'en savoir plus. Elle m'avoue : « C'est que je ne suis pas baptisée. » Elle m'explique que ses parents, en froid avec le curé de leur paroisse (pour la question de l'admission à la communion d'un grand frère n'ayant pas suivi les cours régulièrement), ne l'avaient pas présentée au baptême pour ne pas avoir à faire avec ce curé.

« Malgré ça, nous voulions nous marier à l'église. M. le Curé a exigé que je suive des années de préparation au catéchisme. – Mais alors, il voulait vous préparer au baptême ? – Oui, car moi aussi je voulais être baptisée comme mes frères et sœurs. – Ça change tout. »

Le ménage avait de bonnes raisons de ne pas trop retarder le baptême de l'enfant. La décision fut prise de mener intensivement la préparation à l'entrée de la jeune femme dans l'Église, en même temps que celle de son enfant. Cette instruction à domicile – car il fallait garder le bébé – fut faite en soirée, en présence du mari. Cette catéchèse pour adultes était pour lui plus qu'un renouveau du catéchisme de sa jeunesse. Il n'était pas le moins heureux de nos conversations. Ensemble, nous fîmes le tour de l'Évangile, des sacrements, en insistant sur celui du mariage, mais aussi de la confirmation et de l'eucharistie, car, avec l'autorisation de Mgr l'Évêque, j'ai pu baptiser en même temps la mère et son enfant, donner la confirmation à la jeune maman, unir le couple devant Dieu au cours d'une messe où les deux époux partageant le pain et le vin consacrés, la jeune épousée fit aussi sa première communion.

Avant que soient instituées les instances diocésaines auxquelles est réservée la préparation des adultes au baptême, j'ai souvent, et presque chaque année, acheminé des adultes vers ce sacrement ou vers la communion. Depuis que l'on a compliqué beaucoup les conditions d'admission au baptême des adultes, je n'ai plus trouvé de candidats.

Un jeune étudiant en médecine qui avait dû subir – avec foi cependant – cette rude épreuve du catéchuménat à Lyon, me fit cette confidence : « Si j'avais su que c'était si long, si gênant pour la poursuite de mes études, avec des rites si enfantins, je n'aurais jamais eu le courage d'entreprendre cette marche vers le baptême. »

Presque tous les cas de baptême d'adultes étaient en liaison avec l'approche du mariage : pas tous cependant. Tous demandaient beaucoup de rencontres, mais il n'y a pas d'occupation de mon ministère que j'aie accomplie avec plus de plaisir. Je regrette que mes successeurs, à qui l'on a pratiquement ôté cette chance d'être évangélisateurs, soient obligés de céder la place à des sortes de fonctionnaires de la catéchèse, avec l'inconvénient supplémentaire de détacher les candidats au baptême de leur milieu paroissial, pour les regrouper dans une grande ville.

Pourtant je me souviens qu'une des dernières joies de mon pastorat, sujet d'édification pour les Bortois, fut le baptême par Mgr l'Évêque, devant l'assemblée dominicale, d'un jeune homme préparé uniquement par mes soins.

Pour en finir avec mes activités au service religieux des premiers âges de la vie, et avant de passer aux deux autres, je veux répéter que ces heures passées à évangéliser les jeunes m'ont semblé les plus bénéfiques de mon ministère.

La preuve n'en est-elle pas dans la reconnaissance que ces jeunes ne cessent de me manifester de ce que j'ai pu faire pour eux, en ces années où les impressions reçues comptent double ? Je ne tiens qu'une petite place dans leur vie, mais une place assurée et qui me fait chaud au cœur.

Les hommes

Pour parler de mes relations avec le deuxième âge, disons la maturité, je crois devoir séparer les hommes des femmes. Vous verrez pourquoi.

A tout seigneur, tout honneur ! Parlons d'abord des hommes. Ce chapitre ne devrait pas être le plus long.

C'est un fait évident pour qui m'a suivi jusqu'à cette page : j'ai passé plus de temps avec les jeunes et, on le verra, avec les vieux, et dans une certaine mesure, je vais le dire, avec les femmes, qu'avec les hommes mûrs.

Un jour où un groupe important d'entre eux était réuni à l'église pour une rencontre d'action catholique, je leur ai parlé à peu près en ces termes : « Les hommes manquent à l'Église. (Citant le philosophe

Jean Lacroix, j'ajoutai :) Moins il y a d'hommes à l'église, moins il y en aura. Telle est peut-être la cause du manque de virilité du catholicisme français dans ces dernières années : littéralement, il s'est efféminé. »

Sur cette lancée, parlant du prêtre, je continue : « Toujours en contact avec des foules féminines ou puériles, il en est profondément marqué, au point qu'il s'est créé un style d'hommes d'Église qui – pour employer un langage moderne – s'est amorti jusqu'à devenir insupportable. S'il parlait plus souvent à des auditoires d'hommes, le clergé aurait un langage plus direct, plus adapté, plus fort. »

Poussant jusqu'à l'aspect social j'ajoute : « Dans l'économique, le social, le politique, les hommes peinent, luttent, mais le plus souvent dirigent. Dans une Église sans hommes l'opposition Monde-Évangile augmentera et l'Église ne sera pas assez présente là où se joue le sort du monde. »

Et pourtant l'Église est l'œuvre d'un Homme-Dieu. N'avez-vous pas remarqué que Jésus s'adresse d'abord à des hommes et que, dans l'évaluation des foules, l'Évangile donne un nombre en ajoutant : « sans compter les femmes et les enfants » ?

Ces propos, que des féministes ne trouveront sans doute pas à leur goût, expriment une conviction profonde et mon regret de n'avoir pas pu agir davantage avec les hommes au long de mon ministère.

Est-ce à dire que j'ai rencontré peu d'hommes dans ma vie ? Ceux de ma paroisse seraient surpris d'une telle déclaration, eux que je voyais si facilement et avec plaisir, mais trop souvent à mon gré hors de l'Église.

La première rencontre avec un groupe d'hommes à Bort fut assez cocasse. Un samedi soir, tandis qu'en veillée je préparais mon homélie du lendemain, un appel au téléphone : « Ici Poulou. – Qui ? – Poulou, votre facteur. Nous sommes une bande de copains réunis pour le banquet de la classe, la classe 26. Le repas s'achève, mais nous venons d'apprendre que vous êtes de notre classe. Nous serions heureux si vous veniez nous rejoindre au dessert. » Laissant l'homélie, je me hâte vers le restaurant où je suis accueilli avec l'enthousiasme si facile à la fin des repas. La classe sert de couverture à une sorte d'examen que ces hommes de quarante-cinq ans, tenant des places importantes dans la cité, veulent faire subir à leur nouveau curé : (« Quel genre d'homme est ce curé qui arrive ? ») qu'ils ne sont pas allés écouter à son discours d'installation.

La réponse fut donnée par mon solide appétit, malgré le repas déjà pris, par l'arrosage au champagne, pour payer mon droit d'entrée, et par quelques « niorles patoises », bien dans le ton d'un banquet de la classe.

Quand je fus parti, l'un des assistants dit à son camarade : « Ce curé, c'est un type. Avec lui il y aura moyen de s'entendre. Je n'aurai pas peur d'aller le trouver pour faire enfin mon mariage religieux. » Quelques jours après, il meurt subitement. Comme il était marié seulement au civil, à cette époque je ne pouvais lui accorder les honneurs de la sépulture chrétienne que s'il avait donné « un certain signe » de sa volonté de se mettre en règle. Les camarades de la classe, en me citant ses paroles, me firent remarquer qu'il était décidé à « passer par l'église ».

Avant d'être curé, j'avais mal débuté dans mes rapports avec les hommes. Les premiers qui me furent confiés furent les internés de la prison cellulaire de Brive.

Expérience crucifiante pour un jeune prêtre. Il s'agissait de condamnés à de lourdes peines, mais peu nombreux. Je devais les visiter, un par un, dans leur cellule, où le gardien m'enfermait avec eux.

Je me présente, fluet dans ma longue soutane, visiblement ne faisant pas le poids devant ces hommes durs et si marqués par les aventures de la vie, moi sans expériences du mal, ni des hommes, puisque je n'avais même pas fait de service militaire. Peut-être ma fragilité fut-elle pour quelque chose dans une prise de contact facile avec ces malheureux. Il n'était pas beaucoup question de pratique religieuse, bien qu'un certain nombre, sans doute pour justifier le poste d'aumônier, fassent l'effort de venir à la messe célébrée une fois par mois.

Par contre, que de confidences, que de besoin de parler, de se plaindre de la société et de la justice des hommes, que d'excuses invoquées pour justifier leurs fautes. Tous m'avouaient pourquoi ils avaient été condamnés. En partant de là je tentais de leur remonter le moral, en leur disant que le pardon est possible, que la reprise de la vie droite n'est pas impossible. Sur ce point, ils m'arrêtaient souvent pour me dire combien était improbable leur réinsertion dans la normale, montrés du doigt qu'ils seraient, par leur famille souvent, par d'hypothétiques employeurs toujours. Que de paroles de désespoir n'ai-je pas entendues, surtout chez les femmes issues de la prostitution, et qui m'expliquaient comment elles étaient condamnées à y retomber, car seul le « milieu » était là pour les accueillir à leur sortie de prison. Le quartier des femmes était très peu peuplé : c'est pourquoi j'ai parlé de la prison au chapitre des hommes.

Cette charge pastorale ne m'occupa pas très longtemps, car la prison fut fermée. Si brève qu'ait été la rencontre avec l'humanité déchue, elle devait marquer une certaine orientation de mon ministère, et voici comment : à leur sortie de prison, les libérés venaient tous me voir, sous prétexte de me remercier, en fait sachant bien qu'ils obtiendraient un petit secours ou une intervention auprès des patrons pour leur trouver du travail. Le petit secours était toujours attribué, et je tiens à le préciser, sans aucun concours des finances de la paroisse; les démarches pour trouver du travail rarement couronnées de succès.

Mais le pli était pris. Mon adresse devait être communiquée d'une prison à l'autre, à tel point que les libérés de tous les coins de France, passant par Brive (et Dieu sait si la gare de Brive est un carrefour important) ou même à Bort (pourtant loin de tous centres) ne manquaient pas de venir me trouver.

Leurs arguments étaient toujours les mêmes : « Je sors de prison, je n'ai plus d'argent. J'ai besoin de prendre le train pour me rendre à... (c'était toujours assez loin). Ne pourriez-vous pas me dépanner ? »

Sur des conseils autorisés, je m'en tenais habituellement à ce principe : ne jamais donner d'argent. Ma réponse était donc : « Allez à la gare. Demandez votre billet au guichet, je vais téléphoner, il vous sera remis gratuitement. Je me charge de le régler. » A mon grand étonnement, quand je me présentais à la gare pour payer le billet, rarement il avait été pris. Mes clients devaient craindre que mon coup de téléphone soit pour alerter la police plutôt que la S.N.C.F.

Les sortis de prison n'ont pas été les seuls, tout au long de ma carrière, à venir quémander à ma porte. En général, ils présentaient des papiers, me contaient des histoires bien montées, pour arriver à m'extorquer quelques pièces de monnaie.

Un monsieur, fort bien mis, se présente : « Je suis le cousin de Mgr X. Je rentre de vacances; je viens de tomber en panne chez vous. La réparation va coûter plus que je n'ai d'argent disponible. Je n'ai même pas de quoi payer l'hôtel pour ma famille et pour moi ce soir. La réparation de la voiture ne sera pas terminée aujourd'hui. Dès mon retour chez moi je vous réexpédirai la somme que je vous prie de m'avancer. – Plus simple, je passerai demain régler l'hôtel; le garagiste vous fera crédit. – Oh ! non, pensez-vous ! J'aurais honte d'avouer à ces gens-là que je n'ai plus d'argent, étant donné ma situation. » Il avait tellement de références, de bonnes paroles, que j'avance la somme demandée. Après son départ, pris de doute, je téléphone au garage. On n'y avait pas vu mon client. Pas plus d'ailleurs qu'à l'hôtel. Que n'avais-je appliqué mon fameux principe !

Les malfaiteurs étaient plus persévérants que moi : « Je suis un pauvre type. J'ai femme et enfants, une bonne situation », me dit un monsieur portant beau... et le ruban de la Légion d'honneur, « malheureusement j'ai entretenu une liaison avec une femme qui m'a détourné de mon foyer. J'ai tout lâché. Je viens de vivre des heures de folie. Avec la grosse somme d'argent emportée à mon départ, de ville en ville, d'hôtel en hôtel, j'ai mené « joyeuse vie » avec cette femme volage. Arrivé à bout de ressources, elle vient de m'abandonner. J'ai pu joindre ma femme par téléphone et lui demander pardon. Elle accepte de me reprendre, en raison de nos enfants. J'ai un grand service à vous demander : n'ayant pas osé dire à ma femme que j'étais sans argent – dans ma position ce n'était guère possible – j'ose vous prier de m'avancer le prix du billet pour rejoindre les miens. » Il s'offre, après m'avoir donné son nom, son adresse, à me signer une reconnaissance de dette. Convaincu à demi, mais soupçonneux quand même, je le conduis à la gare et prends moi-même le billet... pour Saint-Brieuc, s'il vous plaît ! bien persuadé d'avoir aidé un enfant prodigue.

Le train ne part tout de suite : mon homme a le temps de prendre un léger repas. Bon prince, je l'amène à l'hôtel le plus proche, et selon ma formule, je dis au patron : « Je vous réglerai sa dépense. » Dans la soirée je repasse à l'hôtel pour régler la note. Quelle n'est pas ma surprise d'apprendre là que mon client non seulement n'avait pas pris le train, mais qu'il avait eu l'audace de se faire rembourser le prix du billet. Une fois de plus, j'avais été bien roulé.

Un clochard que je connais bien et assiste souvent, car il a une nombreuse famille, insiste beaucoup trop, et ce jour-là je l'envoie promener. Froidement, il sort un vieux pistolet de sa poche : « Puisque vous me laissez tomber, je n'ai plus qu'à me suicider devant vous. – Vous savez ce que je pense de vous ? Vous êtes un paresseux, un lâche devant vos responsabilités, et vous êtes un ivrogne qui ne pense qu'à boire. Pour se tuer, il faut un certain courage. Vous croyez me faire peur en me mettant votre suicide sur les bras, mais je n'y crois pas. Vous êtes trop lâche pour vous tuer et du même coup débarrasser votre famille. » Il sort la tête basse et ce jour-là sans secours. La leçon avait porté. J'ai pu lui trouver du travail : ce foyer, que je continue à suivre, a été sauvé.

En plus des passagers, il y avait les clients fidèles : « C'est encore moi, mais il y a bien deux mois que je ne suis venu. » Ceux-là se contentent de peu.

A Bort j'avais passé une sorte de contrat avec le directeur de l'hôpital pour que soit assurée au moins une collation à tous les clochards de passage. Il me suffisait de leur remettre un mot de recommandation. Autrement dit, personne ne frappait à ma porte sans recevoir au moins un bon repas.

Tout se compliquait quand il s'agissait de trouver asile à un clochard pour la nuit. Je n'ai jamais pu organiser un lieu d'accueil qui, pourtant, aurait servi chaque semaine et souvent plus. Ma vieille mère avait une peur atavique de ceux qu'elle appelait les « romanichels »; il n'était donc pas possible d'en introduire chez moi. Je n'avais trouvé d'autre solution que de leur donner un bon de logement dans un hôtel, que je m'engageais à payer. Mais les hôteliers, les uns après les autres, finirent par me dire : « Si vous n'avez que des clients comme ceux-là à nous envoyer, vous pouvez les garder. » Il est arrivé que même munis d'argent par mes soins – malgré mon grand principe – ces chemineaux ne soient pas acceptés dans les hôtels. Je n'avais plus qu'à leur ouvrir une salle de catéchisme et à les faire coucher sur le plancher avec quelques vieilles couvertures. C'est un des regrets de ma vie de n'avoir pas su mettre sur pied un lieu d'accueil qui, malgré les progrès sociaux, reste toujours d'actualité.

Ces relations épisodiques avec des hommes de passage, malgré leur répétition accaparante et leur incidence sur les maigres ressources paroissiales, ne doivent pas cacher celles, régulières, avec des groupes d'hommes à Brive, à Tulle ou à Bort.

Devenant le plus ancien vicaire de St-Sernin, je passai la direction du cercle des jeunes gens à un autre confrère pour prendre en charge le groupe très spécialisé des Cheminots catholiques.

Brive étant un grand centre ferroviaire et possédant un important dépôt pour l'entretien et la réparation du matériel de la S.N.C.F. abritait de nombreuses familles d'employés du chemin de fer, comme l'on disait encore. Tout naturellement notre paroisse avait constitué une section de l'association des Cheminots catholiques. Dans la maison des œuvres, une grande salle leur était réservée. Ils se réunissaient une fois par mois au moins, pour parler de leur association, en utilisant le bulletin de liaison, mais aussi et surtout de leurs problèmes locaux. Ils ne formaient pas un syndicat, mais étaient membres actifs de leur syndicat; ils éprouvaient le besoin d'étudier avec moi quel devait être leur comportement chrétien devant les problèmes posés à la profession. Bonne occasion d'entrer de plain-pied dans la vie ouvrière d'une grande entreprise. J'écoutais beaucoup et ne risquais que rarement mon avis sur des problèmes dont je n'avais aucune expérience.

Mon rôle devenait celui d'un aumônier quand on étudiait les questions religieuses, elles aussi d'actualité. Nous lisions et commentions non seulement l'Évangile, mais les grandes encycliques de Pie XI contre le communisme et le nazisme athées. Les échanges étaient passionnants, car totale était la liberté d'expression. J'étais le plus jeune de tout le groupe. J'étais fort impressionné par le sérieux, la conscience professionnelle (l'exactitude en était un signe) de tous ces cheminots.

Profitant des facilités de transport propres à leur profession, ils organisaient chaque année deux voyages : l'un pour l'assemblée générale, l'autre pour un pèlerinage à Lourdes. Je faisais toujours partie du voyage qui, par la vie commune pendant quelques jours, augmentait les liens d'amitié entre nous. Que de bons souvenirs n'avons-nous pas des congrès de Bourges ou de Paris et des nombreux pèlerinages des cheminots à Lourdes !

Ce groupe avait deux spécialités dans la vie paroissiale : l'organisation, de temps en temps, de messes matinales (à 4 h du matin) pour que les « roulants » puissent y assister; et une fois par an la responsabilité de la garde du Saint Sacrement, devant le reposoir, pendant toute la nuit du Jeudi Saint. Une liste d'hommes adorateurs était dressée heure par heure, mais avec deux cheminots au moins par heure. La relève était assurée avec une précision plus que militaire. Bravo, cheminots !

A Tulle, au lycée, entouré d'enfants et d'adolescents, mes relations avec les professeurs – il y avait cependant quelques femmes – me permirent de n'être pas trop coupé des hommes adultes.

En arrivant au lycée j'avais l'avantage de retrouver parmi les professeurs d'anciens camarades. L'un des plus chaleureux fut un Tulliste, du même quartier que moi, mais d'une famille aussi anticléricale que la mienne était cléricale. Il n'était même pas baptisé : « Ah, te voilà ! Éminence. Je suis heureux de t'accueillir. – Quelle joie de te retrouver, vieux parpaillot ! » Commencés sur ce ton, nos rapports furent des plus cordiaux et étonnaient ceux qui savaient.

Pour son premier poste est nommé au lycée un jeune professeur qui arrive chargé du titre prestigieux de n° 1 à l'agrégation d'histoire. Sans rien savoir d'autre de lui, le rencontrant dans la galerie, je m'approche pour lui souhaiter la bienvenue et le féliciter. Sa réponse disait déjà à qui j'avais affaire : « Merci. Avec le n° 1 à l'agrégation, débuter à Tulle n'est pas très glorieux : mais c'est la guerre ! D'ailleurs le président Steeg a bien commencé ainsi; ça ne l'a pas empêché de finir président du Conseil. J'espère ne pas faire moins bien. » Si la Troisième et la Quatrième République avaient duré, cette annonce prophétique aurait sûrement été réalisée. Il s'agit en effet de Maurice Faure, arrêté dans son ascension vers les sommets politiques au rang de secrétaire d'État... à moins que l'avenir !

Sauf avec les membres de la paroisse universitaire, je n'ai jamais fréquenté beaucoup les professeurs; je n'allais que rarement à la salle où j'aurais pu les rencontrer, ayant souvent des cours aux heures où eux n'en avaient pas.

Un jour cependant un agrégé d'histoire demande à me parler. « Je suis chargé de faire un cours aux élèves-maîtres sur la laïcité. J'ai rédigé des notes pour cet exposé. Je voudrais vous le soumettre : je sais que parmi ces élèves certains suivent vos cours religieux. Je ne voudrais pas les heurter, ni être taxé de sectarisme. » Après avoir lu cet exposé où la laïcité était présentée non comme une opposition à toutes les religions, mais comme une condition de liberté religieuse que l'État doit à tout citoyen, quel que soit son culte, je puis lui dire : « Je suis prêt à contresigner vos déclarations. Elles ne peuvent froisser aucune conscience de croyant. Je souhaite que dans notre pays la laïcité soit toujours conçue et pratiquée de cette manière. »

Pendant mon ministère au lycée je n'ai trouvé de sectarisme qu'une fois, auprès d'un inspecteur d'académie nettement anticlérical.

A la distribution des prix qu'il présidait, au théâtre municipal, les professeurs et les personnalités locales étaient réunis dans la salle du foyer, attendant l'heure de la séance. M. l'Inspecteur, en toge, salue toutes les personnes présentes. Dans un petit groupe, je parle avec des professeurs amis. Il arrive et salue tous les professeurs, fait semblant de ne pas me voir (moi qui suis en soutane, un peu comme lui en toge !) et passe à un autre groupe. Mes collègues ne peuvent contenir leur indignation : « Quel salaud ! il montre trop ses sentiments anticléricaux. – Il ne l'emportera pas en paradis. »

M. le Préfet, que je connais bien (on est après le drame du 9 juin), arrive. Toute l'assemblée se forme en cercle autour de lui.

M. l'Inspecteur salue M. le Préfet qui à son tour tient à serrer la main à chaque professeur. Il commence à faire le tour de l'assistance accompagné par M. l'Inspecteur. Quand ils arrivent à ma hauteur, M. le Préfet me salue avec des mots aimables. « M. le Préfet, vous me connaissez, mais M. l'Inspecteur ne me connaît pas. Permettez-moi, devant vous de me présenter à lui. » Et me tournant vers l'Inspecteur : « Je suis l'aumônier du lycée, l'abbé Espinasse. » Il fut obligé de se courber en deux et de me saluer. « Vous l'avez bien eu », dirent avec joie mes amis professeurs.

Il essaya de se venger, quelques années plus tard. J'étais curé de Bort et je faisais des démarches pour l'ouverture possible d'une aumônerie au collège. Le dossier, selon les règlements en vigueur, devait passer par les services de l'inspection académique. Le même inspecteur était encore à Tulle. Il écrivit une lettre au directeur du collège pour lui indiquer ce qu'il fallait faire pour rendre la création d'une aumônerie impossible. Le directeur, de confession juive mais très loyal envers moi, me montra cette lettre.

Me heurtant de nouveau au sectarisme de cet inspecteur je lui écrivis à peu près ceci : « Vous ne pouvez pas dire que vous ne me connaissez pas ! Vous devriez aussi savoir que je connais les règlements en vigueur pour les aumôneries des lycées et collèges. J'ai vu votre lettre, qui sort de ce que doit écrire un honnête serviteur de l'État. Si l'aumônerie n'est pas accordée par votre faute, je m'adresserai à M. le Préfet en lui racontant tout. »

Par téléphone cette fois, le directeur reçut une « engueulade » peu académique, mais moi, par lettre, l'autorisation souhaitée.

L'organisation paroissiale comportait un groupe d'hommes, dit d'Action catholique. Je devins naturellement leur aumônier. Cette fonction consistait, au cours de veillées, à échanger sur une page d'Évangile, à étudier avec eux un programme de réflexions sur les questions d'actualité afin de les juger dans une perspective chrétienne et de décider des actions à mener, conséquences logiques de notre réflexion.

Avec des hauts et des bas, ces rencontres avec les plus dynamiques de mes paroissiens durèrent jusqu'à la dernière mission où fut prévue une organisation un peu différente.

Jamais je n'ai approché avec joie des hommes de tous les milieux socio-professionnels comme au sein de cette A.C.G.H. Auprès d'eux j'ai toujours trouvé l'appui, les conseils dont j'avais besoin pour la conduite de la paroisse.

Je ne sais si je leur ai beaucoup donné; eux m'ont beaucoup aidé.

Par exemple, pour prendre la décision d'accepter qu'un congrès diocésain eucharistique se tienne à Bort, tout a commencé par des discussions au groupe d'A.C.G.H. Il en fut de même chaque fois qu'il fallait prendre une telle décision avant d'entreprendre une tranche de restauration de l'église. Ces hommes formaient, avant la lettre, le conseil paroissial. Les dames en faisaient d'ailleurs autant de leur côté en A.C.G.F.

Avec le groupe d'hommes nous organisions chaque année une sortie vers l'Auvergne, le Limousin ou le Lot, et même un pèlerinage à Lourdes; entre nous de véritables liens d'amitié se sont tissés et tiennent bon !

Au temps du congrès eucharistique m'arriva une rencontre saugrenue avec quelques hommes que je ne m'attendais pas à voir participer à cet acte religieux.

Un soir, au téléphone, une grosse voix m'appelle. Elle vient d'un café situé en face de l'abattoir, un peu en dehors de l'agglomération et dans un milieu qui ne passe pas pour être d'Église ! « Alors ! dit la voix bourrue, nous, on n'y a pas droit au Bon Dieu ? – Pourquoi cette question ? – On nous a dit que la procession ne passerait pas dans notre quartier. Pourtant si vous y veniez, on lui ferait un bel arc de triomphe. Et puis, vous savez, à côté du café il y a le terrain où on joue aux quilles. Si la procession passe chez nous toutes les quilles décorées feront la haie d'honneur. – J'arrive. »

Je n'avais jamais mis les pieds dans ce café. J'y suis reçu par mon correspondant, que je connais bien mais pour des rapports différents (il conduit le corbillard); il est entouré d'un groupe d'hommes, tous ouvriers. J'entends des reproches mais qui traduisent une telle volonté de ne pas être écartés de Dieu que, malgré la longueur du parcours, je décide de faire passer une des processions du congrès dans ce quartier populaire.

Au jour dit, l'arc de triomphe est dressé, les quilles décorées bien en ligne – et les hommes derrière – pour saluer N.-D. de Bort qui passe par là. Les évêques présents quittèrent la procession pour les saluer et les remercier. J'étais si touché de leur geste que je les invitai à déjeuner avec les trois évêques. Je pense que les cardinaux Marty et Gouyon se souviennent encore de la franchise, de la verdeur, de l'esprit populaire de ces hommes.

Les anciens combattants me fournirent aussi de bonnes rencontres avec les hommes de ma paroisse. Je n'avais pas l'honneur d'être des leurs, mais comme j'organisais la messe du 11 novembre, pour laquelle je faisais venir un prédicateur ancien combattant, le président des A.C. qui invitait le prédicateur au banquet avait décidé ses camarades à m'inviter aussi. Ils ont tous dit qu'en raison de ma participation au drame de Tulle et à mon titre d'aumônier F.F.I. j'avais place parmi eux. Comme les combattants de 39-40 puis ceux d'Algérie avaient eu la sagesse de s'unir aux anciens, des liens se créèrent entre eux et moi, étendant mes relations amicales avec un grand nombre de jeunes hommes.

Un peu dans la même direction, mon appartenance à la Légion d'honneur m'a fait pénétrer dans un autre milieu, non seulement à l'échelon local mais au plan départemental. Ces relations ont beau n'être pas celles du prêtre avec des fidèles, elles n'en sont pas moins telles qu'aucun membre n'oublie que je suis prêtre, même s'il n'est pas croyant. Dans un grand respect et une bonne camaraderie il m'arrive d'être appelé à témoigner de ma foi.

Plusieurs fois j'ai reçu des hommes de « l'autre bord ». Pour leur rendre service souvent, et jamais je n'ai refusé. Parfois ils venaient pour essayer de me récupérer, politiquement parlant. Dans ce cas-là j'ai accepté la discussion, disant les raisons religieuses que j'avais de ne pas accepter d'aliéner ma liberté au service d'un parti. Il m'est arrivé de critiquer l'attitude politique ou syndicale de mes interlocuteurs mais toujours en justifiant mon jugement par des faits ou des choix explicitement chrétiens. Il m'est arrivé d'en venir à répondre à des inquiétudes religieuses ou à en finir par des confidences d'âme. Sur ce point je ne citerai pas d'exemples.

On ne pouvait pas me prendre pour un « animal politique », mais bien pour ce que je suis : un « animal religieux ».

Dans mes relations avec les hommes, j'en suis arrivé, deux ou trois fois, à une véritable amitié.

Je n'en dirai qu'un exemple.

Jean Aubier était originaire de Bort, où il avait une belle résidence secondaire. Sa femme y avait ses parents. Avec le sens des affaires propre aux Auvergnats mâtinés de Limousins – ce qui était exactement le cas – il avait réussi à percer dans une branche pourtant strictement accaparée par les juifs, surtout au faubourg St-Antoine. Sa fortune, il la devait en effet à son important commerce de meubles, secondé qu'il était, et admirablement, par une épouse de tête, vrai chef d'entreprise.

Sa personnalité était forte : ses dons de contact et de chaleur humaine fort développés. Il m'avait pris en amitié.

Dès qu'il arrivait à Bort, son premier coup de téléphone était pour « son doyen ». Il m'invitait à partager ses joies des vacances, en particulier en m'initiant à la pêche aux truites dans le lac qu'il possédait dans le Cantal proche.

Par amitié pour moi, plus que par convictions religieuses, il devint le grand bienfaiteur de l'église. Chaque année, pour la kermesse paroissiale, il m'envoyait un de ses camions chargés de meubles, qui devenaient les gros lots de la tombola.

Notre amitié était telle qu'elle permit un échange de biens. Oui, alors que lui me comblait de ses biens matériels, je lui proposai les biens spirituels dont je suis dispensateur, quand vint pour lui, trop tôt, l'heure de la mort. Pour cela j'allai à Paris le rejoindre dans le grand hôpital où il était traité.

Pour achever sa réconciliation avec le Seigneur en lui portant le corps du Christ, dans cet immense hôpital où la chapelle est grande plus qu'une cathédrale, je n'ai jamais pu trouver l'aumônier ni me faire ouvrir la porte du tabernacle. J'ai dû aller trouver le prêtre de garde dans une paroisse pour obtenir le Saint Sacrement.

Par cette communion, fruit de notre amitié, j'ai permis à mon ami d'achever en paix et par une belle ascension d'âme une vie réussie, au temporel et au spirituel.

Cette amitié a son prolongement non seulement avec Mme Aubier mais avec son neveu.

Les femmes

Le regret, déjà exprimé, de voir les femmes tenir trop de place dans l'Église, ne traduit aucune misogynie de ma part. Je vais même dire que je leur dois beaucoup.

La malice française – on dirait mieux gauloise – veut que les prêtres s'intéressent aux femmes comme les autres hommes. Un bon serviteur de mes parents, alors que j'étais venu passer une soirée au restaurant et que nous mangions à la même table, venait de raconter je ne sais quelle difficulté conjugale : « Vous, les curés, vous êtes plus malins : vous vous servez des femmes des autres. » Il traduisait une opinion très répandue dans le milieu populaire. « Voyons, Pierre, vous me connaissez depuis longtemps, vous me voyez vivre, est-ce que vous pouvez dire que je suis de ces malins ? – Non, pas vous. Mais il en est qui ne se gênent pas. – En connaissez-vous ? – Non, mais on m'a raconté beaucoup d'histoires. – Mon brave Pierre, je suis jeune encore il est vrai (j'avais trente-trois ans), mais je suis mieux placé que vous pour savoir ce qui se passe dans le clergé. Je ne connais pas de prêtres qui font ce que vous dites. Certes des fautes sont possibles, réelles, on ne peut les nier, mais les généraliser, y voir une volonté de "profiter des autres", telle n'est pas la vérité. »

Je tiens à cette mise au point, car je suis persuadé qu'on m'attend au tournant : « A savoir s'il va tout dire sur ce sujet ? » Oui, je dirai tout et l'on verra le peu de place que tient dans ma vie sacerdotale, où j'ai rencontré tant de femmes, le risque féminin. Les femmes ont tenu une grande place dans les activités de mon ministère : la femme très peu dans ma vie d'homme.

A l'occasion du service intérimaire d'une paroisse près de Tulle – j'y ai déjà fait allusion –, pour la première fois mon ministère m'a mis en rapport avec des femmes : la baronne et son amie, locataire et souvent commensale.

Dans ce milieu féminin j'ai découvert non seulement un accueil charitable, mais une réelle piété dans une simplicité de « grande classe ». Toute la « maison », la patronne, son amie, les employées, l'invité se réunissaient en la chapelle du château, où était conservé le Saint Sacrement, chaque matin pour la messe, chaque soir pour la prière en commun. La baronne, même en ma présence, présidait à la prière, comme elle l'avait vu faire à sa mère, maîtresse de maison. Cette liturgie familiale ne manquait pas de grandeur.

Le point de départ de mes relations féminines étant à ce niveau, avec des veillées au coin du feu ou des marches à pied à travers les bois du vaste domaine, il n'y avait aucune chance pour qu'elles évoluent dans le sens que mon Pierre prêtait aux curés. Pour la première fois de ma vie me voilà en excellents termes d'amitié avec une femme qui n'est pas de ma famille, ni de mon milieu, car elle était une « grande demoiselle ». Cette amitié, née chez elle pour un jeune prêtre à aider, à mettre en confiance, à encourager dans sa mission, par le respect qu'on lui porte; née chez moi de l'admiration pour les qualités féminines de distinction, de simplicité, de générosité, de piété, dans une atmosphère noble mais profondément chrétienne, n'avait rien de trouble.

La baronne était la catéchiste, l'infirmière (diplômée s'il vous plaît) de tout le village, où elle était unanimement respectée et aimée. On le vit bien à la période où le maquis avait besoin de réquisitionner dans les fermes ou châteaux : il n'osa rien prendre à Mademoiselle, sans sa permission, et dès la Libération on lui ramena sa voiture intacte.

Découvrant la femme sous ce jour, je ne pouvais avoir aucune crainte d'en trouver d'autres sur ma route.

Je dois dire ou répéter que ni dans mon temps de vicariat, ni dans celui d'aumônier, je n'ai eu la responsabilité de groupes de femmes. Si j'ai eu à faire avec quelques-unes, ce n'était qu'en fonction de circonstances fortuites. Je pense qu'il est bon de donner des exemples.

Je pénètre dans un foyer où un enfant est maladif : je dois aller le voir pour le catéchisme qu'il manque. Je remarque que la maison est mal tenue, que les vêtements des enfants et même du mari ont des trous. Je m'inquiète des moyens d'existence : ils sont suffisants, le père a un emploi sûr et bien payé. Plusieurs jours de suite je vois la mère de cette famille à la messe matinale à la paroisse. Elle prolonge sa prière longtemps, restant à l'église à l'heure où les enfants doivent partir à l'école. Je lui dis mon étonnement de la voir à l'église à l'heure où ses enfants ont besoin d'elle. Délicatement je lui rappelle le principe scout : « Le devoir... commence à la maison. » Les jours suivants elle est encore là. A la sortie de l'église je l'attrape : « Vous ne m'avez pas bien compris, l'autre jour. Votre devoir n'est pas d'assister à la messe tous les jours, mais de préparer le déjeuner de votre mari et de vos enfants, et de raccommoder leurs vêtements. Si demain je vous vois à la messe, je n'hésiterai pas à vous mettre à la porte. »

A dater de ce jour, cette mère de famille, à la joie de tous les siens, s'occupa mieux de sa maison. Elle ne perdit pas pour autant sa piété et me garda toute son estime. Son foyer était de ceux où j'allais voir si tout s'y passait mieux.

Les raisons que j'avais d'aller dans les familles aux heures de travail des hommes, avec de grandes chances de ne trouver que des femmes, se trouvaient le plus souvent dans les problèmes soulevés par la participation des enfants au catéchisme. Le sujet de conversation était tout trouvé : l'éducation chrétienne de l'enfant et les difficultés concrètes rencontrées par les parents. Ce qui ne m'empêchait pas d'aborder d'autres problèmes de vie. Je tiens à affirmer que toujours, en entrant dans un foyer, j'avais un motif précis et sans ambiguïté qui motivait ma présence. Toute ma vie je m'en suis tenu à cette ligne de conduite qui, sans doute, m'a évité des pertes de temps et de fâcheuses occasions. A la question : « Alors, M. l'abbé, qu'est-ce qui vous amène ? » j'avais toujours une réponse à présenter.

Autre remarque qui s'impose, car elle caractérise une partie de mes rapports avec les femmes : ce sont les personnes âgées qui cherchaient le plus volontiers appui auprès de moi, alors que j'avais, théoriquement, surtout affaire aux jeunes.

Il y fallait beaucoup de patience.

Je pense à cette vieille demoiselle Eugénie. Non seulement elle était vieille, sale, remplie de puces, mais un grain originale, pour ne pas dire plus. Elle était volubile, mais ne trouvait plus personne pour l'écouter. Elle s'était jetée sur moi, facile à aborder et patient à écouter, comme sur une proie. Elle ne me lâchait pas. Ne trouvant jamais assez long le temps de parole que je lui accordais, comme elle était aussi prolixe pour écrire, elle m'accablait de lettres, écrites soit en prose, soit en vers alexandrins. Je dois reconnaître qu'elle écrivait dans un style romantique le plus pur et que ses vers étaient réguliers. Ces papiers, ces cahiers qu'elle m'apportait, étaient, hélas ! aussi sales qu'elle avec une odeur de pipi de chat (car elle vivait, bien sûr, au milieu de nombreux chats, d'où les innombrables puces) si insupportable que j'ai dû tout brûler.

Mes confrères me taquinaient un peu à son sujet. Elle avait en effet la mauvaise habitude, de peur de ne pas me rencontrer, de venir à l'heure du repas. Quand la sonnette s'agitait, presque à heure fixe, l'un ou l'autre ne manquait pas de dire avec un sourire : « C'est sûrement pour vous, votre demoiselle. »

Sans être riche, elle était propriétaire d'une des belles vieilles maisons dans le quartier ancien de la ville. Pour avoir de quoi vivre ses derniers jours, elle la vendit en rente viagère, touchant en plus une somme importante.

On construisait alors l'école Bossuet, splendide établissement pour lequel l'évêque avait demandé à ses diocésains de participer par des dons. Un jour le supérieur est appelé au parloir. Il y trouve une petite vieille qui a tout l'air d'une mendiante. Il pense qu'elle vient demander un secours et, très pressé, se hâte de fouiller dans ses poches pour donner quelques pièces à cette pauvresse. Celle-ci refuse avec un rire qui ne la quittait guère : « Je voulais simplement vous remettre ce petit paquet. » Elle sort d'un sac de toile indescriptible un paquet plié dans du papier journal, attaché avec une vieille ficelle et le remet à M. le Supérieur. Sans rien dire de plus elle se sauve, toujours avec son rire un peu fol.

Remonté dans ses appartements, le supérieur ouvre le paquet et y découvre un million ! Il court vers le parloir, dans la cour, à la recherche de cette insigne bienfaitrice. Elle a disparu et il ne sait même pas son nom.

On devait l'identifier parce que sur cette même vente elle

m'obligea à accepter une enveloppe contenant vingt mille francs. On fit le rapprochement.

Mes confrères ne se moquèrent plus de ma petite vieille, de ses papiers, de ma patience. Que ce profit – l'un des très rares de ma vie – ne fasse pas illusion et ne cache pas l'aide spirituelle apportée à longueur d'années à une âme délicate et esseulée.

De combien d'autres personnes âgées je pourrais évoquer le souvenir, dire mon action auprès d'elles ! En parlant de l'assistance aux malades j'y reviendrai.

Dans ma nomination de curé, la pastorale du milieu féminin, nouveauté pour moi, était celle qui me posait le plus de questions. Comment allais-je m'y comporter ?

Étant par volonté et aussi par tempérament prêt à m'adapter au lieu de « foncer », je pris l'attitude de « laisser venir ». Je me fis très accueillant aux dames qui, pour régler des questions de service paroissial, venaient au presbytère. La curiosité d'être des premières à rencontrer le nouveau curé et l'occasion d'être les premières à pouvoir se faire une opinion sur lui, au besoin d'en faire part à d'autres, firent que dès mon arrivée je fis connaissance d'un bon nombre de ces bonnes paroissiennes. Leur jugement dans l'ensemble ne dut pas être trop défavorable. Elles contribuèrent à détendre l'atmosphère autour de celui qu'on n'attendait pas !

Elles m'aidèrent tout de suite à constituer le fichier complet des habitants de la ville et des villages, dont la nécessité s'imposait pour lancer l'*Écho des Orgues* et l'envoyer à tous les foyers.

Ce fichier, inlassablement tenu à jour, m'a rendu les plus grands services, étant donné ma mauvaise mémoire des noms propres. Oui, j'ai toujours retenu difficilement les noms de famille; par contre je n'oublie rien des détails d'une vie.

Dans une action parallèle à celle des hommes je rencontrais les dames groupées en A.C.G.F. Elles se réunissaient aussi pour étudier programme, page d'Évangile et organisation chrétienne. Sur ce terrain, il ne devait pas y avoir de difficultés, croyais-je. J'allais apprendre que même parmi les militantes chrétiennes le féminin reste éternel, que oui ne veut pas toujours dire oui, qu'il faut se méfier des susceptibilités : domaine presque entièrement nouveau.

Mme Allant s'occupe depuis des années du service d'entraide, avec dévouement et compétence. Elle ne trouve pas tous les secours en personnes, pour partager le travail de rangement, de réparation et de distribution. Chaque année, à la reprise d'activités après les vacances, elle me présente sa démission sous prétexte de mauvaise santé. Sans être très averti des complications féminines, je me garde d'accepter et, au contraire, encourage, félicite et dit qu'elle est irremplaçable; et la vie reprend. Après plusieurs années de ce manège, Mme Allant se présente, la mine défaite : « Cette fois-ci, c'est bien fini, j'abandonne. Le cardiologue m'impose le repos absolu. Il faut confier l'entraide à une autre. » Je récidive compliments, affirmation que je ne vois personne pour la remplacer. Je lui propose de chercher plutôt une auxiliaire qui sous sa responsabilité ferait le gros de l'ouvrage. « Non, je dois lâcher tout. Je vous donne ma démission. – Devant une telle insistance, je dois m'incliner avec regret et vous remercier, ce que je ferai d'ailleurs comme il convient dans l'*Écho des Orgues,* afin que toute la paroisse sache la reconnaissance qu'elle vous doit. Je vais me mettre en quête d'une autre responsable. »

Erreur grossière de ma part ! Bien vite je sens que Mme Allant est irritée contre moi, dès que je peux annoncer qu'une nouvelle responsable accepte la charge de l'entraide. Elle me fuit. Après quelque temps de silence complet et de sourde hostilité, je fais les premiers pas vers elle pour tenter une explication et amorcer une réconciliation. « Je ne comprends pas pourquoi vous m'en voulez de vous avoir crue ? – Vous auriez dû comprendre que l'entraide était toute ma vie et qu'en me l'ôtant vous aggraviez encore mon état. » C'était vrai. Mais quand peut-on savoir le moment où il faut prendre ou ne pas prendre au sérieux les déclarations des paroissiennes ? Au séminaire, on ne m'avait pas appris cette psychologie-là.

Les réunions des jeunes mamans des enfants du catéchisme étaient les plus fréquentes et les plus vivantes. En parlant des enfants le dialogue s'établit vite et dure facilement. Que de mises au point au sujet de Dieu, du Christ, de l'Église, des sacrements ! Que de vivants enseignements évangéliques donnés et reçus dans la joie ! Que de dialogues formateurs avec ces mamans qui faisaient elles-mêmes chez elles la première initiation chrétienne à leurs enfants ! Dans les cas les plus compliqués, j'allais à domicile initier la maman hésitante ou peu experte.

Une autre catégorie de femmes se trouvera désormais mêlée à ma vie : les religieuses.

A Bort il y en avait deux communautés. A mon arrivée la plus nombreuse était celle de l'école St-Joseph, où elles étaient enseignantes. Ce pensionnat fut toujours pour moi un havre de paix. Les religieuses et les jeunes filles qui les aidaient à faire la classe étaient toutes dévouées à leur pasteur. Elles furent les premières à me faire bonne figure alors que l'élite de la paroisse me faisait encore grise mine. Là, le prêtre était l'envoyé de Dieu, le pasteur indiscuté.

Le meilleur moyen de faire comprendre le soutien que j'ai trouvé auprès de cette communauté est de préciser que certaines religieuses y sont restées tout au long de mon pastorat et plus encore de rappeler la transformation qu'elles ont acceptée de l'école en maison paroissiale.

Je n'ai eu que secours, réconfort et sécurité dans cette maison, où j'ai trouvé mes plus fidèles collaboratrices.

De leur féminité – certaines avaient de grands talents – je n'ai eu ni à souffrir ni à craindre. Je puis dire que de mon côté je leur ai toujours porté respect et esprit de service.

A ceux qui pensent à des rapports compliqués, tourmentés ou douteux entre prêtres et religieuses, je suis obligé d'opposer une image sereine. Pas de roman entre elles et moi, mais du travail en commun dans la paix et dans la joie.

Ce n'est guère attrayant, peut-être, mais telle est la vérité toute simple.

Elle est d'ailleurs la même pour l'autre communauté, celle des religieuses gardes-malades. Ces infirmières étaient trois ou quatre, appartenant à la congrégation des Petites Sœurs de Mauriac. Leur fondateur au siècle dernier naviguait d'une rive à l'autre de la Dordogne – changeant ainsi de diocèse – selon les difficultés qu'il trouvait tantôt auprès de l'évêque de St-Flour, tantôt de celui de Tulle. Les sœurs travaillent dans les deux diocèses.

Avec les religieuses de St-Joseph, ces gardes-malades assistaient tous les matins à la première messe, constituant le noyau vivant de cette prière commune. Cette prise de contact matinale par l'eucharistie créa vite des liens entre les religieuses entre elles d'une part, elles et leur curé d'autre part.

Les gardes-malades, dès qu'elles connaissaient un malade en danger, me le signalaient, sondant d'abord le terrain pour savoir si ma visite était souhaitée ou au moins possible.

Elles et moi étions très préoccupés d'aider les mourants à prier, à se préparer à paraître devant Dieu dans la foi et l'espérance, par la réconciliation. Souvent, de jour ou de nuit, l'une des « petites sœurs », comme on les appelle, venait sonner au presbytère « pour aller voir un malade ». Combien de fois nous sommes-nous trouvés au pied du lit d'un moribond ? Combien de fois l'action préliminaire de la sœur a-t-elle permis celle du prêtre ? On peut parler de collaboration apostolique avec ces religieuses gardes-malades.

Elles avaient, elles ont toujours l'admiration, l'affection de toute la population. Celles de leur curé aussi.

J'ai assisté à leur abandon de l'habit religieux en deux temps : d'abord la mise au rancart de la grande cornette blanche empesée, à double tuyau, qui les faisait ressembler, selon le mot d'un enfant aux « réacteurs des avions mis à l'envers », remplacée par un simple voile : puis, en un deuxième temps, par l'adoption du costume civil, marqué par une petite croix disant leur qualité d'épouses du Christ. Les fidèles, et même d'autres qui ne le sont pas, n'apprécièrent guère ces changements. Maintenant ils y sont habitués comme à l'abandon de la soutane par les prêtres.

Pour les uns et pour les autres ceux qui craignaient que cette mutation n'entraîne un relâchement des mœurs en ont été pour leurs frais. Tant il est vrai que le « costume ne fait pas le moine » et n'est pas essentiel au maintien de la vertu.

La soutane ne suffisait pas pour défendre le prêtre contre les attaques des femmes. Je portais la soutane quand j'eus à subir le plus rude assaut.

Je connaissais cette femme depuis plusieurs années. J'avais affaire à elle souvent, mais de loin. Elle était pieuse, mariée et mère. Je n'aurais jamais pensé que le danger pourrait venir d'elle.

Petit à petit cependant, elle prit le moindre prétexte pour m'aborder, d'abord dans la rue, puis à l'église, enfin à la sacristie, jusqu'au jour où elle prétendit avoir à me parler sérieusement chez moi. Sans malice, n'étant même pas sur mes gardes, je lui fixe rendez-vous. Elle commence, soi-disant pour me demander conseil, par me raconter l'histoire de son couple, la désaffection qu'elle a pour son mari, le besoin d'amour qui la brûle. Je tente de l'aider, comme je l'ai fait pour tant d'autres à rester « à l'austère devoir pieusement fidèle ».

Elle me demande, dans ce but, la permission de revenir auprès de moi pour y trouver la force nécessaire. De fait elle vient de plus en plus régulièrement, et finit par me dire d'aussi près que possible : « C'est à vous que je pense toujours. Je vous aime. » Effrayé par cette déclaration – c'est la première fois que j'en entends une semblable – je tente de détourner l'orage, mais maladroitement, en acceptant de discuter.

Pour la parole, elle est rusée. Elle mêle son amour à sa piété. Pour un peu ce serait le Seigneur lui-même qui l'envoie vers moi, car j'ai bien droit à jouir d'une femme. « Vous avez promis de ne pas vous marier. Je ne veux pas devenir votre épouse, mais seulement être la femme dont vous pourrez jouir à votre aise. Vous pourrez faire de moi tout ce que vous voudrez. Tout ce qu'un homme peut faire d'une femme vous avez le droit de le faire avec moi, même de me battre, si vous en avez envie. Je suis toute à vous. »

Pourquoi ne pas l'avouer, cette manière de me tenter, répétée inlassablement, ne me laissait pas insensible. Il s'agissait du plaisir charnel total, sans responsabilité cherchée de ma part, offert avec passion et joie par une femme amoureuse au point de se faire mon esclave par amour. Rien ne pouvait davantage flatter mon orgueil d'homme et exciter mes sens. Cherchant une dérobade, j'eus à peine la force de lui dire : « Ne voyez-vous pas les risques que vous courez si je cède à vos avances ? Vous pourriez devenir enceinte ? – Ce serait avec plaisir que je porterais un enfant de vous. Il vous ressemblerait, je l'aimerais tant ! Ne vous gênez pas, vous n'avez aucune précaution à prendre. Je suis toute à vous. »

Entre-temps, elle s'était plus qu'à demi dénudée et couchée, m'invitant du geste et de la parole à la rejoindre. J'étais en pleine érection, tout prêt à succomber. J'en fis même le geste. Heureusement, sans intervention aucune, l'éjaculation se produisit. Je vérifiai alors ce que j'avais lu chez les marquises du Grand Siècle : « Pour empêcher votre mari de courir, il suffit de lui briser la jambe. »

Dégrisé, j'eus ce mot ridicule mais sauveur : « Ça suffit pour aujourd'hui. »

Ça devait suffire pour toujours. Averti du danger, regrettant ma faiblesse et l'occasion de mal faire que j'avais presque acceptée de cette mère de famille, malgré ses nombreuses autres tentatives, j'ai tenu bon en ne lui ouvrant plus ma porte.

L'orage a passé, mais j'avais senti le vent de la défaite.

Concernant le même sujet, voici une autre tentation, fort différente mais non moins dangereuse.

Toujours sous prétexte de demander conseil, une jeune femme se présente. Elle me raconte son histoire.

Elle a fréquenté en vue du mariage un homme de son âge. Celui-ci, après quelques rencontres et paroles amoureuses, s'est montré plus réaliste et par des gestes et des actes a voulu lui exprimer sa passion. Élevée à l'ancienne manière, la jeune fille, ignorant presque tout des réalités charnelles, effrayée par les attaques de son prétendant, le chasse comme un malpropre.

Elle alla raconter sa déception à son curé. Celui-ci, voyant son ignorance, avec douceur lui dit que le mariage comportait naturellement cette partie charnelle. Il lui en vanta les charmes. Il ne refusa pas de lui donner quelques leçons de choses, au point que la craintive jeune fille, mise en confiance, devint sa maîtresse.

Elle m'avoua y avoir trouvé beaucoup de plaisir et s'être attachée d'amour à son initiateur. Celui-ci, bon prêtre malgré tout, lui dit : « Ma liaison avec vous me gêne pour mon ministère. Maintenant vous pouvez vous marier. Pour nous deux, c'est fini. »

La jeune femme tenta, mais en vain, de renouer avec son prétendant. Alors elle se mit à chercher d'autres occasions, auprès de prêtres.

Elle va en trouver un et lui raconte ce que je viens de dire. « Sans autre explication, me dit-elle, ce prêtre m'ouvre la porte de sa chambre et me dit : "Déshabillez-vous". Au bout d'un moment il arrive, me trouve nue sur son lit, me regarde et repart en disant : "Vous pouvez vous rhabiller". Pourquoi m'a-t-il dit ça ? – Sans doute ne vous a-t-il pas trouvée à son goût. Pour moi je vous éviterai la même confusion. Si j'ai un conseil à vous donner, c'est d'aller vous confesser et de ne pas rater votre vie par des aventures sans espoir. »

Le lendemain, elle était à mon confessionnal.

Je puis préciser que pour m'aider à ne pas céder à la tentation, cette visite avait lieu un jour anniversaire de mon ordination sacerdotale dont le souvenir était très présent en ma prière ce jour-là. A quoi tient la vertu !

Pour en finir sur ce sujet j'ose affirmer, même si de nos jours c'est peu croyable, que jamais je n'ai pris la moindre initiative pour attirer à moi une jeune fille ou une femme, que je n'ai jamais fait un geste équivoque avec qui que ce soit, que je ne me suis jamais attaché sentimentalement à personne, réservant mon cœur et mon corps libres pour le service de tous et de toutes.

Sans oublier la grâce du Seigneur et le secours de la Vierge sans lesquels je n'aurais pu échapper aux périls, je veux dire le motif personnel que je crois déterminant sur ce chapitre. Très vite, à la lecture de la Bible, j'avais accepté le jugement : *Omnis caro foenum* (Foin que la chair !), mais j'avais aussi compris surtout l'inverse : toute chair est tentation. Il fallait donc faire un choix : miser sur la chair (mais toutes chairs) ou y renoncer totalement. La tentation de la chair me paraissait si accaparante et en même temps si vaine par rapport à la Vie en Dieu qu'elle était pour moi le danger premier à éviter. Il m'était évident que si je mettais le pied sur cette pente glissante je ne pourrais plus m'arrêter et que les excès – dont j'avais lu les dangers – me détruiraient en m'empêchant d'être le prêtre que je voulais être. En toute connaissance, ma résolution fut prise : je vivrais selon l'esprit, libre de toutes attaches charnelles.

La beauté de la chair resterait le fruit défendu, utile, nécessaire aux autres mais interdit au serviteur des âmes.

Je me suis composé une prière à dire quand la vue d'un beau corps m'est tentation – et c'est fréquent :

La terrestre beauté, Seigneur, garde vos traces.
Pour celle que je vois ici je vous rends grâce.
Que n'en sorte péché qui sépare du Tout,
Mais adoration qui fait monter en Vous.

L'action de grâces pour la beauté est un moyen de me détourner de vouloir l'accaparer pour moi. Pourquoi cueillir les fleurs au beau jardin ? N'est-il pas mieux de les laisser par leur beauté atteindre leur fin sans en jouir égoïstement ?

J'ai respecté les corps, en vue des âmes.

J'ai évité ainsi bien des soucis, bien des responsabilités.

Sur ce plan je n'ai perdu aucun de ceux, aucune de celles que le Seigneur m'a confiés à sauver.

On peut en rire. Je ne regrette pas d'avoir fait ce choix et de m'y tenir.

Dans le clergé

Dès l'entrée au grand séminaire, et encore plus avec la prise de soutane, le nouvel « abbé » entre dans ce monde un peu étrange et fermé qu'est le « clergé. »

Ce que j'ai dit de mes origines familiales et du milieu où j'ai été élevé laisse à penser que je devais être moins surpris que d'autres d'y entrer. Mon expérience n'en est pas moins éclairante, surtout pour une époque donnée.

Les rapports avec mes évêques successifs, avec mon oncle aussi, avec mes professeurs prêtres également figurent assez dans ce que j'ai dit jusqu'ici, ou qui me reste à dire, pour qu'il n'y ait rien à ajouter.

Par contre n'apparaissent pas assez les relations avec mes confrères, ceux qui furent mes « anciens », mes amis, mes collègues vicaires, mes propres vicaires, mes voisins.

Dans un petit diocèse comme celui de Tulle, le clergé est si peu nombreux que ceux qui le composent se connaissent tous. Dans mon enfance j'avais connu, comme tout le monde, les prêtres de ma paroisse et même plus, car le clergé de la ville fréquentait beaucoup le Cloucheyrou. J'avais vu défiler dans les allées du jardin dominant la ville de vieux chanoines qui venaient y réciter leur bréviaire. Au 1er janvier, avec ma mère et mes frères nous allions présenter des vœux à un grand nombre de prêtres, et même à Mgr l'Évêque, notre voisin, qui ne manquait pas de donner des bonbons à ces jeunes enfants – les seuls qui venaient le voir. D'aucune manière les prêtres ne nous faisaient peur. Élève au petit séminaire, il était de tradition d'aller saluer M. le Curé et les vicaires au moins à l'arrivée et au départ des vacances. Les petits séminaristes de Tulle étaient même tenus d'aller faire semblable visite à Mgr l'Évêque, ce qui nous plaisait moins, car celui-ci nous faisait parler sur nos études mais aussi sur nos professeurs, et malgré notre jeune âge nous sentions que c'était pour les juger à travers nos dires.

A partir de l'entrée au grand séminaire, et surtout en raison de mon oncle que je suivais comme son ombre, j'entrai en relation avec les prêtres des environs de Tulle, les bons curés qui invitaient les confrères du doyenné, et moi par-dessus le marché, pour de fraternelles rencontres autour d'une bonne table – après le travail imposé des « conférences », sorte d'étude écrite par l'un des participants et soumise à la critique des autres – qui se poursuivaient, heureux temps ! par une partie de cartes, la manille ou la bête ombrée. Ces vieux prêtres étaient très accueillants pour le séminariste ou le jeune prêtre que j'étais. Eux qui avaient été formés, encore plus mal que moi, avant la séparation de l'Église et de l'État avaient une orientation d'esprit qui me semblait fort rétrograde et que dans ma naïveté j'attribuais à leur vieillesse. Je sais qu'à partir de cette constatation, je pris la résolution de ne pas me figer dans une formation reçue au séminaire, mais d'évoluer avec mon temps, pour n'être pas « vieux » comme eux par rapport aux « jeunes prêtres ». Malgré des écueils évités à la suite de cette résolution, je constate aujourd'hui que je n'ai pas pu évoluer assez pour ne pas me sentir « déphasé » en face des « nouveaux prêtres ». L'exemple de ces anciens, si pleins de condescendance pour moi, jadis, quand je représentais la nouveauté, me rend indulgent et ouvert aux jeunes prêtres d'aujourd'hui, même si je n'arrive pas à marcher à leurs pas.

Parmi ces anciens je dois faire une place à part à celui qui a été longtemps un très grand ami, l'abbé Thiallet. Il était vicaire à la cathédrale en même temps que mon oncle, et ils étaient très unis. Leur curé avait eu à leur sujet un mot qui avait fait fortune dans la paroisse : « Ces deux-là forment une belle paire. » Pour goûter la saveur de ce mot il faut savoir qu'il était dit en patois, évoquant ainsi la paire de bœufs, bien accordés, forts pour tirer ensemble la charrue.

Avec mon oncle, cet abbé était souvent reçu au Cloucheyrou – car il avait assisté comme vicaire de Saint-Pierre au mariage de mes parents – puis à l'hôtel avec son collègue. Ces deux prêtres étaient si unis, et à travers eux nos deux familles, que beaucoup croyaient que nous étions parents. Avec mon entrée dans le clergé le duo Thiallet-Bouillac évolua en trio. Nos relations furent multiples, constantes, amicales au possible. Je fus le seul à accompagner l'abbé Thiallet dans sa première visite à la paroisse de Troche, où il venait d'être nommé curé en quittant la cathédrale. Rude épreuve pour lui que cette sorte d'exil dans une petite paroisse, rurale s'il en est, loin de la ville où il se plaisait tant et pour un ministère auquel il n'était pas destiné. Le seul avantage de cette nomination à la campagne fut que l'abbé posséda une petite auto pour desservir les églises annexes et le préventorium du Glandier qui lui étaient aussi confiés.

Avec cette petite auto, au temps des vacances, le trio fit de belles randonnées. Pendant que nous roulions vers Fontevrault, Solesmes ou Lisieux, voire Sainte-Anne d'Auray, la conversation entre les deux lascars – comme on les nommait aussi – était un perpétuel feu d'artifice. Tapi derrière eux dans la troisième place au fond de la voiture, en ai-je appris des histoires sur le diocèse et le monde ! L'un et l'autre avaient beaucoup de relations, ecclésiastiques ou autres, au point que dans chaque ville où nous passions l'un des deux ne manquait jamais de dire, à mon grand étonnement : « Ici je connais un tel ou un tel. » Et c'était vrai. Sur les remparts de Saint-Malo ils firent entre eux une réflexion piquante sur les touristes au milieu desquels nous étions, mais pour la faire librement ils adoptèrent le patois limousin. A leur stupéfaction, dans la foule quelqu'un leur fit écho. Ils se retournèrent, et dans un grand éclat de rire un docteur corrézien, qui connaissait très bien Thiallet et Bouillac, se présenta. A Lisieux, en allant vers le Carmel, nous croisons un évêque, qui d'aussi loin qu'il voit notre groupe court vers nous en levant les bras au ciel et en criant : « Bouillac ! que je suis heureux de te voir. » C'était un de ses anciens condisciples de Rome.

Je me sentais tout petit, mais en sécurité, entre ces deux grands.

Après la mort de mon oncle, l'abbé Thiallet, bien plus âgé que lui, demeura ma fréquentation privilégiée parmi les anciens du diocèse. Malgré son décès j'ai continué à voir ses frères, sa sœur retirée à Beaulieu, et j'ai béni les mariages de plusieurs de ses petites-nièces, en souvenir de lui.

Du fait de mes différentes nominations, des rapports nouveaux et plus suivis s'établirent avec certains autres prêtres sans que je les aie choisis, ce qui dira mieux que tout la qualité des relations possibles entre prêtres quand elles sont imposées par les circonstances.

Les premiers furent mes confrères du petit séminaire. Malgré mon arrivée discourtoise à leur égard, ils me reçurent confraternellement. Les plus anciens avaient été mes professeurs, les plus jeunes mes aînés au grand séminaire. Mais passé « de l'autre côté de la barrière » nous étions ensemble face aux élèves, étant en somme des internes comme eux. Nous mangions au même réfectoire et pas mieux qu'eux. Les seules distractions des maîtres étaient après le coucher des élèves. Alors ils aimaient se réunir chez l'un ou chez l'autre pour une veillée de conversation... ou de farces, car l'un d'entre eux, et non des plus jeunes, était devenu un peu la « tête de Turc » du groupe, ce qu'il acceptait avec une parfaite bonne humeur, sachant qu'il fallait bien un dérivatif à tous ces jeunes prêtres tendus par une vie de communauté exigeante. Que de bruit chez lui, que de désordre, mais que de belle humeur, que d'entrain, que d'amitiés soudées chez ce charmant confrère. C'est aussi en toute confiance que l'un des collègues m'apprit à conduire sur sa voiture et à obtenir le permis, sans avoir jamais passé par une école : il est vrai que j'ai passé cet examen, sur routes enneigées, en 1930 !

Je n'ai que de bons souvenirs de la douzaine de prêtres avec lesquels j'ai vécu deux ans à Ussel.

Nommé vicaire j'allais inaugurer une autre sorte de rapports ecclésiastiques avec celui qui devenait mon premier curé. Il était des amis de ma famille et de mon oncle, ayant été lui aussi vicaire à la cathédrale. Il me reçut à bras ouverts. Il était très tendu et austère. Malgré sa rigueur, il fut pour son jeune vicaire plein de délicatesse : il sut encourager et guider mes premières expériences pastorales. Il avait aussi assez de domination de sa charge pour me laisser toute liberté d'action auprès des jeunes qu'il m'avait confiés. Devenu secrétaire général et chancelier de l'évêché, ayant donc voix au conseil épiscopal, il ne devait cesser de suivre ma carrière avec intérêt et bienveillance et, s'il n'avait tenu qu'à lui, elle n'aurait pas fini à Bort.

Mon deuxième curé, celui de Saint-Sernin de Brive, avait été aussi vicaire à Tulle, où il fréquentait ma famille. Il avait assisté au mariage de mes parents et surtout il avait détecté et orienté vers le petit séminaire la vocation de mon oncle. C'est dire quelle place il tenait chez les miens. Me connaissant dès ma plus tendre enfance il m'accueillit comme un petit-fils, il me tutoyait, ce qu'il ne fit jamais pour aucun autre vicaire. Cette relation privilégiée me donna un avantage : alors que les trois vicaires étaient logés dans de petits pavillons séparés du presbytère, où M. le Curé habitait seul avec sa gouvernante, et qu'ils n'avaient qu'une pièce servant de bureau et de chambre à coucher, ce qui était un handicap car cette pièce unique servait à recevoir à longueur de journée et de veillée les jeunes de nos groupes, j'ai obtenu d'avoir une toute petite chambre à coucher dans la maison curiale, ce qui ne s'était jamais vu.

Ce prêtre arrivé à St-Sernin – première paroisse du diocèse ne l'oublions pas – à soixante ans passés, était du genre solennel, un peu maladif aussi, mais intelligent et de grand bon sens. Il a prouvé cette dernière qualité en laissant toute liberté d'action à ses trois vicaires, aidé qu'il était encore par deux prêtres auxiliaires. Il n'était pas du tout au courant des nouvelles méthodes d'apostolat. Il était le curé traditionaliste jusque dans les moindres détails. La dignité suffirait presque à le définir. A la condition d'y mettre les formes, ses collaborateurs arrivaient toujours à faire passer leurs idées. Par paresse ou fatigue, je crois, il était libéral, alors que par tempérament il aurait été du genre autoritaire. Mes relations avec lui, malgré le tutoiement paternel, furent plus de respect et de service que d'affection, que d'ailleurs il ne recherchait pas. Il resta en fonction, avec le coadjuteur dont j'ai déjà parlé, jusqu'à plus de quatre-vingts ans. Sans être ingrat envers lui, je puis affirmer que je l'ai plus aidé qu'il ne m'a aidé. Ma mère ne lui pardonnait pas de m'avoir laissé aller jusqu'au bout de l'épuisement pendant la drôle de guerre; mais pouvait-il faire autrement à son âge ?

Mon arrivée à St-Sernin a été marquée par un accrochage sérieux avec celui que je remplaçais comme vicaire. Il avait dix-sept ans de plus que moi, il était de la génération de mon oncle. Il m'en imposait d'autant plus qu'il avait été un héroïque combattant de la guerre 14-18.

Je vois encore l'endroit, entre le presbytère et le petit pavillon où je devais loger, où il me prend à part et me tient à peu près ce langage : « Si tu dis du mal de moi, je raconterai comment tu as été vidé du petit séminaire. » Plus qu'étonné de cet accueil, je trouve cependant le sang-froid de répondre sur le même ton : « Je n'ai rien à cacher des raisons de mon départ d'Ussel, j'en suis même fier, car elles disent mon désir d'être ce que je suis : vicaire. Mais – et ici ma malice prend le dessus – si vous dites du mal de moi comme ça (et du geste de la main droite je montrais ma main gauche) moi je pourrai en dire de vous comme ça (et du même geste je portais ma main droite à la hauteur de mon épaule gauche) et de plus ça sera vrai ! » Je n'en dirai pas plus sur ce confrère qui ne facilitait guère les premiers pas à un jeune dans une place difficile, car devenu vieux, assagi et fort honoré comme résistant, nous sommes maintenant en bons termes. Les deux vicaires avec qui j'allais travailler me reçurent de toute autre manière.

Le plus âgé des deux avait aussi fait la Grande Guerre dont il gardait de pénibles séquelles. Il était le prêtre prudent, judicieux, sérieux, travailleur, qui devait devenir le coadjuteur de notre curé puis son remplaçant à la tête de la paroisse. Il m'aida beaucoup à lui succéder à la direction du Cercle des jeunes gens qu'il avait su placer à un haut niveau de qualité. Il fut pour le débutant que j'étais le conseiller sûr et fidèle. Nous sommes toujours amis, au même chapitre.

Le second vicaire était celui qui n'avait pas voulu abandonner le patronage à mon profit. Il réussissait si bien avec les enfants et adolescents qu'il eût été dommage de lui donner une autre fonction. Son charisme a toujours été, jusqu'à l'âge de la retraite, l'animation des groupes de jeunes. Il ne pouvait y avoir de conflit avec lui, d'autant plus qu'ayant ses parents et sa sœur domiciliés sur la paroisse, il nous introduisit dans ce foyer de cheminots où nous allions nous détendre en cassant les noix, non sans en manger arrosées d'un pétillant vin de Gaillac... recueilli dans un saladier tellement il moussait. Étant premier vicaire, il présidait la table en l'absence de M. le Curé et dans ce cas ne manquait pas de crier avec entrain : « Marie, servez-nous le café », car selon le dicton, « Quand le chat n'y est pas les souris dansent »; il était de plaisante tradition qu'aux repas où les vicaires restaient seuls au presbytère ils avaient droit au café, qui n'était servi normalement que le dimanche. Or l'abbé ne buvait pas de café. Il n'était que plus pressé de l'exiger, et ce jour-là il en buvait, pour maintenir les traditions et la bonne camaraderie. Toujours plein d'entrain, il est aussi à la retraite dans son ancienne paroisse où je vais le voir en toute amitié.

A mon tour je devins premier vicaire. J'eus deux abbés plus jeunes que moi à accueillir.

Le premier me remplaça au Cercle des jeunes gens tandis que je passais au Cercle des cheminots; il fut à cette place celui qui acheva sa mutation définitive par éclatement en J.O.C. et J.E.C. Il se tua à cette tâche, y donnant son temps, son argent, sa santé. Même si j'étais un peu victime de son zèle, car je devais souvent le suppléer dans le service de garde auquel chacun de nous était astreint à tour de rôle, j'admirais tant le don total de lui-même qu'il faisait à sa mission que jamais je ne lui en fis le moindre reproche. A sa mobilisation, je tâchai de mon mieux de le remplacer. Devenu curé de la cathédrale, malgré une santé déficiente, il y était encore à mon retour à Tulle. Je me remis à son service et je crois qu'il était heureux de m'avoir auprès de lui, comme jadis. Trop fatigué pour rester à ce poste exigeant il vient d'être nommé conseiller spirituel de la Vie montante, et une nouvelle fois dans cette fonction je collabore avec lui; nous nous retrouvons aussi au chapitre.

Le second vicaire avec qui je fis équipe avait été élève au petit séminaire quand j'y étais surveillant. J'avais même eu l'occasion – scandaleuse – de lui infliger un quart d'heure d'arrêts alors qu'il était le « réglementaire » de la maison : on n'avait jamais vu ça ! Cette petite punition devait être un grand sujet de plaisanterie entre nous, car l'abbé, joyeux compagnon s'il en fut, ne me tenait pas rigueur, et plus qu'un collaborateur devint vite un très cher ami. Avec lui aussi cette amitié s'étendit vite à sa mère et à sa sœur qui nous reçevaient si largement. Il était connu, outre par ses qualités de meneur d'hommes – il était officier de réserve – par une voix tonitruante qui remplaçait les haut-parleurs, même sur l'esplanade de Lourdes. Son langage était direct et sans fard, comme son amitié à toute épreuve. Nous l'aimions bien ! J'emploie le passé, car ce charmant confrère très tôt frappé d'arthrose compliquée devait mourir jeune encore, non sans être curé-doyen d'Uzerche et membre, lui aussi, du chapitre.

A mon tour je devins curé à vicaires.

Le premier était déjà en poste dans la paroisse à mon arrivée. Je ne le connaissais pas beaucoup, l'ayant surtout vu aux cérémonies à la cathédrale où figuraient les séminaristes, et j'avais assisté à son ordination sacerdotale. Qu'il m'excuse de rapporter ce que mon évêque m'avait dit de lui en m'envoyant à Bort, car ce peut être une critique aussi bien de moi que de lui : « Vous ne vous entendrez pas avec votre vicaire, mais il suffira de nous le dire, et nous le changerons ! » Ainsi averti, j'aurais pu me méfier. Mais, souvenez-vous, j'avais tellement d'autres préoccupations en tête, que je lui fis totalement confiance : bien m'en prit ! Il n'était pas originaire de la Corrèze. Les tribulations de la guerre avaient conduit sa famille d'Arras à Ussel, et comme il était petit séminariste dans son diocèse, providentiellement, il avait été reçu au petit séminaire d'Ussel. Comme sa famille ne repartait pas vers le Nord après la guerre, mais vers le Midi, lui resta dans son diocèse d'accueil. Il avait été parfaitement élevé dans une famille et par une mère fort distinguées. Il fut pour mes vieux parents autant que pour son curé d'une extrême délicatesse. Je ne sais si son caractère était difficile, en tout cas pendant neuf ans jamais sa rencontre avec le mien ne fit d'étincelles ! Il est toujours courageux, dynamique. Pour montrer la qualité de nos rapports, je puis raconter la confiance qu'il me fit dans une tentation à lui offerte. Une jeune et belle femme, originaire de l'Est, mariée à un Allemand dont elle avait deux garçons, s'était éprise du jeune et brillant abbé. Elle usait de tous les artifices pour l'attirer chez elle, se servant même d'un jeune fils élève au catéchisme comme messager. Elle écrivait des lettres passionnées et n'hésitait pas à fixer des rendez-vous. L'abbé eut le courage – et l'humilité – de me montrer ces lettres, me demandant de l'aider à sortir de ce mauvais pas. Bien lui en prit, car lorsque j'eus exposé à la femme que son jeu était découvert, elle cessa d'écrire à l'abbé, mais à sa place je reçus au moins une lettre quotidienne. J'eus vite compris en les lisant que nous avions affaire à une pauvre détraquée. Elle l'était plus que nous le pensions.

Un jour où ma mère et moi étions absents du presbytère et qu'elle pensait le vicaire seul à la maison, à la nuit tombée, elle vient frapper à la porte. Malgré son insistance – les voisins en sont témoins – personne ne répondit, car, par chance, M. l'Abbé était sorti. Elle s'imagina qu'il se cachait au couvent. Elle alla se pendre à la sonnette et fit un esclandre dans le quartier, car elle réclamait M. l'Abbé, en criant pendant près d'une heure : « C'est mon mari, nous sommes mariés. Donnez-moi mon mari. » Et de frapper des poings la porte du couvent. Les religieuses et les voisins effrayés ne savaient trop que faire. Enfin une religieuse, passant par une porte du jardin (car la maison ne possédait pas alors le téléphone), alerta les gendarmes. La jeune femme amenée à la gendarmerie, visitée par un médecin, fut trouvée dans un tel état que sa place hélas ! n'était plus à son foyer mais à la maison de santé.

Nous apprîmes alors la triste histoire de cette femme. Très jeune elle avait appartenu aux jeunesses hitlériennes, ou plus exactement elle avait servi à ce qu'on peut imaginer dans les camps des jeunes nazis. Son traumatisme remontait à cette époque. Elle ne devait jamais s'en remettre.

L'abbé avait évité un scandale en ne restant pas seul devant la tentation. J'en connais bien d'autres qui ne seraient pas tombés s'ils avaient agi avec la même humilité.

Toujours dynamique, courageux et dévoué, ce cher abbé vient d'avoir un accident en tombant d'un toit où il était monté pour combattre l'incendie de la maison, car il est pompier – bien que curé-doyen d'Uzerche, la perle du Limousin. Ai-je besoin d'ajouter qu'il est mon ami ?

Pour devenir mon vicaire son remplaçant quittait à Brive, où demeuraient ses parents, le collège Bossuet où il avait exercé avec autorité la discipline. Auparavant, en tant que lieutenant dans les chars (où il avait été affecté en raison de sa petite taille) il avait participé aux combats en Algérie. Très marqué par sa vie militaire et, d'autre part, très entendu dans la gestion des affaires, et dans l'administration des colonies de vacances, il ne se sentait pas très préparé pour le ministère en paroisse. Malgré tout il fut un vicaire très régulier et il fit un excellent vicariat. Comme il était fils unique, son père et sa mère venaient souvent le voir et des relations très cordiales s'étaient établies entre eux et nous. Il ne resta que quatre ans à Bort, vite repris par les maisons d'éducation où il exerça différents postes de discipline ou d'économat. Il est revenu au ministère paroissial, à Treignac, avec une équipe de la Mission de France.

Aucune difficulté avec lui, que des rapports confiants, amicaux et durables.

Comment dirais-je du mal de mon troisième vicaire, alors que je l'ai connu tout jeune, qu'il a été mon enfant de chœur, que je l'ai préparé à la communion solennelle, et que je suis le prêtre qui le premier lui a parlé de sa vocation sacerdotale ? Il était déjà prêtre depuis quelques années, ayant achevé sa généreuse formation au Prado (donc avec orientation vers les ouvriers et les pauvres) quand il me fut donné pour auxiliaire.

Je devais lui en imposer un peu étant donné notre long passé commun et l'écart des âges et des situations. Comme il est de naturel assez timide, je crains de n'avoir pas été pour lui le curé capable de l'épanouir.

Heureusement ses activités auprès de la population débordèrent vite et avec succès son apostolat proprement dit, sans le négliger pour autant. Tant auprès des pompiers – dont il est membre d'honneur – qu'aux équipes de la Croix-Rouge où il est moniteur dévoué, compétent et recherché, il a su acquérir grande autorité dans la ville. Là où il est actuellement, aux portes de Brive, il continue sur cette lancée avec bonheur et efficacité. Je l'ai encouragé dans cette voie nouvelle, mais dans la ligne de sa vocation propre.

Entre nous jamais le moindre nuage. La seule difficulté avec lui – et ce n'était pas de sa faute – fut son départ.

Le beau temps ne peut durer toujours : arrive la mauvaise saison.

N'ayant pas de prêtre à me donner comme vicaire, l'évêque finit par me trouver un auxiliaire, religieux de Bétharam en disponibilité, mais du même âge que moi. Ce religieux n'ayant jamais été en paroisse arrivait à Bort par obéissance à son supérieur, mais à contrecœur, et pour un an seulement. J'eus beau être accueillant, fraternel et peu exigeant pour le service paroissial, me réservant le plus pénible, je n'ai pu arriver à le dérider. Certes il fit consciencieusement le travail qui s'imposait, mais pas plus, en bon fonctionnaire si l'on veut. Les relations au presbytère, tant avec ma mère qu'avec moi, malgré nos efforts, ne furent jamais chaudes et détendues. Au jour et à l'heure dite, sans un regret ni un mot aimable, il nous quitta sans plus jamais donner signe de vie. Comme excuse je dois dire qu'il n'était peut-être pas en aussi bonne santé qu'il le paraissait car deux ou trois ans après son départ son supérieur me signala son décès : je fis prier la paroisse pour lui.

On arrivait alors à la période où fut tentée une collaboration avec le diocèse de Saint-Flour. Dans cette perspective l'évêque de Saint-Flour, plus riche en prêtres que celui de Tulle, accepta de me donner un vicaire mais à la condition qu'une communauté de trois prêtres soit instituée à Bort. Le troisième homme fut trouvé par mon évêque, qui était encore à cette époque supérieur général de Saint-Sulpice, en la personne d'un professeur de grand séminaire, sans emploi par suite de la fermeture de nombreux séminaires causée par la raréfaction des élèves.

Mon espoir en cette nomination était qu'étant habitué au séminaristes, il m'aiderait à former le jeune vicaire que Saint-Flour me donnait, et qu'avec sa science théologique et scripturaire il serait apte à animer des conférences religieuses dont la nécessité se faisait sentir après le Concile. Sur ce dernier point mon attente ne fut pas déçue. Par contre des difficultés de caractère ne tardèrent pas à se faire jour entre le jeune abbé et le directeur de séminaire. Ils n'arrivaient pas à se situer l'un par rapport à l'autre, et par rapport à la vie paroissiale. Dans celle-ci le directeur avait la fâcheuse tendance à se faire une paroisse dans la paroisse, que, peut-être sans malice, il dressait contre nous. J'aurais supporté cet inconvénient si ce bon sulpicien n'avait été d'une incorrection grave à l'égard de ma mère, qu'il traitait pis qu'une servante. Ma mère me disait : « Mais il n'a jamais eu de mère ! Il ne parle jamais de sa famille. Il n'aime personne. » Un jour, à table, il fut si irrespectueux pour elle, alors âgée de quatre-vingt-huit ans, que j'éclatai : « Père, ou vous faites des excuses à ma mère, ou vous quittez la table et vous ne coucherez pas au presbytère ce soir. » Après un tel éclat, qui couvait depuis longtemps, il ne devait même pas achever l'année à Bort. Après d'autres essais infructueux à Djibouti et en Algérie, il a trouvé un poste à sa convenance dans une communauté religieuse, où il est apprécié. Tant il est vrai qu'il suffit d'être à sa place pour ne pas souffrir ni faire souffrir.

Je restais donc seul avec le vicaire venu du diocèse voisin. Avec le temps, car tout finit par se savoir, j'appris qu'il m'avait été donné après un quasi-échec dans le poste dont il venait, à la suite d'un affrontement avec son curé. On voulait l'humilier en l'expatriant, et moi du même coup car on pensait bien qu'il ne s'entendrait pas plus avec moi qu'avec son doyen du Cantal. Si je fais un jugement téméraire, la suite prouvera que j'avais quelques raisons de me méfier.

Dès son arrivée à Bort, j'eus une franche explication avec ce nouveau vicaire à qui j'avais fait, ainsi qu'à ses confrères, une conférence au grand séminaire de Clermont, précisément sur les rapports d'un curé avec son vicaire. Il s'agissait de mettre en pratique ce que nous avions dit alors. Pour commencer je lui mis en main le livret de Caisse d'épargne où se trouvait l'argent de la maison des œuvres : « Je vous fais confiance totalement. Vous aurez vos responsabilités propres. »

Placées sur ce terrain, nos relations furent sans nuages et, une fois de plus, j'eus la joie d'avoir auprès de moi et de ma mère un commensal plein de déférence, au point que ses confrères de Saint-Flour, ne le reconnaissant pas, lui disaient : « Tu t'es fait avoir, toi le dur ! »

Son aspect physique, taille et poids, sa qualité d'ancien conducteur de poids lourds et de lieutenant d'aviation n'en faisaient pas un homme facile à mener. Et cependant, malgré tous les pronostics contraires, notre vie commune fut en paix. Il est maintenant de retour dans son diocèse.

Je n'en ai pas fini, hélas ! avec Saint-Flour.

Un jeune homme d'une paroisse proche de Bort mais située dans le Cantal, Michel, était entré au séminaire de Clermont; il y avait fait trois ans d'études, puis un stage en milieu ouvrier, après quoi, et sans beaucoup d'explications, il avait été renvoyé du séminaire, étant jugé inapte au sacerdoce.

Malgré cette mise à la porte, Michel reste persuadé de sa vocation et désire toujours être prêtre. Il s'ouvre de son état d'âme à une religieuse qui œuvre dans sa paroisse. Sur ses conseils, il vient me trouver. Je le fais parler longuement. Dans une période où les vocations sont rares, je me dis que si ses supérieurs ont renvoyé Michel, ils doivent avoir de très sérieuses et graves raisons. Mais je sais aussi que, dans certains cas un simple changement de diocèse, une révision de jugement peuvent tout remettre en place.

Les motifs du renvoi sont « immaturité et tendances à l'intégrisme ». Michel disait plus crûment : « On me reproche de ne pas être ouvriériste, d'aimer la liturgie et les belles cérémonies, et de ne pas coucher avec les filles. » Il ajoutait : « Ce doit être aussi, sans qu'on le dise, parce que j'ai pris la défense du supérieur du séminaire contre les manœuvres de celui qui voulait prendre sa place (on était dans l'atmosphère de Mai 68), et c'est ce professeur qui est à l'origine du dossier défavorable. »

Pas encore gagné à sa cause, je la soumis à mon évêque. Celui-ci, à son tour, dialogue longuement avec Michel. Sans aucun engagement, il décide de lui donner une nouvelle chance, en se donnant le temps de l'éprouver. Pour cela il le fait engager en qualité de surveillant au petit séminaire diocésain, dirigé par des prêtres.

A son arrivée chez nous Michel n'était titulaire que de la première partie du baccalauréat. Consigne lui est donnée de préparer la seconde. Il réussit à mener de front ses études et sa charge dans la discipline. Comme le temps d'épreuve est prolongé, afin d'ôter tout doute à lui comme à ceux qui peuvent l'appeler au sacerdoce, en trois ans il prépare les diplômes d'études supérieures de philosophie, jusqu'à obtenir la licence. Avant de prendre encore sa décision, Mgr l'Évêque envoie Michel faire un stage en paroisse, dans la Loire, en son village natal, dont il connaît bien le curé, voulant aussi s'appuyer sur son jugement.

Après quatre ans d'observation, et avec de nombreux jugements favorables à l'appui, notre évêque décide de faire reprendre à Michel les études au séminaire, non plus de Clermont, mais du Puy.

Il y donne toute satisfaction tant pour les études et la piété que pour la maturité d'esprit.

Avant de l'appeler au sacerdoce, l'évêque de Tulle croit bon d'en informer son collègue de Saint-Flour. Celui-ci, sans nouvel examen, sans accepter que son jugement soit soumis à appel et sans donner clairement les motifs de sa décision négative, tente d'empêcher l'ordination sacerdotale de Michel. Notre évêque, sûr de son choix si longuement mûri avec d'autres, fort de son droit, passe outre. Michel va devenir prêtre !

Nouvel accès de mauvaise humeur de l'évêque de Saint-Flour : il interdit aux prêtres de son diocèse d'assister à la cérémonie qui doit se dérouler à Bort, paroisse qui a adopté Michel. Une quinzaine de courageux oseront braver les foudres de leur évêque pour aller imposer les mains au nouveau prêtre, avec leurs confrères corréziens.

Ce n'est pas tout. Mon évêque voulait me confier Michel en qualité de vicaire afin que je puisse assurer ses premiers pas dans le ministère, tout en le plaçant près de son père et de sa mère. Apprenant la chose, l'évêque de Saint-Flour intervient encore une fois auprès de son collègue de Tulle pour lui interdire de nommer Michel à Bort. Par souci de paix et de bon voisinage, notre évêque s'inclina et Michel fut nommé à Brive.

Ce cas de dureté ecclésiastique, même s'il ne m'atteignait qu'indirectement, est celui dont j'ai le plus souffert dans ma longue carrière, aussi n'ai-je pu le taire.

Les faits devaient donner une rude leçon, et très vite, à cet évêque et à ses conseillers si entêtés dans leur jugement. Un camarade de Michel d'une paroisse voisine de la sienne possédait aux yeux des mêmes juges les « qualités » qu'ils reprochaient à Michel de ne pas avoir. Il fut ordonné prêtre sans hésitation. Doué comme il l'était, il ne tint même pas un an dans sa fidélité au sacerdoce. Retourné à l'état laïque, il est marié.

Se tromper à ce point m'a donné beaucoup à réfléchir sur la responsabilité de ceux qui doivent juger les autres. Mais que celui qui ne s'est jamais trompé leur jette la première pierre ! Pour moi j'ai la joie d'avoir participé au sauvetage d'une vocation et d'avoir donné un prêtre de plus au diocèse de Tulle.

Pour dire ce mini-drame ecclésiastique je suis sorti un peu de mon diocèse. Revenons-y vite pour voir les rapports plus fraternels avec les curés de mon doyenné.

A mon installation à Bort ce doyenné réunissait deux prêtres très âgés et deux beaucoup plus jeunes. Par mon âge je me situais juste au milieu d'eux.

Les « anciens », éduqués au respect de la hiérarchie, furent pour leur nouveau doyen pleins de déférence. L'un d'eux rédigea un compte rendu de mon installation, long et très flatteur article pour le journal diocésain. Par la suite, comme il avait de grandes connaissances d'histoire locale, il collabora à l'*Écho des Orgues* en y publiant des notes très fouillées sur chacun des villages de ses paroisses. Avec joie je le conduisis à Tulle pour son installation de chanoine honoraire de la cathédrale. C'est lui, grand connaisseur des bois, qui m'apprit à trouver et à reconnaître les champignons. Une de ses joies était de faire manger à ses hôtes des espèces qu'ils ne connaissaient pas comme comestibles et de leur faire peur. Ce bon chanoine était très aimé dans ses paroisses et bien au-delà, comme le prouva l'assistance de tous les hommes de la région à ses obsèques, où il me fut facile de faire son éloge funèbre. Il m'avait fait la confiance suprême en me demandant de l'assister en ses derniers moments. Il reste à mes yeux le type même du curé de campagne, intelligent, aux idées larges (il avait été un adhérent convaincu du *Sillon* de Marc Sangnier) et bien accordé à ses paroissiens, à leur terre. Comme il avait beaucoup d'esprit, il racontait – ou chantait – en patois souvent des histoires, non sans une ironie narquoise. C'était joie pour le doyen d'avoir un tel confrère.

L'autre prêtre âgé, maladif, avait au contraire un caractère aigri qui le rendait misanthrope. Avec lui je devais faire toutes les avances, mais je les fis avec empressement quand il m'eut raconté les déboires de sa carrière. J'avais réussi à force de visites et en allant le chercher, à le faire revenir aux réunions de doyenné qu'il boudait habituellement. Il ne devait pas tarder à mourir.

Avec les deux jeunes curés, les rapports ne furent plus de respect, mais de franche collaboration. Avec eux fut décidée la réorganisation du secteur rural du doyenné, par le regroupement des prêtres en un lieu unique. Le plus âgé des deux fut promu à une paroisse plus importante qui d'ailleurs le rapprochait de son pays d'origine. Quant à l'autre, on lui donna un vicaire mais avec la charge de toutes les paroisses rurales du canton.

En plaisantant nous disions : « Dans notre doyenné il y a les rats des villes et les rats des champs », pour signifier que deux prêtres étaient chargés du secteur urbain et deux du secteur rural. Il ne pouvait donc y avoir de conflits, car les champs d'action étaient nettement séparés. Restait la possibilité de rencontres fréquentes pour nous soutenir les uns les autres. Nous n'y manquâmes pas, et dans certains cas ce ne fut pas de trop. Avec celui qui était mon voisin le plus proche, le plus intime, nous avons sacrifié bien des heures à des échanges sur nos problèmes. « Quand un curé rencontre un autre curé, qu'est-ce qu'il raconte ? des histoires de curés ! » Ce n'était pas du temps perdu mais plutôt une détente pour l'un et pour l'autre. Ce prêtre, ancien professeur, de grande culture et de grande sensibilité, est un remarquable catéchiste. Sa méthode, très au point, mériterait d'être publiée. Un grand éditeur lui en a fait l'offre. Par modestie il a refusé. C'est dommage, son cours de catéchisme remplacerait avantageusement certains en usage.

Il est aidé par un vicaire qui se trouve si à son aise avec son curé et sa mère qui les gâte tous les deux qu'il n'accepte aucun poste d'avancement.

Après mon départ, les relations cordiales entre confrères continuent, car mon successeur est le camarade de cours du curé de campagne chez qui il venait passer souvent une partie de ses vacances. Donc ex-doyenné heureux.

Je n'avais pas grand mérite à établir et maintenir des relations cordiales avec de tels collaborateurs, vicaires ou voisins.

Je puis cependant préciser quelles étaient mes options pour créer autour de moi une ambiance favorable au travail en commun : d'abord bien limiter les terrains d'action de chacun, laisser toute initiative au responsable dans son secteur propre, mise en commun, mais sans contrainte, des projets, actions et résultats, par un échange continuel. Mais pas de travail « en équipe » selon la formule moderne. Pas de temps perdu en perpétuelles réunions. Nous suffisaient les rencontres à table, avant ou après le repas. Si l'événement le demandait nous avions aussi des échanges plus structurés, mais rarement. Un climat très détendu s'étendait sur toutes choses. Aussi n'ai-je jamais vu de dépression nerveuse dans mon entourage.

J'aime la paix, je pense avoir réussi à en créer autour de moi, avec mes confrères en particulier.

Dans un cas cependant, je fus l'objet d'un acte caractérisé de malveillance, sans doute – je le crains – de la part d'un confrère.

Pour le raconter je dois revenir à la mort de mon oncle. Quelqu'un de jaloux, mais après tout je ne peux affirmer qu'il s'agit d'un prêtre car il est resté anonyme, craignant que je sois nommé archiprêtre de Brive à la place de mon oncle, pour me faire barrage eut l'idée de téléphoner au journal régional une note – comme si elle venait du clergé de Brive – disant à peu près ceci : « Nous apprenons avec plaisir que M. l'abbé Espinasse, curé doyen de Bort, est nommé archiprêtre de Brive. Il n'est pas besoin de présenter aux Brivistes ce prêtre qui est le propre neveu de M. l'archiprêtre Bouillac, et qui a été vicaire à St-Sernin. » A la lecture de cette note, celui qui était déjà pressenti pour le poste, n'y comprenant rien, saisit son téléphone et, méritoirement, me présente ses félicitations. Devant ma surprise et mes dénégations – car je n'ai pas lu le journal – il décide d'avertir Mgr l'Évêque. Au bout de quelques instants celui-ci me téléphone à son tour. Essayant de prendre la chose sur le mode plaisant, il me confirme que c'est une farce qu'on a voulu me jouer. Il termine en disant : « Toute la journée vous allez être appelé au téléphone par ceux qui vont vous féliciter. Un conseil : raccrochez votre téléphone ! » Ma réponse fut sèche : « Ce n'est pas mon téléphone qui a besoin d'être raccroché, mais mon cœur. »

Les épines ne doivent pas cacher les roses. Dans le clergé j'ai trouvé de vrais amis. Les meilleurs, parce que les plus anciens, étant mes camarades de cours.

Du petit au grand séminaire, dix années de vie commune, de partage des espoirs et des rêves d'avenir, comme des joies et des peines avaient tissé de tels liens d'amitié que rien n'a pu les détruire que la mort. Nos vies, vécues cependant dans les étroites limites de la Corrèze, ont suivi des voies assez différentes; les deux plus intimes se spécialisèrent dans l'enseignement.

L'un d'eux se créa une personnalité et une réputation inégalée en battant tous les records de durée et de réussite dans la charge de préfet de discipline de l'école Bossuet, à Brive. Que d'élèves doivent à son autorité et à sa psychologie de la jeunesse la réussite de leurs études secondaires !

L'autre, autodidacte – car il avait été utilisé comme professeur avant même son ordination sacerdotale, sans avoir la possibilité de préparer la licence – devint un professeur de lettres si compétent qu'après le passage de l'école Bossuet sous contrat, l'inspecteur général qui avait assisté à une classe de l'abbé fut si admiratif qu'il ne put s'empêcher de dire au supérieur de l'établissement : « Même dans les lycées, je n'ai jamais trouvé un maître aussi compétent, brillant et écouté de ses élèves que votre professeur de première ! » Peu de temps après il le fit nommer chevalier des Palmes académiques, il en devint même officier, ce qui est fort rare dans l'enseignement libre et pour un prêtre sans diplôme universitaire.

Cet ami, Yves, n'avait guère de famille, aussi avais-je la joie de l'accueillir souvent dans mon presbytère : il embrassait ma mère comme sa mère. Que de promenades n'avons-nous pas faites, propices aux confidences que seule permet l'amitié !

Hélas, ces deux vrais amis sont morts, trop jeunes, créant un grand vide autour de moi.

Les survivants de ce cours, même les laïcs, continuent à se retrouver dans une chaude amitié, pour « la réunion de cours » une fois par an. Parmi eux un Monseigneur. Devenu, très jeune, vicaire général, malgré sa dignité et l'écart inévitable du fait de sa place d'autorité dans le diocèse, il est resté assez proche de moi : il l'est d'autant plus que nous nous retrouvons ensemble à la retraite à Tulle.

Dépassant un peu le cadre ecclésiastique, comment ne pas évoquer une amitié de haute qualité et pour moi tout avantageuse, avec un religieux mariste, exactement Petit Frère de Marie ? Directeur de l'école St-Joseph – où je l'avais attiré – puis directeur à St-Jean-de-Luz (où il me recevait avec mes camps lycéens), il devint aussi provincial du Sud-Ouest. Dans sa jeunesse religieuse, il avait été expulsé de France comme congréganiste. Réfugié en Espagne il avait contribué, là-bas, à la création d'une province mariste. Il avait enseigné le français à des novices qui allaient devenir directeurs de ces grands établissements scolaires (je n'en ai jamais vu en France de si beaux et fonctionnels) où nous étions reçus pendant nos voyages en Espagne. Grâce à frère Jean et aux maristes espagnols j'ai, en plusieurs fois, découvert ce beau pays. Nous en avons sillonné les routes – avant qu'elles ne soient goudronnées – du Pays basque à Grenade, de Barcelone à St-Jacques de Compostelle, en passant par Burgos, Saragosse, Madrid, Tolède, Cadix, Cordoue, sans oublier la vallée dos Caidos et l'Escorial.

Ce sage, ce joyeux compagnon plus qu'un ami, sans jeu de mots, est devenu frère pour moi. Malgré son grand âge (il est de ces religieux qui sont revenus en France pour la Grande Guerre, décoré de la médaille militaire, mais aussi de la croix des combattants de moins de vingt ans !), il a gardé toute sa vitalité. Je compte encore sur lui, et lui sur moi. Notre joie demeure.

Revenu à Tulle j'y trouve ou retrouve de nouvelles amitiés cléricales, sans parler des autres. Certes ce sont des amis de vieille date, mais le fait de nous retrouver groupés autour du clocher de la cathédrale ou au sein du chapitre donne un renouveau et une profondeur accrue à nos relations.

Vraiment, dans le clergé je dois reconnaître que j'ai trouvé beaucoup d'amitié. Je ne sais si j'ai beaucoup donné, mais j'ai beaucoup reçu.

Le psalmiste avait raison de dire, et on nous avait donné son verset en espoir :

Qu'il est bon, qu'il est source de joie,
de cohabiter dans l'union des frères.

Cet espoir n'a pas été déçu.

Pour éclairer de quelques sourires ce chapitre clérical, je veux évoquer les rencontres des prêtres autour d'une bonne table, un des plaisirs permis au clergé !

Ce que sont ces « repas de curés » ? Rien de fin, pas de grande cuisine. Souvent celle qui prépare le repas est une humble paysanne. Ce qu'elle sait faire ? La solide cuisine campagnarde et traditionnelle. Elle prépare de préférence ce qu'un prêtre seul ne peut manger habituellement, par exemple la tête de veau et le gigot de mouton. M. le Curé sort de sa cave une bouteille de « vin de messe »... qui sert aussi, dit-on, pour les vêpres ! Peu de vins bouchés. Le menu peut varier, sa caractéristique générale est la solidité.

Le plus important dans ces réunions n'est pas ce que l'on mange, mais ce que l'on raconte. Les conversations sont toujours très animées. On y commente ou invente les nouvelles du diocèse. Il est rare qu'il n'y ait pas dans le groupe une « tête de Turc » qui sert d'amuseur public. A son défaut, un recours est toujours possible : les facéties sur les chanoines. Le répertoire à leur sujet est inépuisable. Il y a le catéchisme des chanoines, toujours à compléter, où chacun invente ou répète la définition du chanoine, sa fonction, les rites de sa création.

« Qu'est-ce qu'un chanoine ? – Un corps aux pieds de l'évêque. » Ou plus irrévérencieux : « Une boule, renflée à l'équateur et ramollie aux deux pôles. »

« Qu'est-ce qu'un estomac de chanoine ? – Un recueil de morceaux choisis. »

« Quelle différence entre Dieu créant le monde et l'évêque créant un chanoine ? – Dans les deux cas il s'agit d'une création *ex nihilo*, mais Dieu a placé les moules sur les rochers, tandis que l'évêque place des rochets sur des moules. »

« Sur quel texte de l'Évangile se fonde l'institution des chanoines ? – Sur St Luc XIV, 41 : Désormais vous pouvez dormir et vous reposer. »

Il y avait aussi une célèbre préface des chanoines que les plus anciens chantaient dans les grandes occasions.

Les chanoines, s'il y en avait là, ne s'offusquaient pas de ces moqueries : ils savaient qu'elles consolaient ceux qui ne l'étaient pas.

Fatalement on en vient à raconter de petites histoires. Qui n'a entendu de ces histoires de curés ? Si elles sont souvent un peu épicées, pour les excuser ou les justifier il est de bon ton de dire : « Il vaut mieux les raconter que les faire. » Un psychanalyste trouverait sans doute en elles l'effet d'un refoulement ! En tout cas elles égayaient nos repas cléricaux, leur donnant une joyeuse animation que je n'ai jamais retrouvée ailleurs.

Je ne résiste pas au plaisir de conter quelques-unes de ces histoires, que l'on retrouve sous cette forme ou sous une autre dans tous les diocèses.

Ce brave curé a bonne table. Il reçoit souvent ses confrères et même ses paroissiens. Il aime bien boire un coup ! Il boit même trop, et il lui arrive de s'enivrer, ce qui fait un peu scandale dans le pays. L'évêque en est informé et décide d'une visite dans cette paroisse pour avoir l'occasion d'une observation au curé. Comme celui-ci est assez âgé et, après tout, bien méritant, il veut trouver l'occasion de l'admonester gentiment.

Traversant la cour du presbytère en sa compagnie, il croit avoir trouvé l'occasion en remarquant, bien rangées le long du mur, une pile importante de bouteilles vides : « Beaucoup de cadavres, M. le Curé », dit-il finement pour amorcer les nécessaires critiques. Il a le souffle coupé et l'affaire en resta là, quand il entend le curé lui dire dans un large sourire : « Rassurez-vous, Monseigneur, ils ont tous vu le prêtre. »

Un peu contre la Curie romaine, on raconte souvent qu'au premier Concile du Vatican, les petits évêques français — qui n'avaient pas très bonne presse auprès des Romains car ils passaient assez justement pour « gallicans » — avaient une sorte d'examen à subir devant les éminents membres de la Curie. « Où êtes-vous évêque ? — A Angoulême. — Petit diocèse, pas connu. — Je suis aussi évêque de Cognac. — Ah ! Cognac, Cognac, bon diocèse. »

Cette histoire, racontée en latin, doit être vraie.

Cette autre l'est sûrement. Elle a été rapportée dans notre diocèse par le très solennel Mgr Castel, qui l'attribuait à l'archiprêtre de Pamiers, son diocèse d'origine.

Ce prêtre venait de baptiser le onzième enfant d'une famille ouvrière. Il y avait donné un certain éclat et couvrait de compliments les parents. « Ce que nous avons fait aujourd'hui n'est rien. Pour le douzième on fera une grande fête. On demandera à Mgr l'Évêque de faire le baptême, à M. le Préfet de représenter le président de la République, on sonnera le bourdon de la cathédrale. Ce sera magnifique. – M. l'Archiprêtre, onze enfants c'est déjà lourd à élever. Mon mari et moi ne souhaitons pas ce douzième enfant. – Si, si, il faudra y penser. On en reparlera. »

En bon curé il visite ses paroissiens. De temps en temps il passe dans la famille nombreuse : « Eh bien, Madame, ce douzième, ce n'est pas encore ? – Non, M. le Curé, on n'y pense pas. » M. le Curé ne se décourage pas et, chaque fois qu'il en a l'occasion, répète inlassablement : « Alors, ce douzième, il vient ou il ne vient pas ? » Toujours la réponse agacée de la mère : « Non, il ne vient pas. » Mais maligne et sachant comment décourager son curé, elle lui prépare une réponse de son cru. « Alors ce douzième, c'est pour quand ? – Mon mari ne veut pas, mais, quand vous voudrez, M. le Curé. »

Il n'en fut plus question.

L'histoire suivante, fausse évidemment, est digne d'un fabliau du Moyen Age. Elle ne peut d'ailleurs que se passer à cette époque.

Dans sa paroisse rurale, le curé élève un cochon. Chaque année, chez lui comme chez tous ses paroissiens, l'on fait la fête du cochon, pour le tuer, le préparer et le mettre au saloir. Pour cela il invite ses voisins mais surtout son sacristain. « Il le lui doit bien », disent les méchantes langues, car dit-on, il couche avec la femme du sacristain. Celui-ci le sait, mais que peut-il contre le puissant pasteur de la paroisse et son patron ?

On tue le cochon, on fait les boudins. Le sacristain, qui s'y connaît, conseille de ne pas travailler la chair avant qu'elle n'ait froidi. « Le mieux est de pendre le cochon dans la grange jusqu'à demain. » Ainsi fut fait. Le lendemain, quand le curé ouvre sa grange, il a la surprise de ne plus y trouver son cochon froid. « Qui a bien pu me voler mon cochon ? Il n'y a que le sacristain – celui qui a donné le conseil de le mettre là – qui peut avoir fait le coup. Je vais m'en assurer. » Le sacristain arrive pour sonner la messe. A peine a-t-il achevé que le curé le pousse dans le confessionnal de force, pensant bien l'acculer à avouer là son forfait. A peine la planchette derrière la grille du confessionnal est-elle poussée : « Qui a pris le cochon de M. le Curé ? » Silence. « C'est toi qui as pris le cochon de M. le Curé, avoue-le. » Silence. Le curé a beau répéter la question sur tous les tons, pas de réponse. Excédé, il sort du confessionnal, secoue vigoureusement son sacristain et lui crie : « Pourquoi ne réponds-tu pas à ma question ? Tu sais bien qu'au confessionnal il faut tout dire ? – Vous m'avez posé une question ? – Mais oui, et plusieurs fois. – Je n'ai rien entendu. – Tu mens. – Je vous assure que, de ce côté, on n'entend rien. – Que dis-tu là ? – Vous voulez faire l'expérience ? Changeons de place. » Le curé s'agenouille à la place du pénitent et le sacristain prend la place du curé. Il ôte la planchette et, à travers la grille, pose à son curé la question : « Qui couche avec la femme du sacristain ? N'est-ce pas vous ? » Évidemment pas de réponse. La question est posée plusieurs fois. Toujours le silence. Le curé et le sacristain sortent enfin du confessionnal. « C'est vrai, dit le curé, de ce côté on n'entend rien. N'en parlons plus. »

Et malgré tout, concluait le narrateur, le sacristain était perdant, car une femme, si peu gente soit-elle, vaut mieux qu'un cochon.

Cette dernière, très ecclésiastique : l'harmonium du chœur de la cathédrale est tenu par un prêtre à la retraite qui accompagne le chant des séminaristes. Il plaque des accords parfaits avec une science musicale peu sûre et une dextérité manuelle plus douteuse encore.

Les séminaristes s'en plaignent au vicaire. « De quoi vous plaignez-vous ? La cathédrale ne pouvait faire mieux que de vous donner un organiste aussi évangélique. – Comment, évangélique ? – Oui, car il met en pratique le conseil de l'Évangile, sa main droite ignore ce que fait sa main gauche. »

L'esprit n'empêche pas le sérieux. Un simple propos de table peut cacher une perception très nette d'un travers de notre temps.

Ce confrère, éminent professeur, très énergique, n'apprécie guère la mollesse de ses élèves, reflet pense-t-il de celle du milieu où ils vivent. En historien qu'il est, il jette dans la conversation, comme une simple évidence : « L'homme a connu l'âge de la pierre, l'âge du fer, l'âge du bronze. De nos jours il en est arrivé à l'âge du caoutchouc ! »

Les malades et les mourants

Préparer les malades à vivre leur dure situation de souffrants, préparer les chrétiens à rencontrer Dieu en passant par la mort, est une des responsabilités les plus absorbantes du prêtre engagé dans le ministère.

Je ne puis compter les visites faites à des malades de tous âges et de toutes conditions, mais je peux évaluer que le nombre de ceux que j'ai accompagnés jusqu'en leur mort tourne autour de deux mille.

Grande diversité des cas, allant d'un extrême à l'autre : de l'indifférent, non pratiquant, qui reçoit le prêtre sans plaisir, voire avec crainte (celle-ci étant toujours plus marquée dans l'entourage du malade qu'en lui), jusqu'au chrétien, animé par une grande foi et qui attend le prêtre comme le sauveur.

Tel ce paysan, tranquille en parlant de sa mort prochaine : « Je ne puis plus travailler. J'ai fini ma tâche. Aidez-moi à partir vers Dieu. »

En passant par la préparation « à la hussarde » de ce colonel, émule et contemporain d'Henri de Bournazel et non moins noble que lui : « Je suis prêt à répondre à l'appel du Seigneur. Qu'il m'appelle. »

Jusqu'à la mort d'une sainte, comme j'ai pu écrire dans l'*Écho,* pour raconter la vie d'épreuves, de souffrances, d'infirmités multipliées, supportée dans la joie – oui, dans la joie – par une petite femme à la foi et au courage exemplaires.

Dans tous les cas la mission du prêtre est délicate. Là plus qu'ailleurs il se sent investi d'une mission qu'il ne doit pas, par sa faute, manquer d'accomplir.

Pour la visite des malades, il faut distinguer ceux qui sont en hôpital et ceux qui sont à leur domicile. Je n'ai vraiment visité ceux de la première catégorie qu'à Bort. Il s'agissait presque toujours de personnes âgées. Ma visite se bornait souvent à écouter ce qu'elles avaient à dire et à leur donner quelques paroles de distraction. Mes interventions au point de vue religieux étaient provoquées par la messe que je disais de temps en temps à la chapelle et la communion que je portais dans les chambres à ceux et celles trop handicapés pour descendre à la chapelle. Dans ce cas mon action était facilitée par un aide bénévole, qui partageait avec moi la visite de tous les hospitalisés afin de dresser la liste de ceux à qui je devais porter la communion. La pratique religieuse parmi ces hospitalisés atteignait au moins 50% des présents.

Ces visites régulières permettaient, quand la maladie devenait grave, d'avoir mes entrées libres auprès des moribonds que je pouvais assister à leur gré.

Des généralités passons aux cas concrets. Commençons par les débuts.

A la sortie du séminaire, où sont absents les « travaux pratiques », comme mes confrères je manquais totalement d'expérience pour la visite aux malades et la manière de proposer les sacrements aux mourants. Sur ce point comme sur d'autres je suis un autodidacte, malgré quelques conseils pris auprès de mon oncle : « Tu verras bien. Chaque cas est particulier. Il faut s'adapter. »

D'où l'importance des premiers mourants vus dans la crainte et le tremblement.

Le tout premier auprès duquel j'ai dû exercer mon ministère était un vieux meunier d'une paroisse où, dans les jours qui suivaient mon ordination, j'avais accepté de remplacer le curé pour deux semaines. Après une assez longue marche à pied vers la vallée où se trouvait le moulin j'arrive, très apeuré, auprès du malade. Par contre le brave meunier attendait ma visite. Solidement chrétien, se sentant à la fin de sa vie, il souhaitait « faire ses devoirs ». Mon action fut donc facilitée, mais j'avoue n'avoir été guère inspiré dans mes paroles pour l'aider. En revenant, dans la belle campagne d'été, je me faisais des reproches, trouvant après coup les paroles que j'aurais dû dire. A servir pour une autre fois !

L'autre fois ne fut pas semblable. J'étais vicaire depuis peu. On nous signale un malade en danger dans un village éloigné. « Il faut bien que vous fassiez vos premières armes, allez-y », me dit M. le Curé. A bicyclette je me rends à ce village perché au sommet d'une colline. J'y arrive tout essoufflé. Le malade est un jeune tuberculeux, rejeté par le sana, venu là pour y mourir. Sa jeune femme est à côté de lui : ce sont deux nouveaux mariés. Le lieu où ils sont, au-dessus d'une étable, ne mérite même pas le nom de taudis, c'est un simple plancher sous le toit. Aucun meuble. Le malade est couché sur une mauvaise paillasse à même le sol. A côté de lui un seau hygiénique. Dois-je dire que je n'ai jamais approché un tuberculeux ni une telle pauvreté. Je découvre un monde nouveau, bien étranger à mes livres du séminaire.

Je suis presque paralysé. Lui, dès les premiers mots dit sa révolte. Il rend Dieu responsable de tous ses malheurs. Je ne sais que me taire. Quand les hémoptysies l'obligent à s'arrêter, en réprimant un haut-le-cœur, j'arrive à lui tendre le seau avec plus de bonne volonté que de savoir-faire. Je lui parle de sa situation que je déplore. Je lui promets de l'aider à s'installer plus confortablement dans ce local et qu'après ça ira mieux. Mais je ne parle pas de Dieu.

De retour à la paroisse je signale cette extrême misère. Les secours s'organisent. Je reviens voir le malade, qui se voyant pris en charge se reprend à espérer. Je puis alors lui parler de l'amour de Dieu et du prochain, de prière, qu'il accepte de faire avec moi. Je n'ai pu le conduire plus loin, car sa fin a été brutale. Dure leçon de choses pour le jeune vicaire.

Peu de temps après je suis envoyé dans un autre village éloigné. Comme le malade est un jeune homme, M. le Curé pense qu'entre jeunes on se comprendra mieux. De nouveau je me trouve en présence d'un grand tuberculeux. La ferme est modeste, mais le garçon a une petite chambre convenable. Je me présente à lui : « Je suis le vicaire chargé des jeunes de la paroisse. » Je lui parle de ses camarades que je connais déjà. Pendant ces échanges faciles, je remarque que son lit est jonché de journaux plus ou moins pornographiques, ce qui me fait mal augurer des rapports religieux que je vais pouvoir établir avec lui. De fait, à ma demande : « Auriez-vous besoin de quelque chose pour vous aider à passer le temps ? » sa réponse est : « Oui, j'aimerais bien avoir une belle fille dans mon lit. » J'eus toutes les peines du monde à tourner en plaisanterie cette déclaration.

Je racontai ma visite à mon curé. « Bon, dit-il, c'est un cas trop difficile pour un débutant. J'irai m'occuper de ce garçon. »

Troisième cas, troisième difficulté.

Le malade, vieil agriculteur, se meurt pendant que tous les gens de la maison, sauf une femme, sont aux champs pour la moisson. Je le prépare à recevoir les sacrements. J'ai à peine commencé que la jeune femme se rend compte qu'il est au plus mal. Elle sort en courant pour chercher du secours. Dès que je suis seul avec le mourant, il se dresse sur son séant, poussé en avant par un affreux vomissement, et retombe dans ce flot de sang, inerte. Je viens d'assister pour la première fois de ma vie à la mort d'un homme.

A Brive les fréquents appels de la polyclinique eurent vite fait de m'apprivoiser à l'approche des mourants. Plusieurs fois il m'est arrivé d'intervenir, de nuit, dans des situations dramatiques et jusque sur la table d'opération.

Malgré la fréquence des accidents de la route, il ne m'est arrivé que deux fois d'y être directement mêlé.

Deux voitures se sont téléscopées à un carrefour. Le plus blessé, un jeune garçon, avec une fracture du crâne gît dans le fossé. Arrivé avant les secouristes, je n'ose y toucher. Sa maman, moins blessée, est près de lui et me demande de lui donner l'« extrême-onction ». Je le fais doucement. Rétabli, il pourra faire sa première communion avec moi.

Dans le deuxième cas, l'accident était plus grave. La voiture de tourisme anglaise était écrasée par un camion. Le conducteur était mort au volant et n'avait pas encore pu être dégagé, tandis que sa femme avait déjà été transportée à l'hôpital. Je n'ai pu rien faire, d'autant plus que je ne savais pas si l'accidenté était chrétien.

Au sujet des malades vus à domicile, les plus nombreux, il faut traiter à part ceux visités souvent au cours d'une longue maladie.

Que d'heures passées à les écouter, à les consoler, à les orienter vers ce qu'on appellera plus tard « la vie montante ». Que de fois j'ai dû expliquer la place, la valeur de la souffrance dans la perspective de la croix, qu'il faut porter ! Que de fois aussi j'ai commencé par faire comprendre que tous ceux qui sont malades ne meurent pas, sans quoi il n'y aurait guère de vivants sur la terre. J'avais pour mission de soutenir l'« espoir qui fait vivre ».

La perspective de foi selon laquelle rien ne se perd, qu'on est utile aux autres en acceptant la souffrance et l'inutilité apparente ainsi qu'aux jours les plus actifs de la vie, n'était jamais absente de nos conversations.

Pour l'approche des sacrements, je retrouvais mieux encore ma qualité d'envoyé du Christ. Il m'était aisé de dire : « Le Christ ne vous abandonne pas; la preuve ? Je suis là pour vous aider, pour vous permettre de vous réconcilier avec lui. Après, vous serez en paix, sans crainte, et si la mort doit venir elle ne sera plus qu'un sommeil avant le réveil dans la joie de Dieu. »

Au lieu d'effrayer les malades – comme certains l'imaginent – l'action du prêtre auprès des moribonds est toute de paix, de réconciliation. Ce mot devenu à la mode pour désigner le sacrement dit jadis de « pénitence », je l'avais adopté très vite dans mon ministère, sous l'influence d'un prêtre, tulliste comme moi, devenu bénédictin et confesseur pontifical à St-Paul-hors-les-Murs, à Rome. Ce spécialiste de la confession avait écrit le fruit de son expérience dans une brochure, *Le Sacrement de la miséricorde,* où il mettait l'accent sur cet aspect psychologique du sacrement, présenté non comme une « pénitence », mais comme un acte d'amour, une réconciliation. Je n'ai pas trouvé de croyant réfractaire au sacrement, quand il m'était donné le temps de l'expliquer dans ce sens.

Malheureusement il m'arrivait de n'avoir pas ce temps et de trouver le malade hors d'état de parler ou de suivre une explication, et d'être obligé de donner l'absolution et l'onction à un comateux. Je laisse de côté ces cas désespérés où l'action divine reste seule en jeu.

Dans tous les autres cas, plus ou moins bien sûr, je pense que ma parole a été efficace pour aider les mourants à affronter, avec sérénité, le jugement divin.

La vérité sort d'un puits, dit-on. L'histoire vécue suivante dira qu'elle peut aussi sortir d'un coffre-fort.

Le héros est un homme comme tant d'autres. Bon vivant. Fonctionnaire. Ayant un fils unique qui suivait mes cours de catéchisme. Mes fonctions m'obligeaient à de fréquents rapports avec lui. Nous parlions volontiers métier, pluie ou beau temps.

J'aurais bien voulu savoir quelle était sa position religieuse, mais jamais un mot sur ce sujet. Il respectait le prêtre. Pas un mot contre la religion, pas un mot pour.

Un dimanche matin on me téléphone : « Venez vite, M. X... est mort. » Lui si plein de vie, si jeune ? Il se rasait quand la mort l'a frappé subitement.

Dans ce cas-là, même quelques instants après la mort apparente, on peut risquer de donner le sacrement de l'onction, ce que je fis à la demande de la veuve éplorée, mais sous condition, dans l'ignorance totale où j'étais des dispositions d'âme du défunt. Son épouse, abattue sous le choc ne pouvait pas me renseigner, et d'ailleurs, était-elle bien au courant ?

Elle savait par contre que les dernières volontés de son mari étaient consignées dans une cassette conservée dans le grand coffre de l'administration dont il avait la charge.

Pour ouvrir ce coffre, il fallait des témoins. On me prie d'être l'un d'entre eux. J'assiste donc à l'ouverture du coffre. On trouve une cassette, mais est-elle bien celle où sont en sûreté les valeurs personnelles, les papiers intimes, le testament ? Pour s'en assurer quelqu'un soulève le couvercle.

Collée au revers du couvercle apparaît en bonne place une de ces images hautes en couleur, comme tant de soldats en ont porté sur eux pendant la guerre : « Le Sacré-Cœur de Jésus est là. Cœur Sacré de Jésus j'ai confiance en vous. »

Ainsi au plus secret de son coffre-fort, l'acte de foi de M. X... que j'attendais depuis longtemps, mais en vain, apparaissait enfin, donnant justification et valeur à l'onction faite sur un cadavre.

Mais avouez qu'il avait fallu fouiller profond.

Ces secours religieux que j'avais à proposer, ont-ils été parfois refusés ? Si je puis dire, en aussi grave sujet, j'ai eu beaucoup de chance : jamais je n'ai été éjecté d'auprès d'un moribond.

Il m'est arrivé de juger que je ne devais pas donner les sacrements surtout la communion, en raison d'une foi trop incertaine.

Un refus de tout sacrement me fut opposé, mais pour une raison très particulière.

Ce vieil instituteur avait connu les tristes années 80. Un dimanche où il conduisait les enfants à la messe – car ainsi faisaient les premiers instituteurs – il avait entendu un sermon virulent de son curé contre l'école sans Dieu, où il s'était senti visé personnellement. A la suite de quoi, ce croyant – car il l'était – avait juré de ne plus avoir de relations avec l'Eglise. Il me recevait cependant avec plaisir, évoquant sa carrière, la dignité de sa vie, la liberté religieuse qu'il avait laissée à sa femme et à sa fille. Il acceptait même de prier avec moi, mais, par fidélité à son serment, refusait les sacrements. J'avais beau lui dire que le vieux prêtre avec qui il s'était accroché était mort depuis longtemps, que le jeune clergé n'avait plus le même jugement sur l'école laïque, rien n'y fit. Il mourut, fidèle à son serment, mais avec les prières de l'Eglise, et les nombreuses messes que firent dire pour lui sa femme et sa fille.

Le vieux curé ne s'est jamais douté du mal qu'il a pu faire par des paroles de trop !

A l'inverse j'ai failli ne pas donner les sacrements à quelqu'un qui les demandait.

Pour répondre à une invitation de confrères, je devais prendre le train. Peu avant l'heure du départ je suis appelé d'urgence auprès d'une dame en danger de mort, qui voulait voir le prêtre. Arrivé en hâte, j'ai la surprise de trouver la malade habillée et tranquillement assise dans un fauteuil, avec toutes les apparences d'une assez bonne santé. « M. l'Abbé je vous ai fait venir car je veux recevoir les sacrements : je vais mourir. – Il ne me semble pas, à vous voir, que le danger soit imminent. Aujourd'hui je n'ai pas le temps de vous préparer comme il convient. Je reviendrai demain et nous aurons tout le temps nécessaire pour bien faire. – Pardon, M. l'Abbé; c'est aujourd'hui qu'il faut m'aider. Demain je ne serai plus là. »

J'eus beau la rassurer, plus je voulais partir, plus elle me retenait en me suppliant de lui donner les sacrements.

Faisant contre mauvaise fortune bon cœur, je pris le temps de l'écouter, de l'absoudre et de lui donner l'onction des malades. Mon train serait manqué, mais je la laissai, toute heureuse, en compagnie de sa fille.

Arrivé dans la rue, par la fenêtre la jeune fille me rappelle. Je pense que dans ma précipitation j'ai oublié quelque chose. « Maman est morte. Regardez. » C'était vrai. Tandis que je descendais les escaliers de l'unique étage, la malade était morte. Comment ne pas remercier le Seigneur pour elle, exaucée dans sa foi, et pour moi en raison du remords évité ?

« Venez vite à la clinique, ma femme a besoin de vous voir. Elle vient d'avoir un septième enfant, après une césarienne. » Celui qui téléphone est le chirurgien lui-même. Il ne me parle pas de danger. Je cours à la clinique pensant n'avoir qu'à donner des félicitations et des vœux à la courageuse maman. Elle m'accueille, très lucide, très calme : « Je vous ai fait venir, M. l'Abbé, vous qui êtes mon confesseur, pour me préparer à mourir. Mon mari a eu le courage de me le dire : je suis perdue. » Elle voit dans mon regard et mon silence gêné plus que de l'étonnement.

« N'ayez pas peur, M. l'Abbé. Je ne crains pas la mort. Je vous demande seulement de m'aider à bien mourir. C'est tout simple » Je n'ai pas trouvé que ce soit si simple de se hausser au niveau spirituel d'une telle foi et d'une telle espérance chrétiennes. Soutenu par cette « femme forte », je pense en quelques jours lui avoir donné tous les secours que l'Église tient en réserve pour ses enfants que Dieu appelle à Lui.

Est-il possible dans un tel cas que le prêtre ne se sente pas « celui qui agit à la place de l'Autre » ?

De telles rencontres d'âmes sont pour lui leçons de foi mais surtout d'humilité.

Un Vendredi saint, après la cérémonie de la Passion du Christ, je suis appelé auprès d'une mourante assez âgée. Elle est seule dans son appartement. En me voyant, elle se met à pleurer : « Ah ! vous venez me voir, c'est que je suis perdue. » Pour la première et dernière fois de ma vie je l'entends ajouter : « Vous me faites peur. » Je la rassure de mon mieux; je lui parle du Vendredi saint, de la mort du Christ, de sa proche résurrection, de la mort qui va à la vie, qu'il suffit de se réconcilier avec celui qui se donne tant de peine pour nous sauver. Au bout de quelques minutes, elle me remercie d'être venu et se prépare avec foi à recevoir le corps du Christ, gage de résurrection.

J'ai tenu à citer le mot « peur » pour montrer à quel point il est exceptionnel. Que de remerciements j'ai reçu de ceux que j'avais fait l'effort de voir malgré les craintes de l'entourage. Le passage du prêtre auprès du mourant est porteur non d'inquiétude mais de paix.

On m'a parfois posé la question : « Avez-vous converti quelqu'un ? » Au moins l'un de ceux qui m'interrogeaient ainsi voulait savoir si par mes paroles j'avais pu amener un incroyant à la foi. Il ignorait, sans doute qu'aucun prêtre, ou laïc d'ailleurs, ne peut se vanter d'avoir converti personne : Dieu seul le peut. Tout au plus le prêtre ou le laïc peut être un instrument dont Dieu se sert pour conduire à la foi celui qu'Il veut sauver.

Mais si l'on veut dire « conversion » au sens étymologique de « retour à Dieu », alors, oui, j'ai été témoin, acteur même, de beaucoup de conversions. En voici quelques-unes.

Ce malade, je ne le connais pas et je ne sais même pas où il habite exactement. Je dois prendre des renseignements dans le quartier. « Comment, M. l'Abbé, vous allez chez lui ? Ne savez-vous pas qu'il a bouffé du curé toute sa vie ? Il ne vous recevra sûrement pas. – Si je me fais mettre à la porte, je le verrai bien. Le risque n'est pas bien grand, et ce sera la première fois. »

Le malade est seul et il m'attend, car c'est bien lui qui m'a fait dire de passer le voir. Tout de suite il va droit au but : « Je me sais en danger de mort : je veux me confesser. »

De sa confession je ne dirai rien, mais je puis évoquer la conversation qui lui fit suite, car je lui disais l'étonnement des voisins de voir le prêtre aller chez lui. « C'est vrai, il y a de quoi surprendre. Je suis allé très loin dans l'anticléricalisme, jusqu'à faire des conférences contre l'Église. Mais, même après de telles conférences, je ne suis jamais allé me coucher sans avoir fait ma prière, dit le Notre-Père et le Je vous salue Marie, que j'avais promis au jour de ma communion solennelle de réciter tous les jours afin d'obtenir la grâce d'une mort chrétienne. »

Avec un tel converti, il était aisé au prêtre de parler de réconciliation, de vie éternelle.

Et quelle leçon pour ceux qui disent inutile la « routine » de la prière !

Un jeune homme de dix-huit ans atteint d'un cancer généralisé des os souffre atrocement. « Il hurle à la mort », me disent les voisins épouvantés.

Je risque une visite car, croyant à l'efficacité de l'onction d'huile sainte même pour le soulagement des corps, je veux lui proposer ce « remède » alors que tous les autres échouent.

Devant le jeune malade qui ne cesse de gémir, les parents en larmes me disent ses souffrances, l'impuissance des piqûres pour le calmer. Intervenant soudain dans la conversation le jeune homme crie : « Mais tuez-moi donc ! Si vous m'aimiez, vous me tueriez. Si j'étais un chien, vous me tueriez. – Vois-tu, Robert, justement, tu n'es pas un chien. Je vais t'aider comme un homme que tu es, et un fils de Dieu. J'ai quelque chose à te proposer. »

Restant seul avec lui je lui cite la parole du Christ : « Si vous êtes accablés, venez à moi... » et lui explique l'espoir qu'il peut mettre dans la prière et l'onction des malades. Il se calme un peu, accepte de prier et de recevoir les sacrements.

Avant de quitter la famille je demande si l'on fait à Robert les doses de morphine qui le calmeraient. Le médecin et la garde-malade hésitent à utiliser des doses massives par peur de hâter la mort. J'ose intervenir auprès de l'un et de l'autre pour lever leurs scrupules. « Dans un cas aussi grave, où le désespoir est atteint, le fait de hâter un peu la mort ne doit pas être mis en balance avec le risque de révolte. »

Je ne puis dire que la fin de Robert a été sereine, seulement tolérable. De ce mort on peut dire : « Il repose enfin ! »

Dans un milieu très populaire, j'arrive en pleine nuit auprès d'un moribond qui ne m'attend pas. Comment entrer en matière ? Impossible de dire que je passe par hasard dans le quartier à deux heures du matin.

Le malade ne peut ignorer la gravité de son cas car il est atteint d'un cancer à la gorge et ne peut presque plus parler. Tout ce que je sais de lui c'est qu'il est employé au service municipal de nettoiement et que j'ai fait le catéchisme à l'un de ses fils.

J'aborde tout de suite la question de la foi. Le malade, plus par gestes que par des paroles, me fait comprendre que je dois ouvrir le tiroir de la table de nuit. Avec peine il en sort un petit crucifix en métal; le tenant à la main, à mots entrecoupés, il me fait comprendre qu'un jour, à la décharge publique, ses camarades et lui ont trouvé ce crucifix dans les ordures; qu'un cantonnier d'un coup de pelle voulait le jeter à la fosse : « Je l'ai ramassé, devant les camarades. Si je n'avais pas la foi aurais-je agi ainsi ? »

Après un tel signe de foi mon action était toute tracée.

Dans le sens de la conversion, les pécheurs repentis peuvent aller très loin.

J'aurai toujours devant les yeux ce cancéreux mourant, à la force de l'âge, dans d'atroces souffrances. Il était à ce point irréligieux que même pour faire plaisir à sa femme, il lui avait toujours refusé le mariage chrétien qu'elle souhaitait. Sous l'influence de la maladie, comme aussi grâce à l'action priante d'une religieuse garde-malade qui se dévouait auprès de lui, il en vint à de meilleurs sentiments.

Il offrit de lui-même à sa femme de régulariser son mariage, autrement dit de se marier religieusement à son lit de mort. Ce qui fut fait, non sans grande émotion et sérieuse révision de vie, la fille du couple et la religieuse étant seules témoins.

C'était déjà une belle conversion; mais le plus beau reste à dire. Je revenais voir le malade et prier avec lui pour qu'il ait la force de souffrir, car les douleurs augmentaient de jour en jour. « Si vous le voulez, nous allons demander au Seigneur d'abréger vos souffrances. – Non, le Seigneur sait bien ce qu'il fait. J'ai besoin de souffrir. J'ai trop fait souffrir les autres, je dois payer. »

Je ne lui avais pourtant guère parlé de la souffrance réparatrice. Il m'en donnait un exemple vécu.

Dans ce ministère auprès des mourants, il ne faut pas attendre toujours que l'initiative vienne du malade ou même de ses proches. Le prêtre, occasion de la grâce, doit oser s'avancer, au risque de sembler parfois agir « à temps et à contretemps ».

Nouveau curé, les religieuses gardes-malades m'avertissent qu'un voisin du presbytère est gravement malade : « C'est un homme du genre hostile à la religion, mais il a été jadis élevé religieusement chez les frères. Ce sera un cas difficile. »

Quand j'arrive au domicile, l'épouse du moribond, pourtant pratiquante, est effrayée à ma seule vue en pensant aux réactions possibles de son mari en face de la soutane : « Je voudrais bien que vous voyiez mon mari, mais je ne puis prendre sur moi de lui annoncer votre visite. Si vous voulez y aller, allez-y, mais moi je vous laisse. » Elle sort, me laissant seul dans la cuisine précédant la chambre du malade.

J'invoque l'Esprit-Saint pour qu'il m'inspire et aide le malade dans la foi.

« Bonjour, M. X... – Qui est là ? – Je suis votre voisin, le nouveau curé. On m'a dit que vous étiez malade; j'ai pensé que c'était une bonne occasion pour faire connaissance. » Je parle fort, car je constate qu'il est très dur d'oreille. La pièce est sombre, il est blotti sous les couvertures, je le vois mal. Il répond à peine à mes questions sur sa santé. Je prends enfin l'offensive : « N'est-ce pas que lorsqu'on est malade le temps est long, et qu'on a le temps de réfléchir à beaucoup de choses ? – C'est vrai. – Et même qu'on pense au Bon Dieu ? » Le coup de sonde est lancé. La réponse ne vient pas. Le silence se fait lourd. Je prie. Je suis tenté de partir, ayant conscience de ne pouvoir aller plus loin. Soudain, partie du creux du lit, mais mieux du fond de la conscience, jaillit la réponse : « Et même on se dit qu'il faudra lui rendre compte. – Je suis là pour vous aider, vous réconcilier avec lui, vous rassurer. »

Quand je pars, après lui avoir donné l'absolution et le sacrement des malades, sa femme n'est pas encore de retour. Le lendemain je reviens et demande comment est le malade : « Votre visite a dû l'impressionner, car hier soir il m'a semblé qu'il priait. » Le malade a entendu – lui si dur d'oreille (preuve que devant un malade il faut toujours se méfier de ce que l'on dit) : « Bien sûr, je priais. » Je dois alors expliquer à l'épouse comment son mari était revenu au Seigneur. Il était temps, il devait mourir le jour même.

Comment ne pas être convaincu qu'à certains moments cruciaux les hommes ont besoin qu'un prêtre soit à côté d'eux ?

Madame X... ne savait pas où en était réellement son mari en face de la foi chrétienne. J'ai remarqué que cette ignorance est fréquente et que mari et femme peuvent vivre ensemble des années durant sans se confier l'un à l'autre leur pensée profonde sur ce chapitre capital.

Souvent, en quelques minutes de conversation avec les hommes, j'en savais plus sur ce sujet que leurs femmes.

Qu'on me parle après ça de l'intimité conjugale !

Comme correctif je dois préciser que cet état de choses était surtout vrai chez les couples anciens. De nos jours les jeunes ménages sont plus ouverts sur ce chapitre.

Les exemples que je puis donner sont donc « de l'ancien temps. » Puissent-ils n'être plus d'actualité !

Un vieux couple, très uni, vivait ainsi dans l'ignorance du comportement religieux du mari. L'épouse assistait à la messe régulièrement, lui jamais sauf aux enterrements, et encore parfois il allait au café avec les copains au lieu d'entrer dans l'église. Quand j'arrive chez eux, le malade, grand cardiaque, est assis dans son fauteuil. Nous parlons de tout et de rien. La bonne chrétienne, désolée de me voir perdre mon temps, me pousse à l'action : « M. l'Abbé, il faut parler à mon mari du Bon Dieu. Il en a bien besoin, car c'est un "vieux parpaillot". Il ne prie pas. – Qu'en sait-elle ? dit le vieux en se tournant vers moi de manière que sa femme, très sourde d'ailleurs, ne l'entende pas. Les femmes n'ont pas à savoir ça, mais je prie tous les jours. – C'est bon, entre hommes on sera plus libres pour en parler. » Doucement je mets l'épouse à la porte, en lui disant : « Tout se passe bien. Allez prier le Seigneur pour lui et pour moi. »

L'autre exemple se passe dans un milieu totalement différent par l'âge et le métier du malade : il est en activité à l'E.D.F. Il m'a été signalé par une de ses tantes qui voudrait bien qu'il fasse « ses devoirs religieux » avant de mourir. Le ménage est très loin de la pratique religieuse. Je ne le connais pas.

A mon arrivée la salle de séjour est pleine de monde. Mon entrée gêne visiblement. Au milieu de cette famille et des voisins rassemblés, j'ai de la peine à deviner qui est la femme du moribond. Je lui explique que la tante me prie de parler à son neveu : « Si vous voulez, mais vous n'y ferez rien, mon mari ne s'intéresse pas à la religion. – Je vais voir, je dois lui donner sa chance et au moins répondre au désir de sa tante qui l'aime. »

Le malade n'a pas l'air effrayé par ma visite. Après la prise de contact banale je lui dis franchement le but de ma démarche : « Votre tante pense que vous auriez plaisir à parler avec moi de religion. Quand on est malade (lui aussi mourait d'un cancer et le savait) c'est le moment d'en parler. – Ce sera en effet avec plaisir. » A ces mots dits devant son épouse qui n'en croyait pas ses oreilles, j'ajoutai selon mon habitude : « Entre hommes on sera beaucoup plus libres pour en parler; laissez-nous, je vous prie. »

Elle regagna la salle de séjour et pendant qu'elle racontait la scène – je le sentis au silence qui se fit soudain – le mourant put agir en homme et en chrétien.

Devant son épouse et les parents et voisins réunis autour de son lit, il me remercia d'être venu.

Sa tante aussi fut contente de m'avoir poussé à cette action pastorale.

Avant de clore ce chapitre, un autre son de cloche.

« Une femme vient de m'embrasser comme je ne l'ai jamais été. » Ma mère, à qui s'adresse cette apostrophe, me regarde avec inquiétude.

Je reprends l'histoire au commencement : « A l'hôpital je viens de voir une très vieille dame qui, bien qu'en danger de mort, garde toute sa lucidité, toute sa vivacité de femme du peuple. Je lui parle longuement, je la prépare à recevoir les sacrements, ce qu'elle fait avec une grande foi et une non moins évidente joie. Dans un mouvement de reconnaissance qui se traduit par de la tendresse, elle me tend les bras en demandant dans son langage fruste « un grand poutou ! » C'est-à-dire un chaud baiser.

Je n'ai que répugnance physique pour cette vieille édentée et lippue. Je pense « au baiser au lépreux ». Avec le sourire le plus avenant possible je reçois non pas un, mais deux ou trois baisers sonores.

Racontant cette aventure à un confrère, et pensant l'étonner, il me dit : « Moi, j'embrasse tous les vieux et toutes les vieilles à qui je viens de donner les derniers sacrements. »

Bonne leçon !

8

LA VIE QUOTIDIENNE

Mon emploi du temps

Malgré tout ce que j'ai écrit jusqu'ici, il me semble que n'apparaît pas encore assez la multitude des actes quotidiens, souvent répétés, qui ont rendu mes jours occupés à plein temps.

Ces travaux furent à ce point contraignants que beaucoup ne pourront croire – à une époque où le travail de chacun est limité à un certain nombre d'heures par jour et par semaine – qu'en un temps si proche, un prêtre ait pu avoir si peu de temps libre et de repos.

Le ministère ne s'arrêtait jamais. Il fallait être toujours disponible, de jour et de nuit, pour répondre aux appels.

Pendant les onze années de mon vicariat, mes seules vacances furent quelques jours à Rome pour un pèlerinage offert par ma baronne, et deux sorties en auto avec mon oncle et l'abbé Thiallet, mais sans un seul dimanche d'absence. Par contre je n'ai jamais pu obtenir les quinze jours nécessaires pour un voyage en Algérie que m'offraient mon oncle de Guyotville (à côté d'Alger) et mon cousin, colonel commandant le territoire des Oasis, au cours duquel il m'avait promis de me conduire jusqu'à Tamanrasset, sur la tombe du père de Foucauld. Ce voyage ne me fut pas permis, car je devais garder la paroisse pendant que les confrères étaient occupés aux colonies de vacances et mon curé aux eaux de Capvern !

Pendant les neuf ans passés au lycée, les vacances scolaires ne me permirent pas un seul voyage personnel, pris que j'étais par la préparation et la tenue des camps de jeunes et les retraites prêchées pour eux, sans compter les services à rendre aux confrères pour les fêtes ou pèlerinage de l'été, et les suites, déjà évoquées, du drame de 1944.

Je n'ai pu prendre quelques vacances qu'étant curé et parce que j'avais un vicaire. Elles duraient juste quatorze jours, comprenant un seul dimanche et toujours pendant la deuxième quinzaine de juin, juste avant l'arrivée des vacanciers, et seulement une douzaine de fois en vingt-cinq ans.

Alors, tout ce temps passé à la disposition des fidèles et de ceux qui ne le sont pas, à quoi était-il utilisé ?

Ce qu'on appelle le « culte » fournissait – sauf pendant l'aumônerie du lycée – la ration quotidienne. Elle consistait en messes basses, offices chantés, où souvent je tenais l'harmonium, enterrements (jusqu'à deux ou trois par jour et même quatre pendant la drôle de guerre). Pour ceux qui n'ont pas connu ce temps-là je dois faire remarquer qu'on allait chercher le corps du défunt à son domicile, d'où l'on revenait à l'église en chantant le *Miserere*; que la messe était toujours chantée et que la conduite au cimetière se faisait encore en procession. Que d'heures qu'actuellement je juge perdues, mais qui alors étaient occupées!

Il y avait des mois privilégiés : le mois du Rosaire, en octobre, le mois de Marie en mai, avec chaque jour réunion de prière à l'église et bénédiction du Saint Sacrement.

Il faut ajouter encore l'exercice du chemin de la croix fait avec lecture méditée et chants, chaque premier vendredi du mois et tous les vendredis de carême.

Il y avait aussi les heures de garde pour recevoir au presbytère ou à la sacristie ceux qui venaient demander des certificats ou fixer des offices.

La visite des malades nous prenait beaucoup de temps, car nous avions à cœur de ne laisser personne mourir sur la paroisse sans lui avoir donné au moins l'occasion de se réconcilier avec Dieu. Les malades nous étaient signalés par les religieuses gardes-malades, que j'ai eu la chance d'avoir dans mes trois paroisses. Les visites les plus urgentes étaient souvent demandées de nuit, mais le ministère auprès des malades ne se bornait pas à ces rencontres rapides; dans la plupart des cas il fallait voir le malade plusieurs fois avant de l'amener à recevoir les sacrements. Pour les centaines et les centaines de malades visités, le nombre d'heures à leur service ne peut être compté. Mais je ne regrette rien.

Les heures creuses – on peut toujours en trouver – étaient employées à la lecture des livres et revues de culture dont je sentais l'impérieux besoin pour être capable d'instruire ceux qui m'étaient confiés. La préparation des sermons était exigeante; il fallait non seulement le penser, l'écrire, mais l'apprendre, car jamais nous n'aurions osé lire notre texte. Cet effort répété pendant des années n'a pas été sans heureuse influence sur ma formation à la parole en public. Depuis longtemps je n'écris plus (ou si peu) ce que je veux dire à mon auditoire.

En raison du journal paroissial que j'ai rédigé régulièrement – sauf au lycée – j'avais toujours en gestation sur mon bureau un article. En ai-je passé des heures à écrire, raturer, taper (sans être pour cela un dactylographe) tous ces articles que je garde en trois gros volumes reliés.

Autre activité qui avec l'âge a pris de plus en plus de place dans mon horaire : le courrier. Anciens élèves, paroissiens dispersés, amis, famille, affaires ecclésiastiques, relations avec les hommes politiques amènent chaque jour – sans compter les journaux, revues... et papiers publicitaires – un volumineux courrier, qui souvent appelle des réponses. La buraliste de Bort à qui j'achetais les timbres en série me disait que les P.T.T. devraient me faire une remise en qualité de gros client !

A ces lettres je consacrais une partie de mes matinées. Elles me donnaient l'occasion d'aller tous les jours à la poste et par là même de trouver sur ma route de nombreux paroissiens qui n'hésitaient pas à m'arrêter sous mille prétextes : bonne occasion de contacts.

Moi qui ne voulais pas être professeur, je suis devenu un enseignant pendant un incalculable nombre d'heures. Je n'ai pas besoin de préciser qu'il s'agit du catéchisme et des cours de religion. Sur ce point il convient cependant de ne pas oublier qu'en cinquante ans les livres du catéchisme, la méthode de le faire ont beaucoup évolués. J'ai vu le catéchisme changer au moins trois fois profondément, avec obligation pour moi de m'adapter et de refaire la préparation des cours. Heureuse activité !

Pendant une importante partie de mon ministère, les cours de catéchisme comportaient des récitations, des compositions, des examens écrits et oraux et donc des corrections. Tous les enseignants qui ont connu l'esclavage de ce travail me comprendront si je dis que les copies m'ont pris bien des heures.

Au tableau de l'emploi du temps, en bonne place, les « confessions ». Sauf dans les tout derniers temps, le sacrement de pénitence, comme on disait alors, a été une lourde charge pour le prêtre, non seulement en raison de la responsabilité qu'il y prend, mais du temps qu'il y passe.

A Brive, l'église se trouvant dans l'avenue de la gare, recevait, même en semaine, des pénitents de passage et qui cherchaient, hors de leur paroisse ou diocèse, un confesseur inconnu qui les rendrait plus libres pour des aveux pénibles. Pour cette raison, et parce qu'à cette époque il y avait des « péchés réservés », c'est-à-dire que seuls les prêtres expérimentés et un peu âgés recevaient l'autorisation de pardonner, l'évêque avait dû donner aux vicaires pourtant encore jeunes de St-Sernin le pouvoir d'absoudre les « cas réservés. »

En plus de ces confessions épisodiques, mes confrères et moi passions chaque samedi deux ou trois heures enfermés dans le confessionnal : les veilles de grandes fêtes, nous y passions sept ou huit heures de suite. Heures harassantes.

Non moins fastidieuses étaient les longues heures passées au confessionnal pour les enfants, pour leur apprendre l'usage du sacrement d'abord, puis pour le leur donner au moins une fois par mois.

Aumônier, j'ajoutais aux confessions des lycéens celles plus nombreuses des « enfants de troupe » qui avaient alors trois grandes écoles à Tulle. Le prêtre chargé d'eux ne pouvait arriver seul à entendre ces centaines de jeunes garçons chaque semaine. j'allais l'aider.

Je devins aussi le confesseur attitré des jeunes filles de l'institution Ste-Marie et même de leurs religieuses. Les vacances ne mettaient pas fin à cet aspect du ministère, car dans les camps ou les pèlerinages auxquels je prenais part de nombreuses séances de confessionnal m'attendaient.

Devenu curé, ce ministère devint pour moi plus capital que jamais. Mon confessionnal, très bien placé dans la chapelle de la Ste-Vierge, attirait non seulement mes paroissiens adultes et jeunes, mais aussi, du fait de la position de Bort à la limite de trois départements, des fidèles ou des confrères du Cantal et du Puy-de-Dôme.

Sans forcer la vérité, je puis dire que j'ai beaucoup confessé, tout au long de ma vie de prêtre.

Ce disant, je me rends compte que je n'emploie pas le mot qui convient, je devrais dire : j'ai beaucoup réconcilié !

En employant le mot « confession » – à tort, comme les fidèles pendant des siècles – je mets l'accent sur l'acte personnel et pénible du pécheur, lui donnant une trop grande importance dans le sacrement, dont il n'est qu'une part. L'Église actuellement tente de renverser la vapeur, pour mettre au premier plan l'acte d'amour du Père qui ouvre ses bras et son cœur au fils prodigue. En disant aujourd'hui « réconciliation » je minimise, sans la supprimer certes, la place de la « confession », pour mieux mettre en valeur le pardon, acte de Dieu, acte d'amour de la Trinité à l'égard du coupable auquel la réconciliation ouvre une nouvelle chance de relation filiale, par la bouche du prêtre.

Pour ce ministère de la réconciliation, car avant même le mot je l'ai toujours considéré comme tel, j'espère avoir soulagé bien des consciences, avoir mis la paix et la joie du Christ en bien des âmes malheureuses. J'espère n'en avoir troublé aucune.

Maintenant à la retraite, je reste fidèle au confessionnal à la cathédrale et dans les paroisses où je vais rendre service pour les fêtes.

Les mariages ne semblent pas retenir très longtemps l'activité des prêtres. La cérémonie ne dure guère plus d'une heure. Tout ce que j'ai écrit de la préparation des futurs à ce grand acte de leur vie dit assez le temps que le prêtre passe avec eux. Que de veillées y ont été consacrées !

Ce qu'entre nous prêtres nous appelons les « réunions » constitue une face pas assez connue des activités sacerdotales. Ces réunions sont variées. J'ai connu celles des patronages, des groupes sportifs (Aiglons), les cercles d'A.C.J.F. (Association catholique de la jeunesse française), puis la J.A.C. (Jeunesse agricole catholique), J.E.C. (pour les étudiants), J.O.C. (pour les ouvriers). Pour d'autres j'ai dû m'initier aux méthodes des scouts, des Cœurs Vaillants, de la Croisade eucharistique. Toutes ces réunions pour les jeunes.

Pour les adultes, nouvelle adaptation pour l'Union catholique des cheminots, mais surtout pour les groupes de l'Action catholique des hommes ou des femmes, la Fraternité des malades, la Vie montante, et j'en oublie. Les cadences de ces réunions allaient de deux par semaine à une par mois, mais leur multiplicité faisait que chaque semaine, pendant toutes mes années d'activité – et même encore à la retraite – je n'ai jamais eu moins de deux réunions, chacune d'elles durant au moins deux heures.

« Le spirituel lui-même est charnel », n'est-ce pas ? N'oublions donc pas l'évocation de la partie matérielle de la vie sacerdotale. On aurait tort de se représenter la vie du prêtre dégagée des contraintes matérielles qui sont le lot de tous les humains.

Pendant mon vicariat j'avais la responsabilité des locaux de la maison des œuvres, « Rupin-Mage », avec les salles de réunions, la bibliothèque, la grande salle de spectacle... et surtout celle des relations, pas toujours faciles, avec la concierge, qui avait souvent à se plaindre des dégâts faits par les jeunes, sans parler des chahuts !

Au lycée j'ai dû pousser l'administration à ouvrir une porte pour faciliter l'accès de la chapelle, pour y adapter l'électricité, pour y refaire les fresques. Après la suppression du traitement d'aumônier, j'eus le souci de mettre sur pied une association de parents pour le soutien de l'aumônerie, non sans beaucoup de démarches... et de temps !

Je n'ai pas besoin de revenir sur la place que le matériel a pris dans ma vie de curé. Il m'a tenu à la gorge au point que j'ai quelque remords de la proportion qu'il a prise par rapport au spirituel.

Et la tenue des comptes paroissiaux ! Comptes pour l'évêché, denier du culte, recettes et dépenses de l'*Echo des Orgues*, messes et casuel, troncs et quêtes, souscriptions diverses pour la restauration, les cloches, etc. devaient trouver place dans mon emploi du temps.

L'avantage de tout ce « matériel » était de m'éviter de me prendre pour un être désincarné, et de me maintenir au niveau de mes paroissiens, un homme comme eux avec des soucis matériels et d'argent.

A l'opposé, en regardant mon emploi du temps je ne voudrais pas que l'on oublie celui consacré chaque jour à la vie spirituelle, à la prière : deux heures au moins !

Une remarque pour en finir avec ce sujet : je dois me reconnaître une certaine impatience devant le temps perdu. Cette affaire est réglée, passons à une autre.

Dans le même esprit, je n'ai pas tendance à raconter inutilement ce que je viens de faire, surtout quand d'autres actions demandent mon intervention. Dans mes carnets — où j'ai trouvé le temps d'écrire certaines de mes pensées ou notes de lecture — je trouve cette formule qui m'est chère : « Ces futilités ont mangé ton temps, dis-tu ? A quoi bon alors manger le mien, et une deuxième fois le tien, à me les raconter longuement ? »

Sorte de condamnation de ce que je suis en train de faire... si je n'étais à la retraite, et surtout si je n'avais l'intention, en la contant, de doubler l'efficacité de ma vie. Ce qui serait beaucoup de temps gagné !

La vie matérielle : l'argent

En choisissant l'état ecclésiastique je savais que je ne gagnerais jamais beaucoup d'argent. L'exemple de la vie de mon oncle, qui a toujours « tiré le diable par la queue » et qui est mort curé de la plus riche paroisse du diocèse en ayant cent francs pour tout capital, était là pour me montrer à l'évidence la réelle pauvreté du clergé, malgré les apparences de vie assez bourgeoise des prêtres urbains. J'avais autant de chances que les autres de finir curé de campagne et, celui-là, jamais personne n'a osé penser qu'il pouvait être riche !

Pour mes camarades de séminaire comme pour moi, je puis assurer que la question « De quoi vivons-nous ? » n'a jamais troublé nos esprits. Je ne me souviens pas de conversations avec mes amis ayant porté sur ce sujet. Une fois pour toutes, il était entendu que pour servir le Christ et le suivre il fallait tout quitter et faire confiance à la Providence qui nourrit les petits oiseaux « qui ne sèment ni ne moissonnent ». Le reste devait nous être donné par surcroît.

La simple vérité mais aussi la reconnaissance m'obligent à dire la grande place que ma famille a tenue et tient encore dans ma vie matérielle, comme il en a été aussi pour mon oncle.

Mes parents ont payé mes études, m'ont habillé des pieds à la tête au moins pendant les dix premières années de mon ministère. Voici comment les choses se passaient : le marchand de soutanes passait à Tulle demander à ma mère si l'abbé avait besoin de quelque pièce de vêtement. Comme c'était elle qui était le mieux au courant de mon vestiaire, elle commandait ce qu'elle jugeait nécessaire, le voyageur passait me voir pour prendre les mesures et je recevais la soutane tandis que la facture arrivait à l'hôtel. De même pour le linge : l'entreprise qui lavait à Brive le linge de l'hôtel passait prendre mon sac de linge sale, me le rapportait à domicile et mes parents payait cette petite note supplémentaire avec celle de leur maison.

Pour mon installation (bureau, chambre, linge) tout m'avait été donné par mes parents. Quand, après des années de vicariat et en vue de monter mon futur presbytère, je pensai à acheter quelques meubles, et d'abord une salle à manger, ma mère vint m'aider à choisir. A cette époque, en 1938, je possédais 3 500 F, or la salle à manger choisie, de style rustique, valait 4 000 F. Mon père m'avait habitué à ne rien acheter à crédit. Comme j'hésitais, ma mère me dit : « J'ajoute les 500 francs qui te manquent. »

Nommé aumônier au lycée de Tulle, il me fallait trouver un logement; or, on était à une période difficile, 1942. Dans l'immeuble dont mon frère vétérinaire occupait un étage, il y avait au quatrième un grenier mansardé qui pouvait être aménagé en logement avec cuisine, bureau, salle à manger et chambre, à condition d'en prendre la charge. Malgré la pénurie de matériaux de cette époque, grâce à mes parents et à leurs dons, mon logement fut prêt pour la rentrée d'octobre. Le propriétaire de l'immeuble était prisonnier en Allemagne : nous avions réussi à avoir son autorisation pour cette installation. A son retour, et en raison de la plus-value donnée à sa maison, il ne me fit jamais payer de loyer pendant les neuf ans de mon séjour chez lui.

Pendant les mêmes années je fus nourri par mes parents. Ils m'envoyaient les repas par une femme de ménage qui n'était pas payée pour le peu de travail qu'elle faisait chez moi, mais qui partageait mon repas, ce qui en ces temps de restriction n'était pas un petit salaire, mais toujours pris sur l'hôtel.

A Bort, autre chance de ma vie, j'eus mon père – un an seulement – et ma mère jusqu'à la fin, pour la tenue de la maison. N'ayant pas à payer une personne de service (sauf une femme de ménage quelques heures par semaine), mes recettes me permirent de faire face aux frais du presbytère, car notre petite communauté de trois ou quatre personnes était entièrement à ma charge. Souvent j'ai pu dire aux Bortois que si je pouvais vivre à peu près confortablement comme eux, je le devais à ma mère qui par son travail jusqu'à un âge avancé (quatre-vingt-douze ans) a pu tenir ma maison. De plus mes frères et ma sœur, à la mort de notre père, lui avaient laissé l'entière disposition du petit capital de la vente de l'hôtel, dont les revenus passaient en partie, ainsi que sa retraite, dans notre vie commune.

Au moment de mon départ à la retraite, ma famille était encore là pour aider le « tonton abbé ». De nouveau il fallait trouver un logement à Tulle. Ma sœur et mon beau-frère m'en offrirent un dans leur vieille maison de la rue Sainte-Claire, une admirable ancienne cuisine du XVIIe s., avec grande cheminée et poutres apparentes : je m'y voyais déjà, et avec plaisir, mais il n'y avait pas de place pour ma mère et ses meubles. Alors mon frère m'offrit un étage dans un immeuble sis sur le flanc nord de la cathédrale. De gros travaux de restauration y étaient à faire car la maison date du XIIe s. et avait été un temps à l'abandon. Ils n'étaient pas terminés à l'heure de mon départ de Bort. Ma nièce et filleule, établie pharmacienne à quelques pas de là, juste au pied du clocher de la cathédrale, avait un vaste appartement qu'elle ne pouvait sous-louer. Continuant les traditions de la famille, elle installa sa grand-mère et son oncle chez elle, gratuitement. Et voilà comment je jouis d'un appartement très bourgeois – celui du pharmacien –, à un troisième étage d'où la vue sur la place de la cathédrale en plein centre de la ville, là où se tient deux fois par semaine le marché, a un charme inégalable. Je dois, hélas ! donner l'impression d'être très à l'aise et même riche !

Voyons la réalité. Parlons chiffres.

Professeur au petit séminaire j'étais logé et nourri et je touchais 900 F par an, à quoi s'ajoutait le montant des honoraires de messes à 4 F, ce qui me faisait un total de recette de 2 300 F pour l'année et donc moins de 200 F par mois.

Vicaire, ce devait être mieux, car s'ajoutait le casuel c'est-à-dire la petite part qui revenait au vicaire sur les différents offices. En fait ce fut pire, car je devais payer pension à mon curé et le casuel ne suffisait pas à couvrir cette dépense. Je n'avais donc plus les 200 F par mois.

A Brive ce fut un peu mieux car, faveur rarissime, nous n'avions pas à payer pension à notre curé et nous touchions cependant un peu sur le casuel. J'ai dit déjà qu'en neuf ans, et en raison du peu de dépenses d'entretien faites puisqu'elles étaient prises en charge par ma famille, j'avais mis de côté 3 500 F.

J'ai déjà raconté l'aubaine qui me survint juste à la déclaration de guerre en 1939 : la vieille demoiselle aux 20 000 F ! Pour moi c'était une grosse somme, presque le prix d'une automobile. Mais, inhabile à la gestion financière et accaparé par les autres soucis de cette période, je pris un livret de Caisse d'épargne et j'y oubliai ma fortune jusqu'à la fin de la guerre. A ce moment, même augmenté des intérêts, tout mon avoir n'aurait pas suffi à payer une seule roue de la voiture que j'aurais pu acheter en 1939. Petite participation aux grands sacrifices de la guerre, mais pour moi leçon de détachement des richesses, et raison supplémentaire de comprendre que je n'étais pas fait pour la fortune.

Je m'en inquiétais d'autant moins qu'aumônier du lycée, sous le régime de Vichy, j'étais payé comme professeur débutant : le traitement était précisément d'environ 20 000 F par mois ! Bonté de la Providence : je perds un capital et je retrouve l'équivalent en traitement mensuel !

A la Libération, je fus aussi libéré de ce traitement, car les avantages faits aux aumôniers par Vichy furent vite supprimés par les nouvelles autorités. Mais, autre coup pour moi providentiel, après les événements du 9 juin je fus nommé aumônier militaire F.F.I., avec le traitement de capitaine. Jamais je n'ai touché autant d'argent, mais cela ne devait durer qu'un an. Pendant la fin de mon aumônerie, pour vivre sans être à la charge du diocèse, je dus créer une association de parents dont le but était, par des cotisations volontaires, de fournir un petit traitement à l'aumônier à peu près égal à celui que touchaient les autres prêtres par le denier du culte, environ 2000 F par an.

Avec mes économies de cette époque j'ai pu acheter une 4 CV Renault d'occasion – mais presque neuve – quand je fus nommé doyen de Bort.

Dans cette paroisse de près de 6 000 âmes la situation matérielle du curé était assez confortable. Avec les différentes sources de recettes : messes, casuel, denier du culte, offrandes, j'arrivais à un salaire mensuel supérieur au S.M.I.G.; quand celui-ci était à 1 400 N.F. ou 1 500 N.F. j'arrivais environ, car les rentrées n'avaient rien de la régularité d'un salaire, à 1 800 ou 2 000 N.F. par mois. Là dessus, tous les frais de la tenue de la maison et de la vie des trois ou quatre personnes qui y vivaient étaient entièrement à mes frais. Si on y ajoute les dépenses d'une indispensable auto, il est facile de voir que je ne pouvais pas faire fortune à Bort, comme j'ai pu le dire en faisant mes adieux à mes paroissiens.

C'était aussi une manière de les remercier, car ce qui m'a beaucoup aidé à vivre bien, ce sont les nombreux cadeaux de toute espèce reçus d'eux. Les fidèles – et même certains qui ne l'étaient guère – comprenant que leur curé n'avait pas beaucoup d'argent, avaient à cœur de lui faire partager leurs propres biens. L'un donne des œufs, l'autre des légumes : à la saison où l'on tue le cochon, M. le curé voit arriver chez lui des boudins et des morceaux de filet de porc ; puis des pommes, des noix, des vins fins, des liqueurs... sans compter les gâteaux et les dragées! Autre avantage dû à sa qualité de ministre du Seigneur, jamais il n'a eu à payer ni médecin, ni dentiste, ni chirurgien, alors que n'existait pas la mutuelle St-Martin.

Quand je regarde ce qui m'entoure dans mon appartement : meubles, tableaux, linge, argenterie, livres, etc. je suis obligé dans la plupart des cas de dire : « Donné par un tel », « Venant de telle maison. » En particulier à l'occasion de la Légion d'honneur, et aussi de mon départ de Bort, j'ai reçu d'innombrables cadeaux.

A la question de saint Paul : « Qu'as-tu que tu n'aies reçu ? ». moi prêtre, plus que d'autres, je dois répondre : « Rien, Seigneur. J'ai tout reçu, tout m'a été donné. »

N'est-ce pas une forme de la pauvreté, même si l'on n'est pas besogneux, que d'avoir tout reçu sans l'avoir à vrai dire gagné, de recevoir encore tout de la générosité des autres, et par là même de dépendre d'eux ? J'avais accepté ce risque de ne pas « gagner ma vie » mais de la donner au Seigneur. Il a toujours trouvé des cœurs et des mains généreux pour me donner le pain quotidien et même plus !

Tous les prêtres n'ont pas les mêmes avantages. Au plan matériel je suis nettement favorisé, malgré une situation de retraité que beaucoup de Français prendraient pour de la pauvreté.

Ma seule richesse est ma bibliothèque. Chaque fois que j'avais un peu d'argent j'achetais des livres. Beaucoup me viennent de dons et de l'héritage de mon oncle prêtre.

Avec mes livres, même si je n'ai plus d'argent à cause des dévaluations qui peuvent survenir, j'aurai toujours de quoi m'empêcher de me croire pauvre.

Mon évolution ou la formation permanente

Je ne veux pas être sévère pour la formation intellectuelle reçue au séminaire de Tulle. Elle a été ce qu'elle pouvait être dans les années 1924-29. A cette époque les séminaires n'étaient pas les seuls établissements scolaires où l'enseignement était déphasé en face d'un monde lancé sur de nouvelle voies par le bouleversement provoqué par la Grande Guerre.

Mes camarades et moi commençions à souffrir de ce décalage, au point que notre cours, déjà, a institué une certaine contestation dans les classes. Notre jeune professeur de scolastique, qui nous faisait des cours à grand renfort de livres – les meilleurs auteurs de ce temps-là – en a fait la dure expérience. A chaque instant il était interrompu par l'un d'entre nous, posant une question pour l'obliger à sortir du livre et à parler directement à un interlocuteur. Comme l'interrupteur était trop souvent le même séminariste, le professeur agacé lui imposait silence. Alors minutieusement fut organisée la relève. A trois ou quatre nous préparions des questions embarrassantes et quand l'un d'entre nous avait épuisé la patience du professeur, un autre se hâtait de prendre la relève. Les cours, devenus passionnants, ne permirent plus à personne d'y dormir ! Le professeur, intelligent, après quelques explications orageuses finit par avouer : « Vous m'avez "rodé" utilement. »

Au cours de dogme notre action fut encore plus vive, et toujours pour le même motif, au point que le professeur excédé et ne pouvant avoir le dernier mot quitta la salle. L'incident, réglé après explications devant le supérieur, notre vieux maître avoua : « C'est vous qui aviez raison. »

Malgré nos efforts, nos études étaient si livresques qu'elles nous préparaient mal à affronter le monde avec ses problèmes et ses questions. Notre supérieur, homme éminent s'il en fut – il était l'ami et de la taille intellectuelle du cardinal Verdier –, nous fit cette confidence au moment où nous allions quitter le séminaire : « Je vous ai enseigné la morale et, malgré tout ce que je sais, je ne voudrais pas être à votre place dans un confessionnal la veille de Pâques. » Il voulait souligner le passage difficile à faire de la théorie à la pratique.

L'expérience m'a prouvé le bien-fondé de la crainte de notre supérieur : ce que j'ai appris pendant les années d'étude au séminaire ne m'a guère servi dans mon ministère : j'ai tout appris en fonction des différentes étapes de ma carrière.

Dès son début, j'ai du apprendre la psychologie des adolescents, pour exercer ma fonction de surveillant au petit séminaire, en partant de cette constatation : personne n'est plus surveillé que le surveillant !

Mes temps libres je les occupais à étudier la musique et le chant grégorien, poussé par la nécessité d'enseigner aux élèves ce que je ne connaissais qu'imparfaitement. Dès cette première année d'action j'expérimentais la vérité de l'adage : « C'est en enseignant qu'on apprend le mieux. »

Ce fut vrai encore pendant les années où je fus chargé des « cercles d'études » des jeunes gens. Pour les aider à vivre une religion chrétienne incarnée, à la page, je lisais les livres, revues ou journaux capables de me donner une actualisation du message évangélique. Dans cette période, ma formation, bien éloignée de la théorie, se poursuivait par l'imprégnation laissée en mon esprit par les bulletins de l'A.C.J.F., de la J.A.C., de la J.O.C., de *Temps présent, des Études* (des jésuites) de la *Vie intellectuelle* (des dominicains). Parmi les auteurs, je faisais la découverte de Péguy, de Daniel-Rops, de Mauriac. D'autre part la préparation des instructions données à l'église m'obligeait à des lectures d'ouvrages plus spécialisés comme ceux de Mgr Thiamer Toth, traduits du hongrois.

Les rencontres avec les hommes de grande culture ménagées chez Edmond Michelet, très ouvert à tous les grands mouvements de pensée chrétienne, en cette période bouillonnante d'avant-guerre, ouvrirent mon esprit aux grands problèmes du temps : montée du nazisme et du communisme en particulier. Le père Meydieu, O.P., le père Bergougnioux, O.F.M., Daniel-Rops, les différents conférenciers du cercle Duguet, entre autres, furent de ceux qui ouvrirent des horizons nouveaux au jeune prêtre, peu évolué, sorti du séminaire de Tulle.

La grande chance de ma vie, du point de vue de la culture, fut de n'être pas nommé curé de campagne à la fin de mon vicariat à Brive. Si j'avais été placé dans un village, au milieu de gens peu cultivés, j'aurais vécu sur mon acquis, sans être provoqué à un effort intellectuel continu. Les actes de la vie quotidienne du ministère auraient suffi à remplir ma vie, avec, sans doute, une partie de mon temps passé à cultiver mon jardin.

Ma nomination à l'aumônerie du lycée, en m'obligeant à constater mon impréparation à un ministère en milieu scolaire, me poussa à continuer et même en grande partie à reprendre l'étude. Les neuf années passées au lycée furent très studieuses.

Dès mon installation dans les mansardes du quatrième étage du 18, quai de Rigny, aux rives de la Corrèze, dont le cours en cet endroit barré par une petite digue entretenait un perpétuel bruissement, je repris mes livres. C'est à ce moment (octobre 1942) que je découvrais les premières publications de Jean Guitton, qui me furent d'une grande utilité pour comprendre dans quel esprit on pouvait présenter l'Évangile aux jeunes lycéens. Mes études, outre celle immédiatement pratique de manuels d'instruction religieuse, comme celui de Sullerot, s'orientèrent vers les œuvres du P. Sertillanges, et pour la philosophie vers celles de Jacques Rivière et de Jacques Chevalier. Au plan plus littéraire mais toujours profondément chrétien, je découvris – grâce à M. Boisserie, professeur bis-agrégé au lycée Henri IV, replié à Tulle – Léon Bloy. Pour l'histoire du Christ j'utilisais le P. de Grandmaison, Mgr Cristiani et Daniel-Rops. Et déjà je puisais dans Teilhard de Chardin des arguments pour donner un sens chrétien à l'évolution.

En compagnie de ces bons auteurs, je passais toutes les heures que me laissaient libres les cours, réunions, retraites, actes liturgiques et autres activités d'aumônier. Pendant ces neuf années j'ai vécu autant en étudiant qu'en professeur, sans m'accorder un seul petit temps de vacances. Il est vrai que la période ne s'y prêtait guère !

Pendant que se jouait le drame de l'occupation nazie, pendant que d'autres souffraient et mouraient dans les camps de la déportation, que tant de mes élèves et amis partaient au maquis, moi je m'absorbais dans l'étude, dans mon ministère. S'il me faut chercher une excuse à ce comportement, qu'il me soit permis de rappeler le mauvais état physique où j'étais encore après les opérations subies en 1941.

Théophile Gautier devait avoir un peu la même honte, dans une situation presque identique, quand il écrivait dans la préface d'*Émaux et Camées* :

> *Pendant les guerres de l'Empire*
> *Gœthe au bruit du canon brutal*
> *Fit le Divan occidental*
> . . . .
> *Comme Gœthe sur son divan*
> *A Weimar s'isolait des choses,*
> *Sans prendre garde à l'ouragan*
> *Qui fouettait mes vitres fermées*
> *Moi, j'ai fait* Émaux et Camées.

Moi, pendant l'occupation je n'ai pas fait un chef-d'œuvre, mais simplement mon œuvre d'aumônier.

Ma vie studieuse n'était pas indifférence à ce qui se passait dans le pays, mais dévouement absolu à ce qui était mon devoir d'état. A ce travail j'ai tout sacrifié et en particulier les relations humaines et chaleureuses que j'aurais pu – et peut-être dû – avoir, avec les familles de mes élèves. Cette attitude de réserve dans mes relations avec les Tullistes tenait à ma volonté de « ne pas marcher sur les plates-bandes » de mes confrères chargés du ministère paroissial et donc du contact avec les familles.

Mes élèves et mes livres étaient toute ma vie. Ces livres, outre ceux déjà cités, peut-être aimerait-on à les connaître, pour vérifier le vieil adage : « Dis-moi qui tu hantes, je te dirai qui tu es. »

Le fond de ma bibliothèque est composé des grands dictionnaires : le Larousse en 6 volumes; le Littré – le vrai, le premier; la somme énorme de connaissances religieuses groupées dans le *Dictionnaire de Théologie* qui à lui seul vaut tout une bibliothèque, avec ses 17 volumes d'environ 2 500 pages chacun, le *Dictionnaire apologétique de la foi catholique,* en 4 volumes, de la même veine. Les Pères de l'Église sont représentés par les œuvres complètes de saint Augustin (33 volumes, latin et français), de saint Jean Chrysostome (21 volumes, grec et français). Les orateurs sacrés, comme on dit, occupent bien des rayons, avec Bossuet, Fénelon, Bourdaloue, Massillon, Pallu, Cochin, de Cambacérès pour arriver à Lacordaire, Mgr d'Hulst, le Père Monsabré... et tant d'autres plus modernes et moins connus.

La spiritualité ancienne est représentée par les œuvres de Cassien, de saint Bernard, de Suso, de sainte Thérèse d'Avila, et la moderne par saint François de Sales, Rodriguez, Bérulle, Marie de l'Incarnation, sainte Thérèse de Lisieux, le père Chevrier, le père de Grandmaison, le père Plus etc. La vie des saints est présentée par la collection complète dite « des bollandistes », puis par les biographies de saint Vincent de Paul (la première), de saint François de Sales, du curé d'Ars, de sainte Bernadette, etc.

L'histoire de l'Église est là avec tout ce qui est paru dans la collection Fliche et Martin et sous la plume de Daniel-Rops et d'Adrien Dansette, Latreille et Delaruelle.

L'histoire générale et celle de France, outre les gros volumes de la collection Larousse, comprend Hérodote, l'*Histoire ancienne* de Maspéro, l'*Histoire de l'Égypte*, celle de France de Michelet, mais aussi de Bainville; celle de Rome d'Albert de Broglie, Émile Mâle; les *Mémoires*, de Retz, de Talleyrand, de Fouché; tous les textes de Napoléon et tant de livres sur lui ou sa famille. Plus près de nous *Cent ans de République* (9 volumes) de Jacques Chastenet. En arrivant à la dernière guerre, à tout seigneur tout honneur, *les Mémoires de Guerre* de Charles de Gaulle, *l'Histoire des années 40* de Robert Aron, et tous les ouvrages ayant trait au drame du 9 juin 1944 à Tulle (tous dédicacés) du colonel Rémy, de Jacques Delarue, de Beau et Gaubusseau, et du préfet Trouillé.

A côté de la grande histoire, plusieurs rayons portent les livres et brochures ayant pour objet l'histoire locale ou sa littérature, avec la première édition du *Dictionnaire des paroisses* (très rare) du chanoine Poulbrière, ainsi que les cartulaires des abbayes corréziennes de Beaulieu, d'Uzerche et d'Obazine, les fameuses *Pensées* du chanoine Roux, etc.

Au plan littéraire, outre l'*Histoire de la littérature* de Bédier et Hazard et celle de Desgranges, celle plus moderne de Paul Guth. Les auteurs français ou étrangers dont je possède les œuvres complètes, souvent dans la collection de la Pléiade sont nombreux. J'aime à citer : Homère, Eschyle, Rabelais, Montaigne, Shakespeare, Montesquieu, Voltaire (en partie seulement), J.-J. Rousseau, Dostoïevski, Louis Veuillot (40 volumes), Proust, Martin du Gard, Péguy, Claudel, Bernanos, Léon Bloy (15 volumes), V. Larbaud, Giono, Céline, Saint-Exupéry, Mauriac (26 volumes), Montherlant, Marcel Pagnol (21 volumes), Mac Orlan, Malraux, Clavel, Hervé Bazin, Françoise Mallet-Joris, sans parler des romans lus dans ma jeunesse : Paul Bourget, René Bazin et Henry Bordeaux!

Les poètes ont une place importante dans ma « librairie » : Villon, Corneille, Racine, Boileau, La Fontaine, Chénier, Lamartine, Victor Hugo (36 volumes), Verlaine, Rimbaud, Leconte de Lisle, Heredia, Coppée, Jean Rictus, Péguy, Claudel, Apollinaire, Éluard, Le Cardonnel, Marie Noël.

Les philosophes sont présents par des œuvres de Platon, saint Thomas d'Aquin, Descartes, Pascal, Kant, Nietzsche, Bergson, Kierkegaard, Teilhard de Chardin (16 volumes), Jacques Chevalier, Sartre et surtout Jean Guitton.

Ma bibliothèque a aussi son « enfer », contenant des livres très peu ecclésiastiques, mais qui ne m'ont pas été inutiles pour connaître les hommes et le monde : Pétrone, le *Décaméron*, l'*Heptaméron*, les *Mémoires* de Casanova, Choderlos de Laclos et même un peu du marquis de Sade, sans compter quelques ouvrages modernes du même goût.

Pour finir sur une note plus conforme à mes besoins et à mon état je dois signaler la présence dans ma bibliothèque de la Bible (en plusieurs éditions) et d'étude ou commentaires sur elle, depuis le vieux Cornelius a Lapide jusqu'aux plus modernes... et toutes les vies de Jésus-Christ publiées depuis cent ans, sans énumérer la multitude de livres que l'on peut dire d'« actualité » religieuse. Seule la partie scientifique est presque absente de mes rayons : elle reste en dehors de ma culture.

Dois-je préciser que je n'ai pas tout lu de ce que contient ma bibliothèque ? Mais tout ce que j'ai lu et utilisé, je l'ai puisé dans mes livres. A l'exemple de Montaigne, j'aime vivre au milieu d'eux, non dans ma « librairie », car ils sont si nombreux qu'il s'en trouve dans chaque pièce de l'appartement !

Une remarque s'impose : ce ne sont pas toujours les plus célèbres auteurs qui m'ont rendu le plus de services : certains qui ne sont pas cités ont été très utilisés par exemple le P. Varillon et J. Daujat, et pour m'en tenir à ceux qui sont connus, je dois plus au Père Sertillanges qu'à Bossuet, plus à Péguy qu'à Corneille, plus à Teilhard de Chardin qu'à saint Jean Chrysostome, et plus à la petite Thérèse de Lisieux qu'à la grande Thérèse d'Avila.

Le « qu'as-tu que tu n'aies reçu ? » de saint Paul cité pour le matériel, l'applique aussi en pensant à tous ces maîtres qui ont formé mon esprit, les uns en me donnant le meilleur, d'autres en me montrant le pire. De toute manière j'ai profité d'eux et j'en ai tiré la plus grande partie de mon être et de mon enseignement.

A tous, un grand merci !

Comment j'ai vécu le Concile Vatican II

Ma formation permanente m'acheminait, sans que je m'en doute, à vivre intensément l'aggiornamento de l'Église mis en branle par le bon Jean XXIII et poursuivi par Paul VI, avec le Concile Vatican II, qui tient une grande place dans la vie de l'Église, dans la mienne aussi.

Quand il fut achevé et que des jeunes du clergé, en partant de lui, crurent que l'Église commençait avec eux, il m'est arrivé de dire à l'un ou l'autre de mes jeunes confrères : « Vous oubliez que ce Concile a été préparé, voulu, réalisé par des gens beaucoup plus de ma génération que de la vôtre. Non sans mérite, ils ont accepté de remettre tout en question, malgré la formation reçue, et ont exigé en profondeur les mutations dont, par expérience pastorale, ils sentaient que l'Église avait besoin. »

Pourtant tout avait, pour moi, commencé par un scandale. Les évêques avaient reçu un long questionnaire venu de Rome, sorte de sondage d'opinion qui, par les réponses arrivées de tous les points de la chrétienté, devait permettre au pape de connaître les sujets les plus urgents à mettre à l'ordre du jour du Concile. Or jamais notre évêque ne nous en avait parlé pas même aux réunions des doyens : il avait donné sa réponse en se fiant à ses seules lumières, lui qui était tout à fait à la fin de son épiscopat et de sa vie. Je me souviens d'avoir exhalé ma colère traduisant ma volonté de faire remonter jusqu'au sommet, par la voie hiérarchique, les aspirations des prêtres de la base : oui, je voulais participer au Concile.

A ce moment capital de la vie de l'Église intervint le départ et la mort de notre vieil évêque, et son remplacement par Mgr Marcel Lefebvre, ancien archevêque de Dakar, qui depuis a fait beaucoup parler de lui.

Voici comment je le présentai à mes paroissiens, en disant mon espoir d'être mieux représenté au Concile : « ... En publiant dans son dernier numéro, et juste quelques jours avant la nomination à Tulle de l'archevêque de Dakar, une photographie de la commission centrale du Concile, l'*Écho des Orgues* (c'est-à-dire le curé) ne se doutait pas que le nouvel évêque de Tulle était là, parmi les grands responsables de l'organisation du Concile. Jamais il n'aurait pu croire que le petit diocèse de Tulle serait appelé, grâce aux titres exceptionnels de son nouveau titulaire, à tenir une telle place dans cette haute assemblée. Serait-ce une attention de la Providence, pour que les chrétiens de la Corrèze, prêtres et laïcs, puissent par sa voix, se faire entendre à Vatican II ? »

Nouvelle déception ! Mgr Lefebvre n'était pas celui qui allait faciliter les remontées de la base au Concile. Personnellement, j'avais été mis en garde contre ses positions réactionnaires par le directeur de *Témoignage chrétien*, G. Montaron. De plus, le temps de parler sérieusement avec lui ne fut pas donné car six mois après son arrivée à Tulle il nous était enlevé – hélas ! pour lui, car à la tête d'un clergé local, il n'aurait pas pu prendre les options qui sont les siennes – pour devenir supérieur général des Pères du Saint-Esprit.

Ce nouveau contretemps ne me découragea pas. Au nouvel évêque, nommé en plein Concile alors qu'il y était déjà participant à titre d'expert, Mgr Donze, j'écrivis une longue lettre pour exprimer mon désir d'aider aux changements dont l'Église avait besoin. En voici quelques passages assez significatifs :

« ... Éloigné de votre diocèse comme vous l'êtes, peut-être aurez-vous joie à connaître ce que pense votre clergé. Non pas que je prétende être le porte-parole de mes confrères ! Pour plus de sûreté, je continue à parler en mon seul nom.

Très justement vous avez senti, et écrit, que le clergé paroissial était sensible à l'oubli apparent où sont laissés ceux que l'on désigne – pour le meilleur ou pour le pire – sous le nom de « curés ». Je suis en effet très étonné que pas un seul curé du monde ne soit, en tant que tel, appelé à donner son avis, alors qu'on entendra des religieux et des laïcs, même des femmes ! N'est-ce pas dire, par le fait, que l'on compte pour peu les avis de ceux qui sont en contact direct avec les fidèles ? N'est-ce pas, pour un Concile qui se veut « pastoral », se priver des services de ceux que la masse des fidèles connaît seulement comme pasteurs ?

... Vous nous rappelez dans votre lettre de Rome la liaison étroite qui existe entre l'évêque et ses prêtres : « ...Ils participent à son sacerdoce et à sa charge pastorale. Ils sont, dans l'un et l'autre cas ses collaborateurs... » Au jour de l'ordination sacerdotale l'évêque nous l'avait déjà dit et nous avions bien compris : *Cooperatores ordinis nostri*. J'ose dire que c'est dans la non-insertion dans les faits de la vie courante de ces mots capitaux que se trouve l'erreur. Les coopérateurs sont devenus « agents d'exécution ». Réellement il y avait d'un côté la tête, de l'autre les membres, mais si les membres recevaient bien les ordres de la tête ils ne l'informaient pas, comme c'est leur rôle vital pour l'ensemble du corps...

Je sais l'objection : « Vous voulez instaurer dans l'Église la démocratie, or l'Église n'est pas une démocratie. » Je ne sais pas si le corps humain, dans son unité, est une démocratie ou une monarchie, mais je vois que la collaboration entre la tête et les membres est totale et que chacun y donne et y reçoit. Si la tête, elle qui décide, ne tient pas compte des avis que lui donnent les sens ou les membres, il n'y a plus de vie possible...

En regardant les choses plus profondément encore, ne pas donner la parole aux coopérateurs, n'est-ce pas refuser des occasions au Saint-Esprit de parler ?... »

La réponse de Mgr Donze, écrite au verso d'une carte postale représentant Paul VI, disait : « Je vous remercie de votre bonne et longue lettre. Elle exprime bien mes propres préoccupations. Mais dans ce domaine il faut aussi reprendre la parole de saint Paul sur la distance qui existe souvent entre ce que l'on souhaite et ce que sa propre faiblesse permet à chacun de réaliser. Je compte sur vos prières afin qu'en ce qui me concerne cette faille ne devienne pas fossé... »

Le décret *Presbytorum ordinem...* devait quelques mois après donner toute satisfaction aux aspirations dont je m'étais fait l'écho.

Le passage de la théorie à la pratique devait, au moins pour moi, être encore une déception.

Jusqu'au Concile, le diocèse était divisé en doyennés, chacun d'eux correspondant à un canton civil. Le curé doyen, chargé de la paroisse centrale, avait pour mission de grouper les confrères du doyenné de manière à constituer une unité de réflexion, de travail en commun, d'administration même et surtout de relations cordiales afin qu'aucun prêtre ne se sente isolé. La réunion des doyens autour de l'évêque – hélas! une fois par an seulement – aurait pu être le recours aux coopérateurs de l'évêque, les trente doyens étant en quelque sorte les relais entre l'évêque et ses prêtres. En fait on y écoutait un ou deux rapports des directeurs d'œuvres et des consignes de l'évêque qu'il suffisait de transmettre aux confrères. Les doyens n'avaient presque jamais la parole dans cette assemblée tout à fait protocolaire; l'occasion ne leur était pas assez donnée de faire savoir ce que pensait le clergé diocésain.

Ce me fut une désagréable surprise de constater l'inutilité de ces réunions lorsque, jeune doyen, j'assistai pour la première fois à ces assises. J'étais à cette époque (1952) tellement persuadé déjà que l'autorité avait autant à écouter les représentants de la base qu'à les diriger, que je n'hésitai pas à faire scandale à une réunion. Celle-ci se déroulait dans la passivité la plus absolue. Très sagement les doyens écoutaient les directives épiscopales et, au moment d'une intervention d'un directeur d'œuvre, j'osai élever la voix et demander à l'évêque : « Cette réunion comporte-elle un programme ? L'intervention de M. X y figure-t-elle ? – Non. – C'est dommage. Une réunion comme la nôtre devrait comporter un programme sur lequel nous pourrions intervenir. Si les prochaines réunions des doyens ne sont pas organisées de cette manière je crois qu'il est inutile de les convoquer. Une ou deux notes publiées dans la *Semaine religieuse* suffiraient. Pour ma part je n'assisterai plus à de telles réunions si elles ne sont pas préparées et ne laissent pas la possibilité aux doyens de parler. Si, en paroisse, nous organisions les réunions de laïcs comme l'est celle des doyens aujourd'hui, nous n'aurions personne. » Les années suivantes un programme de travail fut mis en discussion dans les doyennés et quelque chose de la base put remonter jusqu'au chef du diocèse.

J'espérais qu'avec les nouvelles orientations de coopération évêque-prêtres, tout allait s'améliorer après le Concile.

Sous prétexte que les doyennés étaient trop nombreux (et c'était un peu vrai), ils furent tous supprimés d'un trait de plume. De nouvelles unités administratives (les secteurs) furent créées. Malgré mes réserves (car nous avions été consultés) Bort fut rattaché à Ussel. Ainsi la quatrième ville du diocèse était placée sous la dépendance de la troisième. Inutile de dire, je pense, que cette union contre nature ne fut jamais acceptée par les fidèles et encore moins par les autres! Du point de vue de l'union de clergé dans ce secteur ce fut un échec complet. La base n'avait pas été écoutée.

La réunion des doyens faisait place au conseil presbytéral. Une dernière réunion des doyens eut lieu au cours de laquelle en silence nous entendîmes les décisions épiscopales. Elle provoqua en moi des réactions que j'exprimai ainsi à mon évêque :

« Après la réunion des doyens peut-être aimerez-vous savoir ce que pense l'un d'eux. Votre exposé théologique sur le sacerdoce pouvait ouvrir toute grande la porte à une organisation coopérative entre l'évêque et son presbyterium... Nous avons été soumis toute la journée à des exposés très pertinents et utiles mais qui n'ont laissé aucune place – ou si peu – à la discussion... Donc, une fois de plus nous avons écouté des exposés, nous avons été « informés » par la tête, mais à aucun moment nous n'avons pu informer la tête, jouer notre rôle de membres actifs d'un corps uni... Vous avez pourtant émis un aphorisme important : « Le recours à l'élection est tout à fait traditionnel dans l'Eglise. » Pourquoi ne l'avoir pas utilisé pour savoir par qui les prêtres auraient aimé être représentés dans le conseil épiscopal ?

Après la réunion, un doyen disait : « Monseigneur est malin ! Il commence par nommer deux archiprêtres, un directeur d'œuvres, puis il les fait entrer dans son conseil. Il s'assure ainsi la majorité. » Le silence qui a accueilli la triple nomination a dû vous dire que nous ne nous sentions pas concernés par elle.

La constitution d'un conseil de pastorale ou presbytéral décidée pourrait dans une certaine mesure fournir au conseil épiscopal d'utiles lumières... Mais ces élus seront en place pour deux ou trois ans. Il n'y aura donc plus de doyens stables, ce qui contribuera encore à renforcer le poids de la tête sur le corps diocésain. L'équipe dirigeante, la tête en un mot, n'aura pas pour la porter de corps solidement constitué sous elle. Il y aura hypertrophie de la tête, et c'est une maladie !... Ce que je vous écris n'est que pour vous dire ma déception de n'être pas mieux utilisé pour le service de ce diocèse à l'évangélisation duquel je me suis donné... Si dans cette affirmation vous voyez une preuve d'orgueil (à ce sujet mon oncle l'abbé Bouillac avait une jolie formule : l'évêché craint pour nous l'orgueil, jamais le découragement), je tiens à vous rassurer. Je suis à l'âge de la retraite. Je ne désire rien. Je m'engage à refuser toute fonction, même élective. Je ne parle que pour les autres moins bien placés pour le faire librement. Je parle surtout, car je crains les répercussions d'un tel état d'esprit, par rapport au recrutement sacerdotal. J'ai peur, pour employer les termes de votre carte de Rome que la « faille entre l'évêque et son clergé ne devienne le fossé » où tombent nos espoirs... »

A cette lettre je n'ai pas reçu de réponse. Notre évêque devait d'ailleurs quitter Tulle peu après, ayant reçu de l'« avancement ».

Pour être juste et complet il avait lancé auprès de tous les prêtres une vaste enquête sur « le ministère et la vie des prêtres », qui permit à chacun de dire le fond de sa pensée. Le questionnaire en était assez complet. Il serait trop long de le reproduire en plus de ma réponse. A travers celle-ci il sera facile d'imaginer la question.

Enquête sur le ministère et la vie des prêtres

I. Réponse individuelle. Tranche d'âge : plus de soixante ans.

II. J'approuve : la volonté d'actualiser le prêtre, d'en faire non le vestige du passé, mais le semeur pour un nouveau printemps :

j'apprécie la générosité des jeunes confrères qui sont prêts à sacrifier situation établie, confort, etc., pour être plus missionnaires... si c'est vrai.

Je désapprouve : 1. L'attitude de révolution permanente, sans poses pour respirer. On ne ménage pas assez les étapes. Qu'on ne dise pas qu'on a déjà perdu trop de temps, car on peut avec autant de raison dire que si l'on n'était pas allé si vite on aurait évité des erreurs et gagné du temps. Je pense en particulier à la réforme liturgique.

2. L'esprit critique d'un passé qui a rendu possible l'évolution actuelle ; la tendance à tout supprimer sans avoir mieux à mettre à la place : je pense à la communion solennelle et aux chants liturgiques.

3. Me déplaît aussi le rôle de vedettes que se donnent certains dans la nouvelle Église.

4. La publicité de certains débats théologiques. Sous prétexte d'informer on embrouille le petit peuple de Dieu. Au lieu d'aider ces pauvres à y voir plus clair on enfume tout au point de semer le doute sur tout dans leur esprit. Que la presse et la radio font de mal dans ce sens !

III. Votre ministère.

1. Pour moi tout ce que je fais « est » du ministère. La diversité des travaux, loin de me tirailler en différents sens, permet un équilibre. Je ne me vois pas passant tout mon temps à une occupation toujours du même genre. Passer d'une occupation à l'autre me repose. Je n'exclus ni les catéchismes ni les offices des morts... ni les comptes pour l'évêché ! Je ne me vois pas débarrassé de toutes les tâches dites secondaires pour être livré à un travail à sens unique, un travail de spécialiste ! Je vois même avec peur se profiler à l'horizon un clergé fait au goût du jour, c'est-à-dire un technicien spécialiste.

Déjà on voit « celui qui est seul capable de former les adultes au baptême », « celui qui est seul autorisé à voir le milieu ouvrier ou indépendant ou scolaire ». Bientôt il faudra un spécialiste pour préparer un mourant, etc. Que de déformations on prépare par ce règne du « type » borné, à œillères. Qu'on s'éloigne de l'idéal évangélique du prêtre envoyé vers toutes les brebis.

En tout cas pour moi j'ai trouvé équilibre et épanouissement dans la diversité où j'ai toujours su trouver ce qui faisait le lien d'unité.

A la question de savoir si dans le ministère tel que je l'ai fait le prochain m'y a trouvé utile... c'est à lui qu'il faudrait le demander. Cependant à la question posée il ne serait pas humble de mentir pour faire vertueux. J'oserai donc dire que j'ai l'impression de n'avoir pas toujours perdu mon temps : auprès des jeunes qui m'étaient confiés, ni auprès des adultes ramenés à la foi et à la paix, ni auprès des malades et des mourants (en nombre considérable), ni auprès des confrères (y compris les vocations), ni au point de vue de l'évolution des mentalités dans le sens du Concile, etc. Ma conclusion sur ce point est que le prêtre (et non pas moi) est utile, bienfaisant, s'il reste dans la ligne du Christ et de l'Église. Il n'est qu'un représentant, mais indispensable, même s'il est lui-même médiocre.

2. Oui, mais pas au même plan. Chacun cherche son efficacité, des résultats. Nous, nous savons que le Seigneur seul obtient des résultats. Nous restons des serviteurs inutiles. Ce peut être consolant de le savoir. L'un sème, l'autre moissonne.

IV. Appuis, obstacles dans le ministère actuel.

1. Appuis : mes collaborateurs immédiats : vicaires, religieuses paroissiales, religieuses gardes-malades, quelques laïcs militants hélas ! en très petit nombre.

Un milieu pratiquant – bien qu'à faible pourcentage – assez fourni (augmenté qu'il est d'ailleurs par un très grand nombre d'estivants) pour ne pas donner l'impression du vide.

Je ne me sens pas seul en face de mes problèmes.

2. Obstacles : La masse ne venant pas vers le prêtre, je dois aller à sa rencontre. Là surgit la difficulté. Les paroissiens sont difficiles à rencontrer (au propre et au figuré) : horaires compliqués, fatigue après le travail, enfants, loisirs, télé... mentalité égoïste, volonté de s'isoler des voisins, et crainte du « qu'en-dira-t-on » si le prêtre vient trop souvent au foyer, vieilles antipathies (résistants d'un côté, victimes du maquis de l'autre), sensibilité ouvrière, vieux préjugés anticléricaux, etc.

Suggestions : a) Nominations. De toute façon celui qui occupera une place où il se plaît trouvera que sa nomination (quelle que soit la méthode employée) est bonne, et celui qui n'aura pas la fonction ou la place souhaitée se trouvera incompris, mal utilisé et jugera le système de nomination mauvais. Avec cette aggravation que si le choix est fait par les confrères il se sentira condamné par ses pairs et encore plus livré au désespoir.

Cependant on pourrait améliorer le système actuel, en

établissant, sur présentation par le clergé, une liste des « aptes aux fonctions » des responsabilités diocésaines.

Pour la nomination des évêques, j'estime que nul ne devrait être présenté au pape pour l'épiscopat s'il n'est d'abord jugé digne de cette charge par une large majorité des confrères de son diocèse. Il ne s'agit pas d'une élection (c'est plein de dangers aussi) mais d'un barrage qu'il faudrait avoir franchi pour être « présentable » par l'évêque diocésain. Ce qui laisse une très large marge de choix au pape ou au nonce.

b) Aménagement des structures. Sur ce point j'ai tout lieu d'être mécontent : jamais l'on a tenu compte des constatations faites sur le terrain. Qu'il s'agisse du regroupement des paroisses du canton autour d'un seul clocher, de la suppresion de l'école libre, du rattachement de ma paroisse à un secteur où elle n'est pas à l'aise, alors qu'elle a vocation évidente de grouper autour d'elle des paroisses de deux diocèses voisins, de manière à former une « pastorale interdiocésaine », dans tous ces cas, et bien d'autres, l'autorité ne nous a jamais été favorable. Tout ce qui a été fait l'a été en définitive malgré cette autorité. Et comme les faits ont montré que la raison était de notre côté... on ne nous pardonne guère.

Il ne me reste qu'à faire la « zone pastorale interdiocésaine ». Elle se fait, petit à petit, entre prêtres voisins, grâce aussi aux missionnaires (bien que les deux évêques n'aient pu se mettre d'accord pour une mission commune sur la zone). Nous savons qu'ailleurs plusieurs réalisations semblables sont déjà organisées. Pourquoi est-ce impossible ici ?

c) Vie d'équipe. Ce que je viens de dire des structures dit assez ma volonté de travailler avec les confrères voisins, de « faire équipe » sur une zone déterminée.

Ce qui ne veut pas dire que je souhaite vivre « en équipe ». Je trouve que l'équipe avec un ou deux vicaires est assez difficile à réussir. Par ma formation et mon âge je ne suis pas du tout favorable à une solution personnelle allant à la vie en commun. Ce que je vois des équipes actuelles ne me tente pas du tout.

V. Milieux sociaux et Église.

Les plus éloignés sont :

– les instituteurs, certains presque hostiles (enfants non baptisés) ;

– les jeunes gens et jeunes filles des milieux ouvriers ;

– certains Espagnols issus de la guerre civile (enfants non baptisés) ;

– les mordus du sport ou du tiercé, pour qui il n'y a que le stade ou les chevaux qui comptent ;

– certain quartier plus ouvrier que d'autres et où le poids social est contre l'Église.

Avec les incroyants je recherche le contact. D'abord je profite de ceux que m'offrent les rencontres occasionnelles : baptêmes (eh ! oui), mariages (encore oui !), les visites aux malades, etc.

Puis je fais des visites systématiques, encore que rarement.

Dès avant la mission j'ai tenté des réunions pour les plus indifférents, par exemple avec M. Boutefeu.

Dans la préparation de la mission nous avons insisté pour savoir (par sondage d'opinion très poussé) leur avis, afin de répondre à leurs interrogations. Des réunions « En direct-missionnaires » sont organisées pour eux.

Par le journal paroissial envoyé à tous (sauf à ceux qui l'ont refusé deux fois de suite) on tente de leur parler, de les toucher.

Pour une meilleure présence missionnaire je pense qu'il faut développer les orientations déjà prises dans cette paroisse et celles du voisinage pour une pénétration concertée de tous les prêtres de la « région humaine » autour du centre où je réside, dans le milieu ouvrier.

Révision d'action paroissiale, à l'échelon clergé-religieuses d'abord, puis éventuellement avec les laïcs, dans ce but précis.

Y intéresser les responsables régionaux d'action catholique spécialisée.

VI. Relations d'Eglise.

1. Avec l'évêque : distantes, on pourrait dire nulles. J'ose dire que je n'ai jamais été aidé dans mon ministère par mes évêques successifs. En dehors des réunions pour de grandes cérémonies, je ne les ai jamais rencontrés pour parler sérieusement de mon ministère. Quand j'ai été nommé dans ma paroisse actuelle je n'ai pas été mis au courant des vrais problèmes locaux ; on m'a même caché des choses importantes qu'on aurait dû me dire. On avait accepté pour moi une situation impossible au presbytère, etc.

Ignoré par l'évêque on en arrive à désirer l'être. On est tellement habitué à se « débrouiller » tout seul qu'on y prend goût. Le mal est fait. A qui la faute ?

2. Les délégués de l'évêque, les directeurs d'œuvres : ils ont

beau être très nombreux, aucun, sauf les aumôniers d'A.C.G., ne m'a apporté le moindre secours en dix-sept ans. Même pas d'amélioration depuis la création du vicaire épiscopal chargé de notre zone. Il n'est jamais venu nous voir : nous sommes si loin du siège épiscopal!

3. Avec les confrères : selon ce qui a été dit plus haut les relations avec les confrères des diocèses voisins sont multiples, agréables et réconfortantes. Sauf avec le voisin le plus immédiat dans le diocèse, les relations avec les autres confrères (en particulier ceux d'Ussel, petit séminaire et paroisse) sont rares et peu chaudes.

4. Avec les religieuses : entente complète, tant avec les gardes-malades que les paroissiales. Heureusement! Nous nous réunissons souvent au plan pastoral. C'est très bénéfique.

5. Avec les laïcs : je pense qu'on veut dire avec les militants laïcs. Comme ils sont peu nombreux, les relations avec eux sont fréquentes, trop même, car « on tombe toujours sur les mêmes ».

VII. Vie du prêtre.

A. Vie spirituelle : 1. Vie de foi : la vie du prêtre a toujours été et sera toujours une vie basée sur la foi, ou elle ne sera rien. La foi à ce qu'il représente (à ce qu'il est) par rapport au Christ sera toujours pour le prêtre sa raison d'être, au service de ses frères.

Rien ne m'inquiète autant, par rapport au sacerdoce, que de voir la tendance à ne plus oser affirmer le Christ en face du monde. On prêche l'« homme » en qui l'on trouve uniquement le Christ et non plus Jésus lui-même. Au point que je vois se réaliser, à partir de ce nouveau type de prêtres, l'interrogation du Seigneur : « Trouverai-je encore la foi, à mon retour ? »

Pour moi, même s'il faut être du petit nombre des fidèles, je reste ferme dans ma foi au Christ, espoir du monde, mais sans le confondre avec le monde.

2. Prière... bréviaire... Je n'aime guère les « prières » toutes faites. Depuis le temps lointain du séminaire, je suis pour la « conversation dans le ciel ». Le sens de la présence de Dieu, de l'Esprit-Saint en particulier, domine toute ma vie de prière.

Dans cette perspective, le bréviaire – je m'en excuse – n'est pour moi qu'« une distraction dirigée », je veux dire par là que, sans m'attacher à tout le texte qui ne fait qu'une sorte de fond sonore, ma prière se situe souvent à côté ou à partir de ce qu'il exprime. Mais j'y trouve aliment spirituel, et je ne suis pas de ceux qui sont contre le bréviaire. Je suis de ceux qui, ayant un peu besoin d'être stimulés à la prière, bénissent l'Église de l'organisation dans ce sens que représente le bréviaire. Je suis cependant très d'avis pour qu'un renouveau soit apporté à sa rédaction et pour l'utilisation complète du français, que j'attends avec impatience.

3. Messe privée : le prêtre, nous a-t-on dit pendant toutes les années de notre formation, « est l'homme de la messe ». J'en suis resté à cette conception; j'y trouve ma principale raison d'être... même si je suis seul à dire la messe. Pour rien au monde je ne voudrais la voir supprimée, cette messe soi-disant « privée », quel nonsens!

Je ne crois pas que les prêtres qui ne célébreront plus tous les jours vaudront mieux que les autres.

Quant à la messe concélébrée, je veux bien, de temps en temps dans les grands rassemblements, et pour marquer l'unité du sacerdoce, mais pas tous les jours. Sans être prophète je peux dire que la vague actuelle de collectivisme passera.

B. Vie intellectuelle. Elle est capitale. Grâce à elle j'ai pu évoluer avec mon temps. Par mes lectures (études si l'on veut) j'ai appris tout ce que je sais et je continue à lire beaucoup, tous les jours; je considère que c'est mon devoir de chaque jour. Parvenu où j'en suis, je crois pouvoir dire que j'ai continué (hélas! seul et en autodidacte) une vraie éducation permanente à travers journaux, revues, livres actuels, documents d'Église, etc. J'ai pris et donc trouvé le temps de le faire.

C. Vie sociale. On parle de prêtres « au travail ». Je trouve le travail manuel à plein temps généralisé pour les prêtres non une solution de pauvreté mais de misère. Ce sera misère spirituelle par manque de temps et de goût pour l'étude, la réflexion, la prière et le ministère proprement dit. Il serait aussi un engagement dans une voie à sens unique (celle des techniciens de milieux) dont j'ai déjà dit tout le mal que j'en pense.

Le prêtre au travail ne peut être qu'une exception, et pour un temps. Pourquoi ne pas laisser aux laïcs leur terrain propre, comme ils le demandent ? Ou y aurait-il trop de prêtres qu'on ne sache comment les utiliser ? Est-ce que le Christ n'a pas demandé aux apôtres de tout quitter (et d'abord leur métier) pour se donner uniquement à l'apostolat ? Ou les prêtres seraient-ils à ce point incapables de contacts avec les ouvriers en dehors des lieux du travail ?

En tout cas, si une évolution doit se faire dans ce sens (ce sera un mal, mais peut-être nécessaire) il faut y aller doucement et tenir bien compte des vocations réelles et solides.

Encore plus opposé aux engagements syndicaux ou politiques : pour moi c'est une déchéance. Il me semble entendre le Christ disant à de tels apôtres : « Je ne vous ai pas chargés de cela. Vous avez mieux à faire. »

D. Vie affective.

1. Célibat. Je distingue :

– Pour le passé : ceux qui ne peuvent rester fidèles à cet engagement, héroïque mais voulu comme tel, devraient être relevés facilement de leur vœu et placé dans l'Église en situation claire et nette, sans aucune honte, mais avec réduction définitive à l'état laïc. Dans cet état ils pourraient être chargés de toutes fonctions réservées aux laïcs militants; ils rendraient de grands services et ne seraient ni gênés, ni gênants. De la lumière, de la franchise.

– Pour l'avenir : puisqu'elle le peut, l'Église pourra si elle le juge indispensable admettre deux sortes de clergé : l'un (que l'on devra reconnaître comme inférieur, étant moins donné) marié, l'autre toujours voué au célibat.

2. Famille, amitiés.

Le prêtre qui a mère ou sœur, ou parente proche à son aide a évidemment plus de chance de tenir au plan affectif qu'un autre. « La solitude du cœur » n'est pas seulement une idée romantique !

L'amitié sauve aussi beaucoup de prêtres : heureux celui qui a un vrai ami. On le trouve d'ailleurs plus souvent parmi les laïcs que parmi les confrères. Peut-être est-ce un bien.

En tant que curé je tiens pour un principe absolu de n'être très bien avec aucun de mes paroissiens afin d'être bien – autant qu'il dépend de moi – avec tous. J'ai bien des raisons de me féliciter d'une telle manière de faire. Je vois trop de prêtres dépendant, au plan affectif, de leurs paroissiens.

Ceux qui n'ont ni famille ni vrais amis devront trouver un autre équilibre dans des communautés fraternelles cléricales.

Ceux qui ne peuvent se contenter de ce manque d'amour charnel ou très affectif doivent être écartés résolument du sacerdoce : ils y seraient malheureux et feraient souffrir les autres.

E. Vie matérielle.

Remarque préliminaire : je suis étonné, scandalisé, d'entendre, après Vatican II, tant de prêtres, surtout des jeunes, donner tant de place à l'argent. Quand les prêtres étaient de vrais pauvres (à la soutane verdie, sans aucun confort, sans voiture, sans argent, sans vacances, etc.), jamais je n'ai entendu l'un d'eux se plaindre. Au séminaire, cette question n'a jamais été soulevée entre nous. Ce sont ceux qui, dès leur ordination, ont voiture, télé, radio, machine à écrire, magnétophone, électrophone, appareil photo, etc. qui parlent le plus d'argent... et pour cause, car il leur en faut beaucoup. Ce sont les mêmes qui parlent le plus de l'Église des pauvres, entendant par là critiquer leurs prédécesseurs qui n'ont pas su, à leur avis, présenter une Église pauvre. On les attend à l'œuvre et aux preuves qu'ils vont nous donner.

1. Moyens de subsistance, etc. : les honoraires (le casuel) sont si traditionnels chez nous qu'ils ne provoquent aucune difficulté. Il faut même veiller avec plus de courage que jadis à les maintenir au niveau des autres prix, sans prendre du retard comme on l'a fait depuis cinquante ans. Je note que les prêtres qui réclament le plus d'argent sont les mêmes qui proposent la suppression du casuel et des quêtes. Il faudrait que le Seigneur rétablisse pour eux la manne céleste !

Par contre, je crois qu'il y a assez d'argent et de biens dans l'Église pour tous les prêtres : c'est une question de connaissance réelle des avoirs de chacun, et surtout de distribution plus juste (péréquation) et d'économies pour les postes les mieux pourvus. L'unité du clergé doit se traduire par la mise en pratique de la théorie des vases communicants. Toute réglementation qui ferait du prêtre un « fonctionnaire payé » me fait peur.

2. Gouvernantes : le personnel de maison tend à disparaître. Combien de personnes âgées n'arrivent plus à en trouver ? Et à quel prix ? Les prêtres ne seront pas mieux traités. Il faut donc chercher autre chose. Les restaurants, les maisons groupant les prêtres d'une même ville (des communautés) sont à envisager. Il paraît difficile d'organiser quelque chose au plan institutionnel, chaque cas est à régler selon les circonstances, quand une solution familiale n'est pas possible.

3. Immeubles : il est clair que ce qui appartient au diocèse, pour l'entretien, doit pris en charge par le diocèse, et non laissé au système D du prêtre qui occupe les lieux, comme c'est la règle actuellement. Que de fois n'ai-je pas entendu dire par les responsables diocésains : « Je ne m'inquiète pas pour vous ! Vous vous débrouillerez. » C'est même le seul terrain où confiance totale nous est faite.

Les finances diocésaines n'aident pas les paroisses, sauf rarissimes exceptions.

4. Administration temporelle : elle dépend trop uniquement de

la seule décision de l'évêque. Par suite il y eut des périodes, dans l'histoire diocésaine, où un évêque brouillon ou trop « donatiste » a ruiné le diocèse, d'autre où les « affaires » furent bonnes, jusqu'à certaines faillites.

Là aussi il faut que la lumière soit faite. Je n'ai jamais compris la volonté du secret, en particulier pour la gestion de l'association diocésaine. Quand on pense que les membres (pourtant obligatoires d'après le loi) de cette association ne savaient même pas qu'ils en faisaient partie, qu'ils n'étaient jamais mis au courant de l'une quelconque des décisions prises qu'ils couvraient pourtant de leur nom, il y a de quoi être surpris.

Même depuis la constitution d'une commission du temporel (dont j'ai fait partie un temps pour mettre sur pied la péréquation entre tous les prêtres), rien n'est changé. De très grosses dépenses diocésaines ont été décidées, des ventes de biens diocésains réalisées, sans que la commission soit consultée : telle est la raison pour laquelle je n'ai plus voulu faire partie de cette commission, pour ne pas avoir l'air de couvrir des décisions que je n'approuve pas. Que de progrès sont à faire sur ce chapitre !

VIII. Conclusion.

– Rester dans un sacerdoce basé sur l'Évangile et non sur le goût du jour ou du monde;

– vivre plus encore dans la foi, témoin (dans un monde sensuel et matérialisé) du spirituel ;

– être le plus possible en contact avec tous les milieux de la paroisse ;

– présenter une Église ouverte, rajeunie, accueillante ;

– poursuivre mes efforts pour créer une zone pastorale vraie, unie, efficace autour du centre où je suis ;

– continuer à me passer de tout soutien venant de l'évêché, ce qui me sera plus facile maintenant que le contraire ;

– continuer à lire pour une formation permanente, mais sans aucun désir (parce que trop tard) de prendre part à des sessions de formation en groupe;

– au point de vue affectif, m'en tenir à ce que j'ai dit plus haut;

– refuser quêtes et taxes diocésaines dont la commission du temporel n'aurait pas le contrôle. Par contre participer activement à toute organisation visant à établir la péréquation entre tous les prêtres du diocèse;

– prier beaucoup pour les jeunes confrères.

Cette longue réponse permet de juger la grande liberté d'expression qui existe dans l'Église entre un simple prêtre et son supérieur qu'est l'évêque. Je crains qu'un grand nombre de fonctionnaires ne puissent s'exprimer aussi librement avec leurs chefs. Cette liberté n'était pas aussi facile avant Vatican II : elle est aussi le fruit de mon évolution personnelle. Une des modes établies à la suite du Concile, mais qui ne s'y trouve nulle part justifiée, m'est particulièrement déplaisante : celle d'appeler le prêtre Père. Père Espinasse, ça m'écorche les oreilles! J'étais tellement habitué à être nommé M. l'Abbé, M. l'Aumônier, M. le Doyen, M. le Curé, M. le Chanoine, selon les différentes fonctions occupées, sans entendre ajouter mon nom patronymique, et encore bien moins mon prénom !

J. E. disparaissait assez bien derrière l'énoncé de ma fonction. L'usage du nom patronymique ne me semble pas un progrès. Il me semble que l'individu remplace le prêtre.

Mais surtout je ne vois pas de quel droit on introduit pour désigner le prêtre un des trois titres que le Christ a très précisément interdits à ses apôtres : « Pour vous, ne vous faites pas appeler Maîtres... Pères... Docteurs » (Mt XXIII, 8-10).

Pour un retour à l'Évangile, ce n'est pas réussi.

Ai-je fini d'évoluer pour autant ? Je ne le crois pas.

Quand j'ai quitté ma charge de curé, si je n'ai pas accepté d'autre nomination à une responsabilité précise, ce n'est que pour rester libre, disponible pour rendre des services pastoraux à mes confrères dans la gêne. J'ai voulu n'être plus le responsable qui décide, mais seulement celui qui attend qu'on l'utilise en cas de besoin. N'est-ce pas déjà accepter une profonde évolution dans le comportement, comme en connaissent beaucoup de ceux qui partent à la retraite ? Cette dernière n'est pas pour moi une épreuve, mais une décision mûrie dont le but est de transformer l'activité de la plénitude de l'âge en celle de l'homme sur le déclin, mais avec au cœur la certitude et la joie d'être encore utile en servant les autres.

Je réalise cette vie nouvelle en m'insérant plus que durant ma vie de curé dans les groupes de Vie montante où j'oriente de mon mieux les personnes dites du troisième âge (nous préférons dire les aînés) vers cette spiritualité qui donne tant de valeur et de charme à la montée vers la Vie qu'est Dieu.

J'assure la première messe quotidienne à la cathédrale, où je me tiens au confessional tous les samedis. Je vais voir des malades à domicile, à l'hôpital ou à la clinique. J'accepte surtout d'aller dans les paroisses rurales remplacer les curés malades ou accidentés, et c'est fréquent. Il m'arrive dans ces cas de prêcher, ainsi qu'aux fêtes où, si je suis libre, je me rends à l'invitation d'un confrère pour l'aider dans son ministère. Il m'est même arrivé déjà de diriger une ou deux récollections et une retraite à des religieux âgés.

Si j'ajoute à ces occupations variées toutes les visites que je reçois ou rends, un courrier encore chargé et la rédaction de ce livre, et tout cela en moins de deux ans de retraite, on pourra juger de ma fidélité à ma vocation.

En pensant à l'appel du Christ à ses apôtres : « Je ferai de vous des pêcheurs d'hommes », on a tendance à voir le prêtre lancer le filet (au figuré) et y prendre à la fois un grand nombre d'hommes, comme le pêcheur qui emplit ses filets, quitte à faire le tri une fois arrivé au rivage. Rien de semblable dans ma vie.

Un très spirituel confrère disait : « Moi, je suis bien pêcheur d'hommes, mais je pêche à la ligne! » Si l'on veut juger mon action sacerdotale qu'on n'oublie pas cette formule. Je n'ai jamais soulevé les foules, amené au Christ des groupes entiers, tout au plus, au coup par coup, l'un ou l'autre des hommes rencontrés sur ma route.

Je n'ai jamais été qu'un pêcheur à la ligne.

Ce qui fait beaucoup de temps passé à la pêche pour un bien mince résultat.

Ma vie intérieure

Pendant les années de ma formation cléricale, un livre de spiritualité avait grande vogue : *L'Ame de tout apostolat.* Son but était de faire comprendre que tout le travail de l'apôtre, tout ce qui se voit et peut se décrire dans sa vie, n'est rien si ces actes ne sont soutenus, animés de l'intérieur par une intense vie spirituelle. On voit apparaître le conflit action-contemplation, que doit résoudre le prêtre s'il veut que sa vie soit utile et vraiment sacerdotale.

Tout ce que j'ai raconté jusqu'ici ne découvre pas assez le ressort de mes actions. Dans la confidence je dois aller plus loin si je veux aider à juger, jusqu'au fond, la vie du prêtre : je dois parler de ma vie intérieure, de ma spiritualité.

Ne vous attendez pas pour autant à lire un chapitre digne de ceux qu'on lit dans la vie des saints! Vous ne découvrirez pas un saint, mais un prêtre qui met un lien logique entre ce qu'il vit et ce qu'il croit. Rien du *Journal de l'âme* d'un Jean XXIII, et encore bien moins des élans mystiques d'*Histoire d'une âme*, de sainte Thérèse de l'Enfant-Jésus, à laquelle cependant ma propre histoire d'âme doit tant.

Il faut remonter au début de ma vie pour bien situer ma formation et mon évolution spirituelle.

Né dans une famille chrétienne traditionnelle, j'ai baigné, dès ma plus tendre enfance, dans le respect de Dieu toujours présent, dans la pratique de la prière quotidienne à haute voix, dans l'observation stricte du dimanche, avec participation à la messe paroissiale et souvent aux vêpres. J'appartiens aussi à cette génération d'enfants à qui le décret de Pie X sur la communion a permis de recevoir le corps du Christ dès l'âge de raison. Mon frère aîné et moi avons été des premiers dans le diocèse de Tulle à profiter de ces nouvelles dispositions. Pour ma part, j'ai communié pour la première fois en mai 1914 : j'avais sept ans et demi. J'y avais été préparé par les institutrices de l'école Jeanne-d'Arc où j'étais élève et par le vieil archiprêtre de la cathédrale. Avec foi, avec émotion – je m'en souviens – j'ai vécu ce grand jour. Et depuis, je ne crois pas me tromper en affirmant que j'ai communié très souvent. Là est le point de départ de mon union personnelle au Christ, rencontré plus dans l'intimité de la communion que dans la connaissance intellectuelle des évangiles qui ne devait venir que plus tard.

Au petit séminaire la messe quotidienne était précédée par la prière vocale et une courte méditation. Les actes étaient rythmés par des prières avant et après les études, les classes et les repas. Chaque samedi, le professeur faisait au cours l'explication de la page d'Évangile de la messe du dimanche : chaque jeudi nous avions une heure d'instruction religieuse. Les notions religieuses tenaient plus de place qu'au lycée, mais je peux préciser qu'elles comptaient moins que la communion quasi quotidienne suivie de l'action de grâces. Là a toujours été le véritable aliment de ma vie spirituelle, même aux heures troubles de la puberté.

Dès cette époque, la dévotion mariale tenait beaucoup de place dans ma vie intérieure. Elle était nourrie par les exercices, alors traditionnels, du mois du Rosaire et du mois de Marie, et l'usage quotidien du chapelet comme par les visites à la chapelle de N.-D. de la Chabanne, qui domine la ville d'Ussel. Cette chapelle était ornée de naïves peintures représentant les signes mystiques des titres donnés à la Sainte Vierge dans ses litanies, tels « domus aurea », « stella matutina », « rosa mystica » etc., qui donnaient à cette chapelle une ambiance très priante. Nous aimions nous y arrêter, au retour des promenades, pour y chanter un cantique ou dire une prière.

Puisque la sensibilité jour un rôle dans la vie de piété, je note que les chants d'Église, chant grégorien ou cantiques dont on faisait usage à chaque messe ou office, ne furent pas étrangers à la constitution de ma personnalité spirituelle. Certains transportaient mon âme dans une paix profonde, signe de l'union à Dieu. De même la pratique du chemin de la croix n'évoquait jamais la passion du Christ sans faire naître en moi un mouvement d'amour pour le Sauveur.

Mais tout cela, par manque de racines profondes puisant dans la connaissance de la parole de Dieu et de la réalité historique du Christ, était encore bien superficiel. Cette ébauche de vie spirituelle était en tout cas absolument sincère, constante malgré le changement brutal du milieu de vie à l'occasion des vacances et du retour à l'hôtel paternel.

Elle fut suffisante pour me conduire jusqu'à entrevoir l'entrée au grand séminaire, pour y parfaire ma vie d'union avec Dieu.

Mon attente ne fut pas trompée. Plus que les études – qui furent une déception, je le répète – les orientations de ma vie spirituelle y trouvèrent soutien et circonstances favorables.

Chacun des élèves devait se choisir un directeur spirituel parmi les professeurs du séminaire. Il ne s'agissait plus d'avoir un confesseur, mais un prêtre confident de tout ce qui touche à la vie de l'âme. J'avais choisi le plus jeune professeur, frais émoulu du séminaire français de Rome, où il avait achevé de brillantes études par un doctorat en théologie, après avoir fait la guerre assez pour y avoir été blessé et décoré. Le niveau de sa foi et de sa piété surpassait celui de sa science. Non seulement par nos conversation régulières, mais par le choix des lectures, allant dans le sens d'une formation spirituelle, qu'il me fournissait, il est à l'origine du progrès dans la vie intérieure accompli pendant mes cinq années de séminaire.

A ce même moment, le pape Pie XI venait de canoniser Ste Thérèse de Lisieux. Son *Histoire d'une âme* m'avait été offerte par M. le Supérieur pour me récompenser d'avoir servi les prêtres pendant leur retraite de trois jours, juste avant mon entrée au séminaire. Cette lecture fut pour moi comme un coup de foudre. A travers les confidences, pourtant à première vue toutes simples, de la jeune carmélite, je découvris ce qu'étaient les rapports vrais d'une âme avec Dieu, dans chaque circonstance de la vie.

Cet exemple vécu éclairait mon intelligence des réalités spirituelles et surtout entraînait ma décision de suivre la voie, « la petite voie courte et sûre » pour aller vers Dieu dans la confiance et dans l'amour.

Pour me conforter dans ce sens, un autre livre me fut d'un puissant secours. Il m'avait été offert par un séminariste de Coutances faisant son service militaire à Tulle. La caserne où il résidait était située en face de l'hôtel de mes parents. Nous avions fait connaissance par l'intermédiaire des vicaires et, sachant mon désir d'entrer au séminaire au mois d'octobre, il venait souvent me voir pour m'expliquer un peu la vie nouvelle qui allait débuter pour moi et m'aider à rompre avec le monde. Pour ce faire, il m'avait fait lire *Le Saint Abandon,* recueil d'entretiens spirituels donnés à ses trappistes par Dom Vital Lehodey. Hélas! ayant trop prêté ce livre, j'ai fini par le perdre et je le regrette, mais le bien qu'il m'a fait, j'en vis encore et toujours. Autre chance de cette époque de grâces fut la lecture, – inspirée par mon oncle prêtre – de la *Théologie de saint Paul,* du père Prat, et en même temps la rencontre avec les ouvrages du père Plus, traitant du même sujet mais de lecture plus facile. Ma vie intérieure trouvait enfin les fondements doctrinaux qui lui manquaient.

Plus tard, l'étude d'*Histoire de la vie spirituelle*, en vue de conférences aux religieuses de Tulle m'a donné d'autres éléments à intégrer à ma vie spirituelle : j'ai beaucoup appris en enseignant!

Malgré les vicissitudes d'une existence, que le lecteur peut juger, jamais les orientations prises dans la ferveur des premières années de ma vie n'ont été abandonnées mais accentuées.

Ma spiritualité n'est pas celle de l'Ancien Testament. S'il n'y avait pas Jésus-Christ, je crois que j'aurais perdu la foi aussi souvent que le peuple juif, pourtant témoin des miracles que Dieu faisait pour lui. Ce Dieu provoquant la crainte et semblant agir avec des sentiments trop humains (colère, représailles) ne peut être le Dieu auquel je me fie.

Avec Jésus-Christ, tout change. Son Dieu aime ses créatures même pécheresses. Il veut la vie de ceux qu'il traite en fils et héritiers. Pour eux il n'hésite pas à sacrifier son Fils. Par le Christ, avec Lui et en Lui nous pourrons arriver à vivre en Dieu dans une croissance d'être, de connaissance et d'amour qui seule est capable de répondre au besoin d'infini qui est en nous, du seul fait que nous sommes créés à l'image de Dieu. Je suis sûr que l'homme n'a sa vraie dimension qu'en Dieu, par Jésus-Christ. Oui, je ne puis être grand qu'en Lui.

Je puis donc dire que je suis plus chrétien que croyant. Toute ma foi est dans le « Dieu de Jésus-Christ ». Pour moi, comme pour saint Paul : « Vivre, c'est le Christ. »

N'étant pas mystique pour autant, mais plutôt du genre réaliste, je suis très axé sur les petites choses qui constituent la vie du prêtre : je n'ai pas sacrifié l'action à la contemplation. Je n'ai pas passé de longues heures plongé dans la méditation qui ne laisse pas de temps pour agir. Certes, selon la volonté de l'Église pour ses prêtres, j'ai accompli le « devoir » de prière, l'« office divin » en latin pendant des années, en français depuis le Concile, sans l'omettre jamais, même aux jours les plus chargés, même si pour cela il fallait surveiller l'horloge et coûte que coûte achever l'office avant minuit! Jamais non plus je n'ai volontairement omis la messe quotidienne, ce qui ne m'est pas arrivé plus de trois ou quatre fois depuis mon ordination.

Cela dit, ma prière n'est pas surtout verbale. Elle est, me semble-t-il, l'état normal de celui qui se sent toujours en présence de Dieu. Saint Paul disait : « Notre conversation est dans le ciel. » J'oserais presque en dire autant, tellement la liaison est constante entre ce que je dis ou fais et Dieu. L'échange est continu, mais sans gêne, sans acte contraignant pour qu'il en soit ainsi. Mon « intérieur » et Dieu ne font qu'un.

Avec cette précision que, lorsque je dis « Dieu », il faut entendre la Trinité sainte. Selon les circonstances, ma conversation se noue avec le Père, auteur de tout, objet de mon abandon total, celui à qui l'on peut se fier, comme la petite Thérèse aimait à le faire en prenant son père par la main et en fermant les yeux, pour se laisser guider par lui dans les rues de Lisieux, sûre que la main paternelle lui éviterait tout danger; ou avec l'Esprit, celui qui sanctifie et auquel je fais si souvent appel pour qu'il éclaire et fortifie ceux qui me sont confiés en des heures pour eux difficiles ou importantes; ou à Jésus Sauveur, celui qui s'est fait l'un de nous, qui pardonne, qui sauve, lui sans qui personne ne peut rien.

La Vierge, désormais, pour moi N.-D. de Bort, dont j'ai la fierté d'avoir créé le culte, tient une place importante dans ma vie spirituelle : elle est la mère de la divine grâce. Selon l'expression de saint Grignion de Montfort, qui a beaucoup inspiré ma dévotion mariale, elle est ma « médiatrice universelle » auprès de Dieu. Je lui attribue bien des secours spirituels dont a bénéficié ma vie sacerdotale. Je lui dois beaucoup. J'aime la prier, ne serait-ce que par la récitation quotidienne du chapelet, et à prêcher son culte.

Les saints ne sont pas absents de mes prières. J'aime beaucoup mon patron, « celui que Jésus aimait », à qui il a confié sa mère, bon modèle pour un prêtre. J'ai un particulier recours à sainte Anne, en raison de la découverte dans l'église de Bort d'une très ancienne statue trinitaire de cette sainte qui, pour traduire la dignité de la grand-mère de Jésus, la représente portant sur son bras gauche sa fille, la Vierge Marie, laquelle porte de la même manière sur son bras son fils Jésus. Je suis sûr que Jésus ne refuse rien à sa grand-mère : j'en profite. Dans le même ordre d'idées j'ai aussi recours à la prière de ma propre grand-mère, et maintenant de ma mère, auxquelles je confie toutes les difficultés familiales.

Ma vie active et ma vie intérieure sont parfaitement unifiées. N'éprouvant pas cette distorsion entre les différentes opérations de leur vie qui fait tant souffrir nos contemporains, je jouis d'une grande paix, ce qui m'aide à être pacifiant.

Puisque tout part de Dieu et y ramène, je me sais seulement un petit élément – un instrument – dans ce double mouvement, n'ayant autre chose à faire que recevoir l'influx divin pour le transmettre à ceux que je rencontre sur ma route.

Dans cette perspective il n'y a pas de situation désespérée, il n'y a pas d'homme sans valeur. Les mesquineries de la vie ne m'attaquent pas, ni les inévitables imperfections des êtres : elles font partie des règles du jeu. Dieu seul jugera.

Autre conséquence de ce regard chrétien que je jette sur le monde, mon enchantement d'entrer dans les perspectives de ce que l'on appelle maintenant la « vie montante », mais qui n'est après tout que le sens normal de la vie chrétienne. L'esprit de ce mouvement spirituel pour les aînés, comme le dit Émile Mersch, « est un optimisme total. Si total même qu'il n'est que le commencement d'un ineffable optimisme, celui de la vie éternelle. Les autres vies ont leur déclin et les derniers jours sont une descente. Mais la vie de grâce n'est qu'en montée, et les hommes, toujours comme de petits enfants, y ont encore toute la vie devant eux : l'éternité. Le plus beau pour eux n'a pas encore eu lieu et demain sera plus lumineux qu'aujourd'hui : ils sont aurore, ils sont efflorescence, ils sont réception de Dieu ».

Faire partager cette foi, cette espérance, en somme cette joie, a toujours inspiré mon action. Ma spiritualité optimiste, pacifiante, tout orientée vers la vie, la connaissance et l'amour a animé ma vie sacerdotale.

Dans ce but suprême, déjà en voie de réalisation, j'ai trouvé une défense contre les tentations du monde.

Les tentations de la chair, pour moi, ont toujours été des tentations, c'est-à-dire des invitations à me détourner du but unique pour un avantage condamné à mort, oui, condamné à la pourriture. Je sais que la chair ressuscitera, mais alors elle sera tellement spiritualisée qu'elle ne sera plus que le reflet de la beauté de Dieu et n'attirera plus au péché mais à Dieu.

L'argent, roi cruel, selon mes vues spirituelles, ne pouvait avoir d'attrait pour moi. En voyant vivre ceux qui se passionnent pour la fortune, j'ai vu de mes yeux qu'ils étaient accablés de soucis, encombrés, pas heureux. Ils ne m'ont jamais fait envie. Je n'ai jamais rien tenté pour être riche. Les seuls biens auxquels je suis un peu trop attaché ce sont mes livres. Ce n'est pas leur valeur marchande qui m'intéresse, mais j'y tiens parce qu'ils ont aidé et aident encore à ma vie intellectuelle et spirituelle. J'espère d'ailleurs, qu'après moi, d'autres profiteront de ces richesses plus durables qu'argent et plaisirs.

La gloire, la réussite humaine — si grande tentation — en raison de ce « saint abandon » qui m'a tant marqué, n'a pas fait l'objet de ma recherche. Dans ce que l'on considère comme la « carrière ecclésiastique » je n'ai guère brillé. Je n'ai occupé que des postes modestes : vicaire, aumônier, curé, sans avoir accédé à des postes de commandement ou de gouvernement, même dans mon petit diocse : toujours simple soldat, ou au maximum petit sergent, mais jamais à l'état-major. Non seulement je n'ai rien fait pour qu'il en soit autrement, mais je me suis réjoui de n'être pas appelé à de plus hautes responsabilités. Je n'ai pas souffert de voir d'autres être préférés à moi pour des postes plus en vue. Je me savais exactement où Dieu voulait, et investi de la mission qu'il jugeait suffisante pour mes capacités. D'où une grande paix, basée non sur la grandeur humaine mais sur celle que Dieu donne, et que l'on atteint le plus souvent en se bornant à être « fidèle dans les petites choses ».

Si un peu de gloire m'a été attribuée sur le tard, ce n'est pas pour l'avoir cherchée, mais parce que Dieu a voulu, un jour, choisir le plus petit, le plus indigne des prêtres de Tulle pour l'œuvre de grâce qu'il voulait réaliser par le ministère sacerdotal, le 9 juin 1944. Là encore, là surtout, je n'ai été qu'un instrument docile entre les mains divines. L'outil n'a pas à se glorifier du chef-d'œuvre que l'artiste a su faire en se servant de lui.

Ayant sans cesse la présence de Dieu et l'échange avec lui, par une prière conforme au précepte évangélique, « il faut toujours prier », je suis allé et je vais encore vers les actes du ministère après un appel à Dieu.

Quand je me dispose à dire la messe, ma pensée s'exprime naturellement et sans efforts en s'adressant à Jésus : « Je ne suis rien sans vous. Ce que je vais faire n'a de valeur que par vous. Mais avec vous je vais changer le monde par votre sacrifice de la croix. Ce n'est pas mon action qui va être utile aux hommes mais la vôtre. Que les fruits de cette messe soient ceux que vous voulez et pour ceux que vous voulez. Vous savez, mieux que moi, mes propres besoins, les intentions qui me sont confiées, celles que je devrais vous présenter. Je ne vous demande rien. Faites selon votre bon plaisir. Je me fie totalement à vous. »

Quand je suis appelé auprès d'un malade, ou si j'ai un acte du ministère à accomplir auprès des fidèles (confessions, préparation au mariage, etc.), ma prière se tourne vers l'Esprit-Saint : « Vous savez mon incapacité à leur bien parler de Dieu. Réalisez pour eux tout le profit spirituel que vous voulez, en vous servant de moi. Éclairez-les, éclairez-moi. Si je réussis à les aider je n'en tirerai nulle gloire, car par vous seul je puis être à la hauteur de la tâche qui m'est confiée. » Sous cette forme ou sous une autre équivalente j'exprime des pensées analogues avant de prendre la parole en public.

Alors que j'étais aumônier du lycée, j'avais composé une prière au Saint-Esprit pour obtenir la grâce de remplir de manière satisfaisante ma mission éducative de la foi auprès des étudiants. Par la suite, je l'ai mise au pluriel, dans l'intention d'y associer les prêtres appelés à collaborer avec moi, puis en l'étendant désormais à tous mes confrères.

Elle est, après l'offrande de ma journée, ma première prière matinale :

Venez sur nous, Esprit-Saint.
Éclairez nos intelligences
afin que nous concevions,
choisissions et exprimions bien
tout ce que nous devons enseigner
à ceux qui nous sont confiés,
afin qu'ils vivent
dans la foi, la joie, et la charité
leur vie de fils de Dieu.

Dirigez notre jugement
afin qu'en toute sécurité
les âmes puissent trouver en nous
les guides dont elles ont besoin.

Fortifiez nos volontés,

afin que par la prière,
le travail et la pénitence,
nous puissions nous tenir en progrès,
dociles à vos inspirations,
disponibles à nos frères.

Assistez-nous de tous vos dons,
afin que nous soyons
totalement prêtres et apôtres,
en quête des âmes, et que
« nous ne perdions aucun de ceux
que le Père nous a donnés à sauver ».

Je vous le demande, par N.-S. J.-C.,
par Marie, votre chaste épouse,
ma Mère et Médiatrice,
à la gloire unique de votre Sainte Trinité. AMEN

En analysant cette formule de prière, on y trouve le résumé de l'orientation de ma vie sacerdotale axée sur l'union continue à Dieu, Père, Fils et Esprit, sur l'aide que je dois apporter à tous ceux qui me sont confiés – donc tous ceux qui croisent ma route – pour les guider par la foi, l'espérance (pour moi sous forme de la joie) et la charité, jusqu'à atteindre la plénitude de la Vie en Dieu. On y voit aussi où sont mes appuis pour cette action spirituelle, quelles sont mes armes pour ce combat de chaque jour.

Le mot principal dans cette prière est Vie, avec une majuscule. « Je suis venu, a dit Jésus, pour que les hommes aient la Vie, et qu'ils l'aient en abondance. » La religion chrétienne est donc une œuvre pour la Vie. Tous mes actes, toute ma vie intérieure, tout mon effort apostolique n'auront pas eu d'autre justification ici-bas que la poursuite de cette Vie pour les autres et pour moi.

Malgré mes faiblesses, mes paresses, mes reculs – qui n'ont cessé de nécessiter le pardon du Seigneur, par le sacrement de pénitence reçu régulièrement et quoi qu'il arrive – ma vie de prêtre n'a jamais poursuivi que cet idéal.

La grande grâce reçue du Seigneur, qui connaissant mes petits moyens ne m'a jamais traité comme les grandes âmes par de fortes épreuves, a été que jamais ma foi n'a été troublée, que jamais n'a été remis en question mon choix de servir Dieu en mes frères humains pour la Vie éternelle.

De cette fidélité je ne tire aucune gloire : plutôt une reconnaissance à Dieu et à la Vierge Marie. Toute gloire revient à Dieu et pendant l'éternité je louerai, avec joie, celui de qui j'ai tout reçu.

Je ne suis pas sévère pour mes confrères qui n'ont pas été fidèles à leur sacerdoce. Je les plains sincèrement de n'avoir pas été aidés autant que moi, et le seul reproche que je leur fais est de n'avoir pas été assez humbles pour compter plus sur la prière : c'est parce qu'ils ont abandonné Dieu que Dieu les a laissés à leur propre jugement, à leurs seules forces. Alors la preuve de leur faiblesse ne pouvait manquer de paraître aux yeux de tous.

Ma faiblesse sentie, reconnue en tout et pour tout, revendiquée auprès de Dieu comme un appel au secours, a été le point de départ de mon union à lui. Elle reste jusqu'au bout ma seule espérance.

Il n'y a pas de parole d'Évangile qui me donne plus d'espoir que celle tirée de la parabole des talents : « C'est bien, serviteur bon et fidèle, en peu de choses tu as été fidèle, entre dans la joie de ton maître. » Dans la distribution des « talents » je n'ai pas été des mieux nantis. Les charges qui m'ont été confiées n'étaient pas écrasantes : elles étaient à l'échelle humaine. Ma vie est donc peu de chose, ou composée de petites choses, mais je crois que le Seigneur s'en contentera pour y voir ma bonne volonté, mon désir d'être avec Lui et aussi mes efforts pour faire partager à d'autres frères la Vie éternelle.

« Nul ne se connaît, tant qu'il n'a pas souffert », ce doit être vrai même dans une vie sacerdotale. Je ne suis pas sûr de pouvoir tenir dans ma paix actuelle sous les coups de la souffrance. « Je ne saurai pas mourir », disait sainte Thérèse de Lisieux. J'ai la même crainte, moi qui ai déjà raté une occasion de bien mourir ! « Je n'ai plus que deux affaires : l'une de savoir souffrir, l'autre de savoir mourir », disait de son côté Montesquieu. J'en suis arrivé au même point.

Si grand que soit mon espoir en Dieu, si grande que soit la certitude qu'il m'a toujours épargné, mesurant l'épreuve à mes tout petits moyens, je puis craindre qu'en ce moment crucial – c'est le cas de le dire – je ne me découvre pas à la hauteur du sacrifice demandé.

Pour cet examen suprême je fais confiance, mais j'implore le secours du Saint-Esprit.

Pour conclure

Ma déformation pédagogique de prêcheur me pousse à ne pas laisser mes lecteurs tirer seuls les conclusions du récit de ma vie. Même si elles sont différentes des leurs, elles continueront à leur dire quelque chose de ma personnalité.

D'abord, une sorte d'excuse : certains, j'en suis sûr, verront dans ma confession de l'autosatisfaction, voire de l'orgeuil. Saint Paul – auquel je ne me compare pas – avait beau se sentir faible, pécheur, serviteur inutile, simple avorton, n'en exprimait pas moins, à la fin de sa vie, sa joie et sa fierté de son travail d'apôtre. Son exemple a entraîné beaucoup d'autres à accepter les risques de l'apostolat.

A travers les aventures de ma vie sacerdotale, je voudrais que des jeunes chrétiens d'aujourd'hui entendent aussi un appel.

Ils sont tous tentés par une « situation libérale » en même temps qu'efficace. La question de rentabilité, de sécurité, pèse moins pour eux que pour leurs devanciers.

Qu'ils ouvrent donc les yeux !

Où trouveront-ils mieux que dans l'exercice du sacerdoce la liberté d'esprit, l'indépendance, l'exercice permanent de leur propre responsabilité, les occasions d'être utiles aux autres, de travailler sur et pour ce qui durera toujours ?

Le prêtre, demain plus encore qu'aujourd'hui, sera le seul être libre, humain à plein temps, alors qu'autour de lui la machine, l'électronique, l'informatique, l'atomique transformeront les hommes en robots. En lui se manifestera encore la force de l'Esprit !

Lui seul, par son ministère, pourra sauver ce qui peut être sauvé.

O jeunes, je ne puis vous prédire ce que sera, en actes, votre vie, si vous devenez prêtres. Pour vous, comme il en a été pour moi, l'existence ne sera absolument pas ce que vous pouvez imaginer au départ : vous irez de surprise en surprise, mais quoi qu'il vous arrive, votre vie sera belle, utile, et bâtira de l'éternel.

D'après ce qui m'est arrivé, ce n'est pas vaine promesse.

Je suis sûr que des enfants d'hommes, d'une certaine manière – l'essentielle, puisque spirituelle – me devront plus qu'à leurs père et mère pour leur entrée dans la vraie Vie.

Je suis sûr que tous les pardons remis de la part du Seigneur, tous les conseils donnés pour la conduite chrétienne d'une vie, tous les enseignements d'Évangile transmis auront plus de réalité éternelle que tous les plans des grands généraux ou théoriciens sociaux.

Je suis sûr que lorsque je retrouverai ceux que j'ai baptisés, confirmés, bénis au jour de leur mariage, oints à l'heure de la maladie, préparés à l'heure du trépas, ils me témoigneront plus de gratitude qu'à leurs professeurs, médecins ou députés.

Je suis sûr qu'en retrouvant les Pendus de Tulle ils me parleront plus de la chance qu'ils ont eue de me trouver sur leur chemin, pour recevoir de mes mains la grâce divine, que des péripéties ou des souffrances de leur fin tragique. Je suis sûr que, pour eux, je compterai plus que leurs bourreaux.

Ces certitudes, source de joie, ne seraient-elles pas le « centuple » promis par Jésus à ses disciples, avant « le bonheur éternel » (Mt XIX, 29).

Oui, « le centuple en ce monde ».

N'est-il pas dans la ligne de l'Évangile que « ces petites choses » que j'ai pu faire en vue de la Vie des hommes (corps et âmes) valent cent fois plus que les grandes actions des individus importants de ce monde, que ce soit dans la politique, les arts ou les sciences ?

Certes le savant fait avancer les choses, mais le monde n'en finira pas moins... et même plus vite s'il commet trop d'erreurs. Le sculpteur laisse un chef-d'œuvre plus durable que lui et « Quand il est mort le poète, sa chanson court encore dans nos rues » ; mais, après quelques siècles, que reste-t-il de tout cela ?

Celui qui aide à trouver Dieu-Vérité, à atteindre la Vie qui ne passe pas, celui qui « sculpte une âme », qui fait chanter la gloire de Dieu, ne verra jamais la fin de son action, car elle continuera éternellement.

O jeunes, le vieux prêtre que je suis vous le dit, n'hésitez pas à accepter le sacerdoce du Christ : votre vie en sera illuminée, valorisée.

Lors des distributions de prix au lycée, quand cela se faisait encore, un professeur adressait un discours académique aux élèves. Un jour, celui qui était chargé de cette mission avait choisi comme sujet la « joie d'enseigner ».

Il termina par une sorte de fable.

« Pendant des vacances, de retour au pays de mon enfance, je me promenais à pied dans les chemins de campagne. Soudain, comme la route est étroite, je dois m'écarter pour laisser passer une puissante voiture. Elle s'arrête un peu plus loin. En descend un homme présentant tous les signes d'une grande richesse. Il venait de me reconnaître. Enfants du même village, nous avions été ensemble élève à l'école. Après les effusions de la rencontre, vint l'évocation de nos situations respectives dans la vie :

« Toi qui étais le premier de notre cours, le plus doué, que fais-tu ? – Je suis professeur dans un lycée. – Et ça rapporte beaucoup ? – Non, mon traitement est très modeste et je n'ai pas d'auto. – Moi, je suis récupérateur. Pas besoin d'être agrégé pour ça, et je gagne beaucoup d'argent. Tu vois ma grosse voiture ? Elle n'est qu'un signe de ma fortune. – Alors, tu as réussi. Tu es heureux ? – Non, justement, je ne suis pas heureux : je m'ennuie. »

Le professeur terminait à l'adresse de ses élèves : « Eh bien, moi, même si je ne suis pas riche, je ne regrette pas d'avoir choisi le métier d'enseignant, car, avec vous mes élèves, je ne me suis jamais ennuyé. »

Vous tous que j'ai rencontrés, enseignés, aidés sur votre route, je ne regrette pas d'avoir été votre prêtre. Avec vous, non seulement je ne me suis jamais ennuyé, mais mieux, j'ai trouvé la joie.

Oui, ma vie atteint la joie !

En achevant ce récit je me fais un reproche, celui de n'avoir pas su la montrer m'accompagnant tout au long de ma route.

Mais la joie n'est-elle pas discrète, et ne se devine-t-elle pas plus qu'elle ne se voit ?

TABLE DES MATIÈRES

Huitième chapitre : LA VIE QUOTIDIENNE

ACHEVÉ D'IMPRIMER
LE 31 JUILLET 1979
SUR LES PRESSES DE
L'IMPRIMERIE HÉRISSEY
A ÉVREUX (EURE)
POUR LES ÉDITIONS
ROBERT LAFFONT

N° d'éditeur : H 175 — N° d'imprimeur : 24009
Dépôt légal : 3e trimestre 1979
Imprimé en France